Persönliches

Kinderreichste Familie

Die kinderreichste Familie der DDR und ganz Deutschlands ist in Pasewalk zu Hause. Im Dezember 1982 wurde das 20. Kind des Ehepaares Erika (*1938) und Karl-Heinz Albrecht (*1934) geboren. Das älteste kam 1956 zur Welt. Von den 19 lebenden Kindern sind sieben verheiratet und sieben in einer Lebensgemeinschaft verbunden. Mitte des Jahres 2002 hatten die Albrechts 31 Enkelkinder.

Die meisten Sonntagskinder

Sechs der sieben Kinder von Familie Reinhold aus Schneeberg erblickten an einem Sonntag das Licht der Welt.

Ältestes Brautpaar

Das älteste in Ostberlin getraute Brautpaar schloß am 28. Oktober 1988 den Bund der Ehe. Der Bräutigam, Richard Kirsten, zählte 91 Lenze, seine Braut, Liddy Müller, war 13 Jahre jünger.

Die meisten Hochzeiten

Am 8.8.88, einem Montag, heirateten allein in der DDR-Hauptstadt Berlin 510 Paare – so viele wie nie zuvor an einem Tag. Für den 9. 9. 99 hatten fast 900 Paare aus allen Teilen Deutschlands das Aufgebot in Berlin bestellt.

Letztgeborene Vierlinge

Am 3. Mai 1985 wurden in Cotta, Kreis Pirna, die Vierlinge Bianka, Kathleen, Marian und Markus Gliemann als letzte Vierlinge der DDR geboren. Davor gab es 1976 in Karl-Marx-Stadt und 1956 in Lauchhammer Vierlingsgeburten.

Meistverstümmelter Name

61 verschiedene und teils sehr skurril anmutende Schreibweisen ihres Namens auf Briefen und Postkarten sammelte Familie Schmalstieg aus Leipzig. Die Varianten reichen von Schmalstier über Schmalding bis Schmalzig und ähnlichen Verstümmelungen.

Familienverwirrung

1969 heiratete die zehn Jahre ältere Schwester von Erika Müller aus Atzendorf bei Staßfurt einen Witwer mit vier Kindern. Frau Müller ehelichte einen der angeheirateten Neffen, so daß ihre Schwester ihre Schwiegermutter und der Schwager ihr Schwiegervater wurden. Ihr Mann war nun Sohn und Schwager seines Vaters. Aus dessen zweiter Ehe waren weitere Kinder geboren worden, so daß Herr Müller jun. zugleich zum Onkel seiner (Halb)Brüder wurde. Als dann eigene Kinder der jüngeren Müller-Familie zur Welt kamen, war die ältere Schwester Tante und Oma geworden.

Ungewöhnlichste Vornamen

Frau Mißlitz (1923) aus Leipzig heißt mit Vornamen Änne, Dicke, Elfe, One. Die Entstehungsgeschichte ihrer ungewöhnlichen Vornamen besitzt sie sogar in Versform. Sie wurde nach zwei Zwillingspaaren als Einzelkind (eine, sächsisch: änne) mit fast neun Pfund Gewicht (dicke) als elftes Kind (elfe) der Familie ohne Zwillingspartner (one) geboren. Der Vater ließ diese Namen im Standesamt eintragen. Frau Mißlitz war von 1945 bis 1983 Lehrerin in der Mittelschule Großschocher.

Einzigartige Familientradition

Die drei Söhne von Erich Stefek († 1990) aus Dresden haben je einen Sohn, von denen jeder am gleichen Tag wie sein Vater geboren ist:
Prof. Dr. Manfred Stefek, geb. 11. März 1939 – Sohn Sebastian 11. März 1970; Jürgen Stefek, geb. 20. September 1943 – Sohn Matthias 20. September 1969; Lutz Stefek, geb. 26. April 1947 – Sohn Heiko 26. April 1973.

Ungewöhnliche Familientradition

Der Arnstädter Sportlehrer Hans-Ulrich Cazin setzte eine jahrzehntelange Familientradition fort, indem er allwöchentlich auf den Neideckssturm stieg, um das Uhrwerk im Wahrzeichen der thüringischen Stadt aufzuziehen. Sein Großvater übte dieses Amt bis 1947 aus, sein Vater bis 1980 und er selbst bis 1998. Danach übernahmen ABM-Kräfte diese Aufgabe.

Kuriose Geburtenduplizität

Am 14. Juli 1988 wurden in Guben die Kinder Dominique Laube und Heiko Donat geboren. Bei der Registratur stellte sich heraus, daß beide Mütter 22 Jahre zuvor am gleichen Tag und am gleichen Ort das Licht der Welt erblickt hatten.

Die meisten Berufsjahre

Kurt Bäßler aus Meißen hatte am 1. April 1913 seine Lehre als Zeichenschüler in der Porzellan-Manufaktur Meißen begonnen. Am 20. Mai 1988 wurde der 89jährige nach 75 Berufsjahren feierlich in seinem Betrieb verabschiedet.

Bürgermeister mit der längsten Amtszeit

Arno Ludwig wurde am 8. September 1946 zum Bürgermeister der Gemeinde Sondra bei Eisenach gewählt. Seit 1974 übte er dieses Amt auch in Sättelstädt, heute ein Ortsteil von Sondra, aus. Insgesamt war er bis 1988, also 42 Jahre lang, Bürgermeister.

Die meisten Doktortitel

Der Berliner Gerichtsmediziner Prof. Dr. Otto Prokop war der DDR-Bürger mit den meisten akademischen Titeln. Als ordentlicher Professor leitete er das Institut für Gerichtliche Medizin an der HU Berlin (1956-87), war Ehrenprofessor der Universität von Tokio, promovierte zum Dr. und erwarb den Grad Dr. hab. Außerdem ernannten ihn vier Universitäten zum Dr. h. c. und 15 ausländische Gesellschaften für Gerichtsmedizin zu ihrem Ehrenmitglied.

Jüngster Professor

Mit 30 Jahren erhielt 1987 Dr. Jörg Osten eine Professur am Zentralinstitut für Physikalische Chemie der Akademie der Wissenschaften und war damit jüngster Professor in der DDR. Er hatte in Wroclaw und Poznán studiert. Heute leitet Prof. Osten ein Institut an der Universität Hannover.

Dienstältester Schuldirektor in der DDR

Im Mai 1949 wurde Manfred Heinrich als Direktor an die Pestalozzi-Oberschule in Neukirch, Kreis Bischofswerda, berufen und übte diese Funktion als Diplompädagoge 50 Jahre bis zum Ende der DDR aus.

Ausdauerndster Vegetarier

Kurt Kretschmann aus Bad Freienwalde, »Erfinder« der Naturschutzeule und Ehrenpräsident des Naturschutzbundes, ist seit 70 Jahren Vegetarier und damit der Bundesbürger, der am längsten einer bewußten Ernährungsweise frönt.

Einziger Eremit in Deutschland

Die Insel Ruden zwischen Rügen und Usedom ist die einzige deutsche Insel mit nur einem ständigen Bewohner. Der gebürtige Chemnitzer Eberhard Kästel hat sich das 2 km lange Eiland, auf dem es früher 8 Gehöfte und 41 Bewohner gab, 1990 zum ständigen Wohnsitz auserkoren. Der 73jährige (2002) wohnt mietfrei und betreut im Sommer den kleinen Seglerhafen.

Dienstälteste Verkehrspolizistin der Volkspolizei

38 Jahre lang, vom 2. Oktober 1950 bis 1. Juli 1988, war die Verkehrspolizistin Gisela Elias als Obermeister der VP im operativen Dienst überwiegend in Berlin-Schöneweide auf der handgeregelten Kreuzung Grünauer Straße/Sterndamm eingesetzt.

Letzte Bürgerin der DDR

Svea Franzky erblickte als letzte DDR-Bürgerin fünf Sekunden vor Mitternacht vom 2. zum 3. Oktober 1990 im Berliner Krankenhaus Friedrichshain das Licht der Noch-DDR und war damit offiziell die letzte DDR-Bürgerin.

Größter Bürger der DDR

Mit 2,20 m ist der 1970 geborene Jörg Ehlert aus Berlin der größte Bürger der Ex-DDR. Er war Facharbeiter für Elektronik und spielte Basketball bei der Betriebs-Sportgemeinschaft (BSG) AdW Berlin. Der größte ostdeutsche Mann mit der Schuhgröße 53,5 arbeitet heute als Diplom-Wirtschaftsinformatiker bei einem Medien-Unternehmen in Berlin. Größter »Gesamt-Deutscher« ist Konstantin Gerhard Klein aus Heinburg (Hessen) mit 2,23 m.

Einziger Zwillingsklub

Am 22. Januar 1985 wurde in Werdau (Sachsen) von den Fischer-Brüdern der erste und einzige Zwillingsklub der DDR gegründet, dem knapp 100 Zwillingspaare angehörten. Jährlich veranstaltete der Klub ein Zwillingstreffen. Nach der Wende übernahmen die Zwillingsschwestern Ines und Sylvia Meier die Leitung des Vereins, der sich nun Deutscher Zwillingsklub Werdau e. V. nennt.

Erster Club der Großen

1987 konstituierte sich in Berlin der »Club der Großen«, dem damals 52 Mitglieder angehörten, von denen jeder mindestens 1,95 m (Männer) bzw. 1,85 m (Frauen) groß sein mußte. Ähnliche Clubs gab es danach auch in Dresden, Leipzig, Rostock und Waldheim. Sie gingen nach der Wende ein in den »Club langer Menschen Deutschlands«.

Autor Wolfgang Richter (1,75 m) mit dem größten DDR-Bürger (2,20 m) auf dem Alexanderplatz.

Sammler & Sammlungen

Umfangreichste Autogramm-Sammlung

Volker Kluge, Olympiaexperte und Buchautor, sammelte als Leiter der Abteilung Sport in der Zeitung »Junge Welt« bis 1990 exakt 5 831 Autogramme von Olympiasiegern und besaß damit die umfangreichste Sammlung.

Die meisten Lehrerversprecher

Schüler der Leipziger Erweiterten Oberschule (EOS) »Max Klinger« sammelten die originellsten Versprecher eines ihrer Lehrer und überreichten ihm die Zusammenstellung zu beiderseitigem Spaß beim Schulabschluß. Innerhalb von vier Jahren produzierte der Pädagoge 4 000 Versprecher.

Spezielle Telefonsammlung

Der Leipziger Kaufmann Thomas Spillner sammelte bis 1990 Telefone, Telefonbücher und Kataloge der Reichstelegrafenverwaltung/Reichspost aus den Jahren 1877 bis 1927. Aus dieser Zeit trug er 65 Telefonapparate und 40 Telefonbücher zusammen.

Größte private Flugzeugsammlung

Die Luftfahrthistorische Sammlung auf dem Flugplatz Finow bei Eberswalde stellt rund 30 Flugzeuge, Hubschrauber, Triebwerke und Modelle der Zivil- und Militärluftfahrt vor. Zu den Highlights zählt Walter Ulbrichts IL 14 von der DDR-Regierungsstaffel und eine TU 134 (Foto), das erste Düsen-Passagierflugzeug der Interflug.

DDR-größte Sammlung von Speisekarten

Küchenmeister Lothar Heimann aus Crimmitschau (Sachsen) sammelt seit den 50er Jahren Speise- und Menükarten. Der heutige Chef der Gaststätte »Krombacher Felsquellstuben« in Crimmitschau besitzt inzwischen etwa 18 500 Speisekarten aus rund 80 Ländern von Grönland bis Neuseeland. Sie stammen aus über 4 000 gastronomischen Einrichtungen von Gaststätten bis Luxushotels. In den alten Bundesländern gibt es drei Sammler mit einem noch größeren Bestand.

Haustierskelett-Sammlung

Die Sektion Pflanzenproduktion der Martin-Luther-Universität Halle-Wittenberg besitzt mit 3 000 Skeletten von Haustieren die größte Sammlung in Deutschland.

Größte Witzsammlung

Egon Strauch aus Dresden besaß mit mehr als 405 000 Witzen, die er nach 2 000 Themen untergliederte, die größte Sammlung in der DDR.

Die meisten gußeisernen Öfen

Siegfried Michael, Handelskaufmann aus Grimma, heute Rentner, besitzt eine Sammlung von 41 gußeisernen Öfen. Die meisten davon entdeckte er auf Mülldeponien. Das älteste Exemplar stammt aus dem Jahr 1750. Inzwischen sind Haus und Hof in der Brückenstraße 10 ein Museum geworden. In der Garage findet man Hausrat, Bücher, eine Sammlung von Fingerhüten und Abzeichen, auf dem Boden stehen Öfen und Herde, in der Bodenkammer Samoware und Kaffeemühlen, auf dem Hof steht landwirtschaftliches Gerät, und eine komplett ausgestattete DDR-Küche ist auch zu besichtigen.

Historische Sammlung von Olympiamedaillen

Der Berliner Helmut Thieme hat sich darauf spezialisiert, Erinnerungs- und Teilnehmermedaillen von Olympischen Spielen zu sammeln. Zu seinem Besitz zählen Exemplare von allen Olympischen Sommer- und Winterspielen seit 1896 sowie von Medaillengewinnern der Zwischenspiele von 1906.

Radios aus acht Jahrzehnten

400 Radios, Plattenspieler und Tonbandgeräte sind im Rundfunkmuseum Neuruppin unter dem Motto »Der Rundfunk im Osten« zu besichtigen. Gesammelt hat sie Wolfgang Schlichting. Seine Palette reicht vom kleinsten in Serie produzierten Transistorradio »Micro« aus der UdSSR über das erste DDR-Taschenradio »Sternchen« bis zur Rundfunktruhe »Cabinet« aus dem Jahr 1960, die mit den Ausmaßen von 1,60 m Breite und 1,10 m Höhe 7 000 Mark kostete. Die Ausstellung informiert speziell über den DDR-Rundfunk, dessen Geschichte mit der Gründung des »Staatlichen Komitees für Rundfunk und Fernsehen« am 13. September 1952 begann.

Längste Zigarren-Bauchbinde

Der Sammler von Zigarren-Bauchbinden, Hans-Jürgen Jende aus Oschatz, besitzt eine Bauchbinde aus dem Jahr 1899 mit einer Länge von 36 cm.

Die meisten Kettensägen

Deutschlands »Kettensägen-König« heißt Günther Hain. Er sammelt seine Schätze in Königs Wusterhausen bei Berlin. 211 Typen hat der ehemalige Forstmeister zusammengetragen, darunter solche Unikate wie der Eigenbau von 1960 mit einem 4,5-PS-Mopedmotor und Kickstarter zum Antreten und nicht wie üblich zum Anreißen. Auch der einzige Sägetyp mit Wankelmotor zählt zu seinem Besitz.

Ausgefallene Schirmsammlung

Mehr als 300 Schirme aus drei Jahrhunderten gehören zur Sammlung von Annelies Pennewitz aus Weimar. Besonders stolz ist die Schirmmeisterin auf einen über 250 Jahre alten Knickschirm aus der Goethezeit, bei dem Griff und Dach knickbar sind, so daß er als Kokettierschirm oder auch als Fächer getragen werden konnte. Zur Sammlung gehört auch ein Familienschirm aus der Biedermeierzeit mit einem Durchmesser von 1,40 m.

Sammler & Sammlungen

Die wertvollsten Ostereier

Seit etwa 30 Jahren sucht und sammelt Lothar Balke aus Drebkau (Lausitz) Ostereier. Seinen einmaligen Bestand von 3 000 Eiern aus 46 Ländern stellt er jährlich zu Ostern in der Sorbischen Webstube am Markt 10 aus. Er besitzt nicht nur die schönsten, sondern auch die wertvollsten Ostereier, das älteste aus dem Jahr 1896. Der einstige wissenschaftliche Mitarbeiter am Institut für sorbische Volksforschung in Bautzen hatte nach dem Krieg mit der Eiermalerei begonnen und später für seine Kunst zahlreiche Preise gewonnen.

Die größten Kamerasammlungen

Der Gerichtsmediziner Prof. Dr. Otto Prokop stiftete 1981 dem Kulturbund der DDR seine Sammlung von etwa 300 Kameras und lieferte damit den Grundstock für ein fotografisch-optisches Museum in Berlin. Zur gleichen Zeit besaß ein Sammler im Norden Ostdeutschlands, der aus Sicherheitsgründen nicht genannt sein möchte, 609 funktionstüchtige Kameras, darunter zum Beispiel eine äußerst seltene Krückstock-Kamera.

Weltweit einzigartige Sammlung von Feuerstätten

Der Berliner Schornsteinfegermeister Bernd Müller begann 1989 mit der Sammlung von Feuerstätten. Mehr als 500 Herde, Öfen, Kamine, Essen sowie alles, was zum Betrieb der Feuerstätten gehört, insgesamt über 1 000 Exponate von 1632 bis 1980 trug der Rentner zusammen. In Berlin fand er keine Unterstützung für die Einrichtung eines Museums, diese Chance bot ihm die sächsische Stadt Knappenrode, wo es seit 1996 das einzigartige Feuerstättenmuseum gibt.

Einzigartiges Tierstimmenarchiv

Mitarbeiter des Bereiches Verhaltenswissenschaften der Sektion Biologie der Humboldt-Universität zu Berlin haben unzählige Tierstimmen in einem Archiv gespeichert. Auf mehr als 5 000 Tonträgern sind die Stimmen von Insekten, Amphibien, Reptilien, Säugetieren, Vögeln und Fischen aufgezeichnet. Dazu zählen die Stimmen von rund 2 000 Vogelarten – das ist etwa ein Viertel aller in der Welt bekannten.

Größte Nußknacker-Sammlung

Jürgen Löschner aus Neuhausen bei Marienberg trug die größte Sammlung von Nußknackern zusammen. Sie umfaßt 3 850 knackige Gesellen – 1988 waren es erst 1 072 – und füllt heute ein Museum in der Bahnhofstraße 20, das seit 1994 von Sohn Uwe geleitet wird. Der kleinste bewegliche Nußknacker mißt nur 4,9 mm, der größte, ein beweglicher König, stolze 5,87 m (Foto). Der älteste trägt den Geburtsvermerk »um 1700«. Auf dem Museumsgelände ist auch die weltgrößte Spieldose mit Figuren und Musik aus Tschaikowskis »Nußknacker-Suite« ausgestellt.

Vielfaches Sammelgebiet: Alltagskultur der DDR

Sammlungen und Ausstellungen auf dem Gebiet der Alltagskultur der DDR gibt es in großer Zahl und Vielfalt. Das 1993 gegründete Dokumentationszentrum für DDR-Alltagskultur in einer früheren Kita in der Erich-Weinert-Allee 3 im denkmalgeschützten Zentrum von Eisenhüttenstadt ist das bedeutendste. Die erste Ausstellung wurde 1995 unter dem Titel »Von Tempolinsen bis P2« eröffnet. In den Depots lagern rund 70 000 Gegenstände. Eine Dauerausstellung informiert über »Das Leben in der DDR«. In Wittenberg widmet sich das »Haus der Geschichte« diesem Thema ebenso wie eine Ständige Ausstellung in Erfurt oder das DDR-Museum in Brandenburg. In Lenzen (Prignitz) lädt »Der letzte DDR-KONSUM« zu einem Besuch ein, in Rostock sind Produkte aus 40 Jahren DDR in der Ausstellung »As time goes by« (Wie die Zeit vergeht) zu sehen. In Jena gab es eine vielbesuchte Ausstellung »Zwischen Paradies und Hühnerstall: Urlaub in der DDR«, und Chemnitz bietet thematisierte Ausstellungen wie »Die Industriestadt in Sachsen«, »Haushalttechnik Made in GDR« und neuerdings »Courage«. Der »Verein zur Dokumentation der DDR-Alltagskultur« mit über 100 Mitgliedern aus ganz Deutschland hat seinen Sitz in Berlin.

DDR-Konsumgüterwerbung

Bernd Kersten aus Schönebeck bei Magdeburg sammelt alles, was DDR-speziell ist. Sein Fundus umfaßt über 5 000 Originalstücke vom Vaterländischen Verdienstorden bis zum Autobahnschild. Die Schmuckstücke in seinem »Raritäten-Kabinett DDR« sind Werbetafeln aus allen Bereichen des Lebens. Im Frühjahr 2002 zeigte er in einer Ausstellung in Schönebeck.

Einmalige Sammlung zur Eisenbahngeschichte

Dipl.-Ing. Wolfgang List trug in seinem Stendaler Wohnhaus und Garten, in der Weberstraße 22, eine einzigartige Sammlung von Zeugnissen der Eisenbahngeschichte zusammen. Sie reicht von historischen Signalen über Warnkreuze bis zu Bahnhofsuhren. Der Mitarbeiter des Deutschen Roten Kreuzes spezialisierte sich in den letzten Jahren auf betriebsfähige Eisenbahn-Läutewerke und besitzt die größte Sammlung in Deutschland. Das älteste Stück ist ein zweiglockiges Strecken-Läutewerk der mecklenburgischen Friedrich-Franz-Eisenbahn von 1867, gebaut von der Berliner Firma Siemens & Halske.

Buddelschiff-Sammlung

In Tangerhütte befand sich eines der kleinsten Museen der DDR – ein Buddelschiffmuseum. Sein »Vater« ist Hans Euler, ein begeisterter Hobbybastler. In seinem Museum präsentierte er 65 detailgetreue Schiffsmodelle, die er zu einem großen Teil selbst bastelte. Als er 2001 starb, ging die Sammlung seinem Wunsch gemäß an das Heimatmuseum Tangerhütte über. Zu sehen sind beispielsweise die »Santa Maria«, mit der Kolumbus 1492 Amerika erreichte, und die »Titanic«. Die Exponate fanden auch bei Weltausstellungen in den USA und Japan zahlreiche Bewunderer.

Die meisten handsignierten Sportlerporträts

Dr. Thomas Melzer aus Saalburg bei Schleiz sammelte mehr als 3000 handsignierte Porträts von Sportlerpersönlichkeiten aus aller Welt. Zu den Autogrammen auf den Fotos gehören die Namenszüge von Jesse Owens, Muhamad Ali, Pele, Carl Lewis, Florence Griffith-Joyner, Diego Maradona, Oleg Blochin, Teófilo Stevenson, von 30 Tour de France-Siegern und weiteren Siegern der Friedensfahrt. Das wertvollste Porträt signierte der allererste Olympiasieger der Neuzeit, der Gewinner des Dreisprungs in Athen 1896, James B. Connolly (USA).

Brücken

Bedeutendste alte Autobahnbrücke

Eine der schönsten Brückenkonstruktionen der Autobahnen in der DDR führt über das Teufelstal zwischen Gera und Jena nahe dem Hermsdorfer Kreuz. Sie wurde von 1936 bis 1938 aus Stahlbeton als Bogenbrücke gebaut. Die Stützweite der 7 m breiten Bogen beträgt 138 m. Die Gesamtlänge der 2002 rekonstruierten alten Brücke – daneben entstand eine Parallelbrücke – ist bei einer Höhe von 53 m über der Talsohle 271 m.

Längste gedeckte und befahrbare Holzbrücke

Diese Brücke in Wünschendorf führt 12 km südlich von Gera über die Weiße Elster. Angelegt wurde sie 1250, ihre heutige Gestalt stammt aus dem Jahr 1786. Der überdachte Teil ist 70,50 m lang. In der DDR konnte die Brücke mit Fahrzeugen bis zu 3 t Gewicht befahren werden, heute ist sie nur noch für Pkw zugelassen.

Weltbekannte Brücke

Die Glienicker Brücke am westlichsten Zipfel Berlins, die die Hauptstadt mit Potsdam verbindet, war in den letzten Kriegstagen 1945 gesprengt worden. 1950 wurde sie wieder aufgebaut und in »Brücke der Einheit« umbenannt. Doch trennte sie im Kalten Krieg mehr als sie einte: Auf Berliner Seite wachten die Amerikaner, auf Potsdamer Seite die Sowjetarmee. Passieren durfte nur das Militär. In die Schlagzeilen der Weltpresse geriet die Brücke immer dann, wenn dort enttarnte Spione ausgetauscht wurden. So wechselten 1962 der US-amerikanische, über der UdSSR abgeschossene U2-Pilot Gary Powers und der Sowjetagent Rudolf Abel die Seiten.

Älteste Klappbrücke in Berlin

Die älteste Klappbrücke in Berlin ist die Jungfernbrücke, die 1798 als letzte Zugbrücke über den Schleusenkanal, einen künstlich ausgebauten Spreearm im Zentrum, gebaut wurde. Die 28 m lange Brücke ist seit der Bebauung der Leipziger Straße vom Verkehr abgeschnitten.

Brückenreichste Eisenbahnlinie

Die Schmalspurstrecke der Harzquerbahn benötigt nicht weniger als 409 Brücken und Durchlässe zur Bewältigung der schwierigen Geländebedingungen auf der Strecke von 91,8 km. Sie war damit die brückenreichste in der DDR. Selbst von der neuen Hochgeschwindigkeitsstrecke Köln – Rhein/Main, auf der über 6 km 18 Brücken folgen, wird sie nicht übertroffen.

Brückenreichster Bezirk

Die meisten Straßenbrücken und Durchlässe waren im Bezirk Karl-Marx-Stadt zu finden. Dort gab es 3 750 Brücken – im Durchschnitt kamen damit auf 2,33 km Straße eine Brücke oder ein Durchlaß.

Längste Seebrücke

Mit 508 m ist die Seebrücke in Heringsdorf die längste des europäischen Festlandes. Sie entstand 1995 als Nachfolger der 500 m langen »Kaiser-Wilhelm-Brücke« von 1893, die nach dem 2. Weltkrieg durch Feuer und Eisgang völlig zerstört worden war. Abgesehen von ihrer enormen Länge trägt sie als einzige ein Café am Brückenkopf.

Älteste noch funktionstüchtige Klappbrücke

Die nach holländischem Vorbild gebaute Wiecker Klappbrücke wurde 1987 100 Jahre alt. Sie ist die Verbindung zwischen Wieck und Eldena am Südzipfel des Greifswalder Boddens.

»Blaues Wunder«

Die 1891-1893 gebaute Hängebrücke über die Elbe in Dresden, die Loschwitz und Blasewitz verbindet, war seinerzeit ein technisches Weltwunder und bekam wegen ihres hellblauen Anstrichs schnell den Namen »Blaues Wunder«. Die Brücke war in der DDR die größte und älteste Hängebrücke. Ihre Stahlkonstruktion hängt mit einem Eigengewicht von 3 500 t zwischen zwei Pfeilern 141,50 m frei über der Elbe. Einem Wunder glich auch, daß sie als einzige der acht Stadtbrücken Dresdens 1945 nicht beschädigt oder gesprengt wurde, was dem mutigen Einsatz mehrerer Dresdner, unter ihnen Paul Zickler und Erich Stöckel, zu verdanken ist. Im April 1985 begann eine umfangreiche Rekonstruktion mit Neuanstrich, wofür 45000 kg Farbe benötigt wurden.

Älteste Seebrücke der Ostsee

Das Seebad Ahlbeck auf Usedom kann sich der ältesten Seebrücke der Ostsee rühmen. Sie wurde 1898 gebaut und mit der türmchenverzierten weißen Gaststätte bald zum Wahrzeichen des Kaiserbades. Doch Krieg und Eisgang zerstörten die Brücke bis auf den Landsteg mit Gaststätte. Erst in den Jahren 1992/93 entstand sie wieder in ihrer alten Schönheit. Insgesamt existieren an der Ostseeküste Mecklenburg-Vorpommerns mit 19 Seebrücken die meisten an der deutschen Küste.

Schönste Seebrücke

Die im Januar 1998 wiederaufgebaute Seebrücke Sellin ist eine von drei Brücken in Deutschland, auf denen Gäste von einem Restaurant aus Blick auf das Meer haben. Die beiden anderen – Heringsdorf und Ahlbeck – liegen auch an der ostdeutschen Ostseeküste. Sellin aber schmückt sich mit der schönsten Seebrücke. Sie hat eine Länge von 394 m. Ihre Attraktion ist das Restaurant mit dem Palmengarten, der sich über zwei Etagen erstreckt, dem Kaiserpavillon im Stil der 20er Jahre sowie dem Balticsaal im oberen Teil des Gebäudes mit 120 Plätzen und phantastischem Rundum-Blick. Die von Krieg und Eis zerstörte alte Seebrücke war 1978 endgültig abgerissen worden.

Erster Brückenneubau nach 1945

Am 5. Februar 1946 erfolgte in Meißen die Übergabe der ersten nach dem Krieg wieder aufgebauten Großbrücke in Deutschland, die den Namen »Brücke der deutsch-sowjetischen Freundschaft« trug.

Brücken

Älteste Eisenbrücke

Die ausschließlich aus gußeisernen Einzelteilen bestehende Brücke im Wörlitzer Park bei Dessau war 1791 errichtet worden und ist die älteste ihrer Art in Ostdeutschland.

Größte und älteste Eisenbahnbrücke aus Beton

Die 1913 erbaute Brücke bei Lichte an der Hauptstrecke Saalfeld – Sonneberg ist die bedeutendste Massivbrücke aus Beton ohne Stahleinlagen. Sie besteht aus einer Gewölbereihe auf hohen Pfeilern, die größte Öffnungsweite beträgt 22 m. Die Brücke ist rund 250 m lang und hat eine Höhe von 30 m über der Talsohle.

Höchste einetagige Eisenbahnbrücke

Die Bahnstrecke Dresden – Werdau verläuft zwischen den Bahnhöfen Oederan und Falkenau über den Hetzdorfer Viadukt. Dieses gewaltige Bauwerk von 326 m Länge und rund 42 m Höhe wurde 1866 errichtet.

Längste Eisenbahnbrücke der DDR

Die Eisenbahnbrücke über die Elbe in Wittenberge war 1945 zerstört worden. Die danach gebaute Behelfsbrücke wurde 1950 von einer kombinierten Bahn/Auto-Brücke mit einer Länge von 1 030 m abgelöst, die in der DDR unübertroffen blieb. Am 26. September 1987 wurde die neue, gleichfalls 1 030 m lange Eisenbahnbrücke in Stahlkonstruktion für den Zugverkehr freigegeben. Die längste Eisenbahnbrücke Deutschlands führt bei Rendsburg über den Nord-Ostsee-Kanal und ist 2 486 m lang.

Größte Eisenbahnhubbrücke

Bis 1973 war die Eisenbahnhubbrücke über die Alte Elbe in Magdeburg zwischen Elbbahnhof und Biederitz mit 215 m Länge und dem Mitteljoch von 90 m Länge und 400 t Gewicht – das um 2,87 m angehoben werden kann – die größte in Deutschland. Die Kattwyckbrücke in Hamburg ist mit einer Durchfahrtshöhe von 54 m die größte Hubbrücke in Europa.

Längste Fußgängerbrücke in Europa

Eine 522 m lange Brücke für Fußgänger, die über das Gelände der Bahn und des ehemaligen Schlacht- und Viehhofes in Berlin führte, verband die Stadtbezirke Friedrichshain und Lichtenberg. Im Volksmund hieß sie »langer Jammer«. Die 1937 errichtete Brücke wurde 2002 bis auf 80 m abgerissen, weil auf dem ehemaligen Schlachthofgelände ein Fachmarktzentrum entstand und für den Zugang lediglich noch die Gleise überbrückt werden mußten. Die längste Fußgängerbrücke in Europa erhielt ein kinegraphisches Denkmal im Vorspann der beliebten Krimiserie »Polizeiruf 110« und in Andreas Kleinerts Film »Wege in die Nacht«.

Größte einteilig klappbare Brücke Europas

Seit der Sprengung der Karniner Brücke, einst größte Hubbrücke in Europa, gab es keine durchgehende Zugverbindung mehr auf die Insel Usedom. Von 1945 bis 1990 wurden die Güterwagen und Lokomotiven im Trajektverkehr zwischen Wolgast Hafen und Wolgaster Fähre übergesetzt. Die Bahnreisenden nach Usedom mußten einen 20minütigen Fußweg zwischen Bahnhof und Fähre über die 1950 nach ihrer Sprengung wiederhergestellte 1 000 m lange Straßenbrücke auf sich nehmen. Seit dem Sommer 2000 gibt es in Wolgast wieder eine kombinierte Eisenbahn- und Straßenbrücke, die mit ihrer Schiffsdurchfahrt von 40 m Breite die größte einteilig klappbare Brücke in Europa darstellt.

Älteste Straßenbrücke

Sie führt in Creuzburg, Kreis Eisenach, über die Werra. Das siebenbogige Bauwerk stammt aus dem 13. Jahrhundert (1223) und wird heute noch genutzt. Die zweitälteste ist die Steinbrücke über die Weiße Elster in Plauen, die zwischen 1230 und 1244 mit zwei Tortürmen (abgerissen) als Teil der Stadtbefestigung erbaut worden war und ebenfalls noch heute genutzt wird.

Größte Ziegelbrücke der Welt

Die Göltzschtalbrücke zwischen den Bahnhöfen Reichenbach und Netzschkau im Vogtland ist die größte Brücke der Welt in Ziegelbauweise. Sie ist 578 m lang, 78 m hoch, im unteren Teil 21 m, im oberen 8 m breit und besteht aus 76 neben- und übereinander angeordneten Bogen, In denen 26 Millionen Ziegel vermauert sind. Nach fünfjähriger Bauzeit, die 31 Tote und 1 302 Verletzte gefordert hatte, wurde die Bahnstrecke über die Brücke am 15. Juli 1851 eröffnet.

Einzige durchgehend bebaute Straßenbrücke

Die Krämerbrücke in Erfurt ist die einzige, durchgehend mit Häusern bebaute Brücke nördlich der Alpen. Im 12. Jahrhundert erstmals erwähnt und nach einem Brand zerstört, wurde sie 1325 aus Stein als Ost-West-Handelsweg über die Gera neu errichtet. In den 80er Jahren erfolgte die Rekonstruktion von 31 Häusern der Brücke.

Erste deutsche Spannbetonbrücke

Diese 1937 erbaute Straßenbrücke führt im Verlaufe der F 169 (heute B 169) über die Gleisanlagen des Bahnhofs Aue. Bei einer Gesamtlänge von 308 m hat sie eine größte Spannweite von 69 m.

Größte Steinbogenbrücke in Deutschland

Die Autobahnbrücke bei Pirk im Vogtland ist mit 500 m Länge und 40 m Höhe die größte Steinbogenbrücke in Deutschland. Sie führt im Verlaufe der Autobahn 72 Dresden – Hof bei Pirk über die B 173. Im Krieg wurde sie schwer beschädigt und war in der DDR wegen des Grenzgebietes nicht passierbar. Erst 1992 wurde sie einspurig für den Fahrzeugverkehr freigegeben und ist heute vierspurig.

Größter Gewölbebogen einer Steinbogenbrücke in Europa

Die heutige Syratalbrücke und ehemalige Friedensbrücke in Plauen, erbaut 1903 bis 1905 als seinerzeit größte Steinbogenbrücke in der Welt, besitzt mit 90 m Spannweite den größten gemauerten Bruchstein-Gewölbebogen in Europa. Sie hat eine Höhe von 21 m und ist 17 m breit.

Fahrzeuge & Verkehr

Einziges Trabantregister

In Zwickau wird vom Verein Intertrab ein Internationales Trabant-Register geführt, in dem alle zugelassenen Pkw dieser Marke registriert sind. 1998 waren es über 400 000, im Jahr 2000 noch 228 500 und im Jahr 2002 ca. 160 000, wobei zahlreiche »Trabis« als Liebhaberstücke unangemeldet in Garagen stehen. Alle Fahrzeuge, die mit einem Alter von mehr als 20 Jahren registriert sind und bestimmte Auflagen erfüllen, gelten als Oldtimer.

Erster und letzter Trabant

Am 7. November 1957 begann im Automobilwerk Zwickau die Produktion des P 50 (Vorgänger war der P 70), der zu Ehren des ersten Erdtrabanten »Sputnik« den Namen »Trabant« erhielt, und zum Kultbegriff geworden ist. Am 21. Mai 1990 verließ der 2 999 999. Trabant mit einem Zweitakt-Motor die Werkhalle. Danach wurden VW-Viertakt-Motore eingebaut. Als letzter lief 1991 der Trabant mit der Fertigungsnummer 3 096 099 vom Band.

Das erste Nachkriegsauto

Der BMW 340, gebaut im ehemaligen BMW-Zweigwerk Eisenach (seit 1928), war 1948, als man im bayerischen Mutterwerk noch an Motorrädern bastelte, die erste deutsche Neuentwicklung nach dem Krieg. Der flotte Viertakter wurde exportiert in die Benelux-Länder, nach Dänemark, Norwegen und Finnland. Nach einem Gerichtsbeschluß von 1952 mußte die alte Markenbezeichnung BMW allerdings aufgegeben werden. Ab 1952 firmierte das Werk unter EMW (Eisenacher Motorenwerk); aus dem bayerischen blau/weiß wurde das thüringische rot/weiß im Emblem.

Längste Autoanmeldung

Die Wartezeiten für ein Auto in der DDR wurden mit den Jahren immer länger. Betrug die Anmeldezeit für einen Trabant Anfang der 70er Jahre drei Jahre, stieg sie bis zum Ende der DDR auf 12 Jahre an. Wer einen Wartburg bestellt hatte, mußte sich sogar noch länger gedulden. Deshalb war es durchaus üblich, daß sich alle volljährigen Familienmitglieder sofort für ein Auto anmeldeten. Das führte wiederum zu einem schwunghaften Handel mit Anmeldungen, die nur noch eine kurze Laufzeit hatten.

Erste Autos mit Kunststoffkarosse

In den zerstörten oder demontierten ehemaligen Horchwerken in Zwickau wurde 1947 die Produktion wieder aufgenommen. Gebaut wurden der LKW Horch H 3 und der Traktor »Pionier«. 1949 lief die Pkw-Produktion mit den Vorkriegsmodellen DKW F8 und F9 wieder an. Erste Eigenkonstruktion war 1955 der »Sachsen-

ring P 240« als Nobelkarosse mit enormem Spritverbrauch. Es folgte der P 70 (Foto oben) als erstes serienmäßig hergestelltes Auto der Welt mit Kunststoffkarosse aus Duroplast auf Holzrahmen. Und am 7. November 1957 schlug die Geburtsstunde des Trabant P 50.

Autohaus ohne Autos

In der Rummelsburger Landstraße 110-112 in Berlin-Treptow befand sich eine ungewöhnliche Pilgerstätte. Hunderte potentielle Autokäufer steuerten täglich eine unscheinbare, weiße Baracke an. Dort wurden die Anmeldungen registriert, und auf einer großen Schautafel im Flur war abzulesen, welches Anmeldedatum wann »an die Reihe kam«. Solche Einrichtungen gab es in jeder Bezirksstadt. Anmeldungen waren auch in sogenannten Gebrauchtwagenzentralen möglich.

Wartburg als Protest-konstruktion

Als die DKW (Dampfgetriebene Kraft-Wagen) F9-Produktion 1955 ins Eisenacher Werk verlegt wurde, gab es Unmut im Werk gegen das Zwickauer »Arme-Leute-Auto«. Die Ingenieure, die gewohnt waren, Vier- und Sechs-Zylinder-Autos mit vier Türen zu bauen, kreierten deshalb am 18. Oktober 1955 ihre Eigenkonstruktion – den »Wartburg« 1000, Typ 311. Es gab ihn als Kombi, Coupé, Cabrio, Kübel, Pick-up und als Sportwagen. Ab 1966 wurde das Zweitakter-Modell W 353 gebaut, das mit geringfügigen Veränderungen bis 1988 vom Band lief. Dann kam der W 1,3 als Viert-

akter mit VW-Lizenz. Bis zum »Aus« am 10. April 1991, als der letzte Wartburg vom Werktor direkt ins Eisenacher Automuseum rollte, waren 1,2 Millionen Autos der Serie 353 gebaut worden.

Einziges Oldtimertreffen für Nutzfahrzeuge

Das einzige Oldtimertreffen für historische Nutzfahrzeuge in der DDR gab es im August 1988 in Riesa. Es nahmen über 100 Fahrzeuge in vier Kategorien teil: Lieferfahrzeuge/Dreiräder, Lastkraftwagen/Omnibusse, Traktoren/Arbeitsmaschinen, Feuerwehrfahrzeuge.

Erster Motorroller: »Pitty«

Der erste Motorroller, der in der DDR gebaut wurde, verließ am 1. Februar 1955 das Industriewerk Ludwigsfelde bei Ber-

lin. Er hieß »Pitty«, hatte 5,5 PS, erreichte im 3. Gang 70 km/h Höchstgeschwindigkeit und kostete 2 300 Mark. Ein Jahr später folgte der Stadtroller »Wiesel«, der für 1 800 Mark zu haben war. Am bekanntesten wurden die späteren Stadtroller »Berlin« und »Troll«.

Größtes Trabanttreffen

Jeweils am 3. Juni-Wochenende findet in Zwickau, der Geburtsstätte des Trabis, das größte Trabanttreffen mit tausenden Fahrzeugen statt. 2002 waren an der Trabi-Live-Parade durch Zwickaus Innenstadt 2012 Trabis beteiligt. Die meisten kamen aus Ostdeutschland, aber Liebhaber waren mit ihren Fahrzeugen auch aus Frankreich, Großbritannien, den Niederlanden, Polen, Slowakei, Tschechien und Ungarn angereist. Darüber hinaus organisieren die etwa 130 Trabant-Vereine und -Klubs in Deutschland regionale Veranstaltungen. Im Ausland existieren etwa 70 Trabant-Klubs, besonders zahlreich sind sie in Frankreich und den Niederlanden sowie in den östlichen Nachbarländern Deutschlands.

Fahrzeuge & Verkehr

Meistgebauter Kleinroller: »Schwalbe«

Von 1964 bis 1986 wurde im Fahrzeug- und Gerätewerk Simson in Suhl der Kleinroller »Schwalbe« produziert, den es in der »Vogelserie« variiert auch als »Spatz«, »Star«, »Sperber« und »Habicht« gab. 1964 gab es bei der Internationalen Sechs-Tage-Fahrt (Six Days) in Erfurt 1. Plätze (Silbervase) mit Simson-Rollern in den Klassen 50, 75 und 175 ccm belegt. Das Symbol der Silbervase zierte danach die Tankdeckel. Jährlich wurden in den Simson-Werken von 3 400 Beschäftigten 200 000 Zweirad-Fahrzeuge hergestellt. 1991 gründeten ehemalige Mitarbeiter die Suhler Fahrzeugwerke GmbH, die bald Konkurs anmelden mußte. Auch ein Neustart der Simson Motorrad GmbH & Co KG am 1. Juni 2000 endete im Juli 2002 im Konkurs.

Beliebtes Ampelmännchen

Am 13. Oktober 1961 wurden die ersten Verkehrsampeln mit dem grünen Ampelmännchen in Berlin installiert. Die Figur wurde DDR-weit bekannt und hat eine starke Lobby, die ihr auch den Weg in das vereinte Deutschland ebnete. Inzwischen gibt es die unterschiedlichsten Artikel mit dem beliebten kleinen Kerlchen auch zu kaufen.

Wichtigster Verkehrsknotenpunkt

Das Schkeuditzer Kreuz war der bedeutendste Autobahn-Knotenpunkt in der DDR. Hier kreuzen sich die Nord-Süd- und die Ost-West-Autobahnen. Der Verkehrsknoten existiert seit November 1936 und ist die erste Kreuzung zweier Autobahnen in Deutschland. Am 8. September 2002 wurde das umgebaute und modernisierte Schkeuditzer Kreuz nach dreijähriger Bauzeit wieder für den Verkehr freigegeben.

Längste Fernverkehrsstraße der DDR – F96

Längste Fernverkehrsstraße der DDR

Die F 96 von Saßnitz bis nach Zittau war exakt 509,45 km lang und damit die längste durchgehende Fernverkehrsstraße in der DDR.

Grüner Pfeil wegweisend

Im Straßenverkehr der DDR war der Grüne Pfeil gang und gäbe, um den Verkehrsfluß zu beschleunigen. Dieses spezielle Zeichen an Ampelkreuzungen gestattet das Rechtsabbiegen auch bei Rot, wenn die Straße frei ist. Die Grünpfeil-Regelung hatte es schwer, sich in den alten Bundesländern durchzusetzen. Inzwischen findet sie fast überall Anwendung. Hamburg, wo im Sommer 2002 der 265. Grüne Pfeil installiert wurde, steht dieser DDR-Erfindung am aufgeschlossensten gegenüber.

Einziger Autobahnneubau in die BRD

Am 20. November 1982 gab DDR-Verkehrsminister Otto Arndt den Autobahnabschnitt von Wittstock nach Zarrentin, einschließlich des Zubringers Stolpe und der Grenzübergangsstelle in die BRD, frei. Vier Jahre zuvor, am 16. November 1978, hatte man den Bau der Nordautobahn von Berlin nach Hamburg begonnen.

Einzige Fernverkehrsstraße mit Ruhetagen

Die F 107 bei Coswig hatte in der DDR montags und dienstags ihre Ruhetage. Da die Elbefähre an diesen Tagen nicht betrieben wurde, konnte auch die Straße nicht benutzt werden. Heute verkehrt die Fähre täglich nach Bedarf.

Neues Länder-Kennzeichen

Ab 1. Januar 1974 wurde für in der DDR zugelassene Fahrzeuge statt des bis dahin gültigen »D« das neue »Unterscheidungszeichen mit den Kennbuchstaben DDR« (offizielle Formulierung) eingeführt. Die Änderung erfolgte im Zusammenhang mit dem Beitritt der DDR zu den Wiener Konventionen über den Straßenverkehr und die Straßensignalisation.

Längstes Motorrad

Die »Böhmerland« ist stolze 2,70 m lang, wurde 1927 gebaut, leistete bei einem Hubraum von 600 cm^3 16 PS und hatte eine Höchstgeschwindigkeit von 80 km/h. Zugelassen war sie für drei hintereinander sitzende Personen. Originale sind heute im Verkehrsmuseum Dresden und im Motorradmuseum Schloß Augustusburg zu bestaunen.

Einzigartige Oberleitung

In Markkleeberg bei Leipzig befindet sich die einzige Stelle in der Welt, wo sich Oberleitungen von Straßenbahn und Eisenbahn kreuzen. Dafür mußte eine besondere technische Lösung gefunden werden, da beide Oberleitungen unterschiedliche Spannungen besitzen.

Erste O-Buslinie weltweit

Im Bielathal, in der Sächsischen Schweiz, wurde am 10. Juli 1901 die erste Oberleitungsbuslinie der Welt in Betrieb genommen. Die »Bielathal Motorbahn« fuhr die Strecke Königstein – Königsbrunn. Konstruiert hatte sie der Dresdner Ingenieur Max Schiemann. Erst ab 1930 setzten sich O-Busse als Verkehrsmittel auch in anderen Städten durch.

Erste Aufstellung von Ortstafeln

Die gelben Tafeln mit der schwarzen Beschriftung wurden an den Ortsein- und Ausgängen erstmalig in einer Verordnung des Königreiches Sachsen vom 29. Januar 1820 gesetzlich gefordert. Die Kosten dafür hatten die Gemeinden zu tragen. Gedacht waren die Schilder zur Information der Reisenden. Heute sind sie zugleich Ortsbegrenzungen, woraus sich rechtliche Bedingungen wie z. B. die Straßeninstandhaltung ableiten.

Einzige Ortsverbindung per Aufzug

Die Orte Ostrau und Bad Schandau sind durch einen elektrischen Aufzug miteinander verbunden. Das Technische Denkmal war um 1900 als ingenieurtechnische Sonderleistung gebaut worden.

Einzige Ringstraßenbahn in Europa

Die seit 1892 befahrene Straßenbahnlinie in Naumburg ist die einzige Ringstraßenbahn in Europa. Mit 4,6 km Länge war sie zugleich die kürzeste Linie in der DDR.

Erste Signalanlage im Straßenverkehr

Die erste Signalanlage Deutschlands zur Regelung des Straßenverkehrs in den bekannten Farben Rot, Gelb, Grün wurde 1924 am Potsdamer Platz in Berlin in Betrieb genommen. Im Dezember 1926 folgte eine weitere Ampelanlage am Chemnitzer Falkeplatz (in Karl-Marx-Stadt war es der Fritz-Heckert-Platz). Die erste Koordinierung von Lichtanlagen zur »Grünen Welle« lief 1929 in der Leipziger Straße in Berlin an.

Die längsten Straßenbahnlinien der DDR

Die Linie 4 der Verkehrsbetriebe Dresden legte zwischen Weinböhla und Pillnitz eine Strecke von 32,5 km zurück und war damit bis zu ihrer Unterbrechung 1985 die längste durchgehende Straßenbahnlinie in der DDR. Noch immer existiert dagegen die 31 km lange Verbindung der Linie 5 von Halle-Trotha über Schkopau-Merseburg und Leuna nach Bad Dürrenberg.

Steilste Straßenbahnlinie

In der Vogtlandstadt Plauen muß die Straßenbahn die größten Steigungen überwinden. In der Bahnhofstraße beträgt sie 7,7 %, in der Reusaer Straße sogar 7,9 %. An dieser Stelle wurden in der DDR die Tatra-Straßenbahnen auf ihre Leistungsfähigkeit geprüft.

Größte Anzahl von Straßenbahnlinien

Von den 147 Straßenbahnlinien, die es in der DDR gab, entfielen 26 auf Berlin und je 19 auf Leipzig und Dresden.

Steilste Straßensteigung einer Ortschaft

Die Steile Wand von Meerane (Sachsen) ist den meisten spätestens seit der Friedensfahrt bekannt. Die Straße weist auf einer Länge von 300 m einen Anstieg von 32,60 m auf. Die letzten 70 m steigen sogar um 13,6 %.

VIP-Bus

Der Gastronom Karl-Heinz Bellmann aus Dresden, Besitzer der berühmten Gaststätte »Linie 6« kaufte den VIP-Bus Erich Honeckers, zu dessen komfortabler Ausstattung 16 vollschwenkbare Sessel gehören. Den Bus vermietet er für touristische Zwecke.

Längster Trabi der Welt

5,40 m mißt der längste für den Straßenverkehr zugelassene Trabant der Welt. Der Dresdner Hobbybastler Rico Heinzig baute ihn als Cabrio aus zwei Trabants zusammen. Das knallrote Fahrzeug ist mit der Nummer DD – XL 601 in Berlin stationiert und wird für Trabi-Safaris vermietet. In Ludwigslust bauten Trabifreunde ein mit 13 m noch längeres Mobil. Es ist jedoch nicht zugelassen, da nach der STVO Pkw nicht länger als 12 m sein dürfen.

Schiffahrt

Erste Spezialschiffe

Am 14. Januar 1956 lief mit dem MS »Frieden« der erste 10 000-Tonner vom Typ IV in der Warnowwerft Warnemünde vom Stapel. Am 11. April 1956 wurde auf der Neptunwerft Rostock der Dampfer »Thälmann-Pionier« in den Dienst gestellt. Die Matthias-Thesen-Werft Wismar übergab am 17. Mai 1961 das Fischerei-Forschungsschiff »Ernst Haeckel«. Und am 30. Juni 1986 ging der erste in der Volkswerft Stralsund gebaute Hochsee-Fabriktrawler vom Typ Atlantik 488 auf Fahrt.

Eine der größten Schiffswerften Europas

Die Neptunwerft Rostock zählte zu den Großbetrieben in der DDR und war eine der größten Werften in Europa. Übrig blieben nach 1990 knapp 1 000 Arbeitsplätze in ausgegliederten Betrieben. Ein Großteil des Werftgeländes wird gegenwärtig zu einem Kultur- und Freizeitareal umgestaltet. Albrecht Tischbein hatte die Werft 1850 gegründet. Nach dem Krieg begann 1949 mit dem Bau von 179 Loggern wieder der regelmäßige Schiffsneubau, dem weitere große Serien von Spezialschiffen folgten. Insgesamt verließen etwa 1 800 Schiffe die Werft – allein 1 000 davon nach 1945 –, die in alle Welt exportiert wurden.

Größte Universalreederei Europas

Im Oktober 1953 wurde der erste Liniendienst der neugegründeten Deutschen Seereederei (DSR) eingerichtet. Er führte von Rostock in die lettische Hauptstadt Riga. 1958 eröffnete die DSR Routen nach Albanien, Ägypten und zur Ostküste Südamerikas. In ihrer Glanzzeit unterhielt die Deutsche Seereederei Rostock (DSR) 28 Liniendienste. DSR-Frachter legten in mehr als 100 Ländern an. Im Schiffsregister der DDR-Staatsreederei waren 1977 insgesamt 203 Schiffe vermerkt. Das bedeutete den höchsten Stand in der Firmengeschichte und zugleich die stärkste deutsche Flotte der größten Universalreederei Europas.

Größter Binnenhafen

Der Binnenhafen Königs Wusterhausen war der größte seiner Art in der DDR. Hier wurden allein für das Kraftwerk in Rummelsburg jährlich 1,7 Millionen Tonnen Kohle per Schifftransport umgeschlagen. Inzwischen ist der Magdeburger Binnenhafen, vor allem dank seiner Funktion als Knotenpunkt des Güterverkehrs per Binnenschiff, Bahn und LKW die Nummer 1 in den neuen Bundesländern und nach Hamburg der zweitgrößte in Deutschland.

Letzter Dampfschlepper

Der letzte Dampfschlepper auf der Elbe, gebaut 1914 von der Firma Wiemann in Brandenburg, liegt im Hafen der Stadt Wehlen. Der Dampfer »Sachsenwald« hat eine Länge von 25,38 m und ist 5,50 m breit. Er wird für den Personenverkehr im Fahrdienst der Sächsischen Schweiz eingesetzt. Der Antrieb erfolgt mit einer 3-Zylinder-Maschine von 220 PS. Dem Besitzer Bernd Frenzel ist die Erhaltung des historischen Schiffes zu verdanken.

Einzige originale Schiffmühle

In der Mulde unterhalb der Burg in Bad Düben liegt die einzige original erhaltene Schiffmühle Deutschlands. Sie war einst auf der Mulde in Betrieb. Die Mühle besteht aus zwei Booten; eines davon trägt die Mühlentechnik, das andere das Lager für die Welle des zwischen den Booten befindlichen unterschlächtigen Wasserrades. Die Mühle ist für Besucher geöffnet. 1997 wurde in Minden eine Schiffmühle nach historischem Vorbild nachgebaut. Eine weitere ehemalige Schiffmühle existiert im Mühlenpark von Gifhorn bei Wolfsburg.

Größte Fährschiffe

Der Stapellauf für das in der Wismarer Matthias-Thesen-Werft gebaute Fährschiff »Mukran« war am 27. August 1985. In Dienst gestellt wurde das größte Zweideck-Fährschiff der Welt am 2. Oktober 1986 auf der an diesem Tage eröffneten Linie Mukran (Rügen) – Klaipeda (UdSSR/Litauen). Das Schiff ist 190,94 m lang, 28 m breit und besitzt eine Tragfähigkeit von 12 019 t. Es hat eine nutzbare Gleislänge von 1 539 m und kann 130 Güterwaggons transportieren. Danach folgten mit der »Greifswald«, »Wismar«, »Stralsund«, »Klaipeda« und »Vilnius« Fähren gleichen Ausmaßes. Heute fährt die »Mukran« unter dem Namen »Petersburg« auf der Linie Kiel – Klaipeda.

Schnellste schwimmende Kühltruhe

Das MS »Theodor Storm« fuhr als Bananenfrachter der Deutschen Seereederei auf allen Weltmeeren. Das schneeweiße Schiff glich einer schwimmenden Kühltruhe, denn es mußte der verderblichen Fracht innerhalb einer höchstens 18 Tage dauernden Fahrt eine konstante Temperatur von 12 bis 13 °C bieten. Die »Storm« fuhr als eines der schnellsten Schiffe der Branche vorwiegend im Charterdienst.

Letzter Fährdampfer

Die letzte betriebsfähige Dampffähre auf der Elbe, der 1925 gebaute Dampfer »Pötzscha-Wehlen-Bastei«, wurde 1987 in der Stadt Wehlen unter Denkmalschutz gestellt. Die 14,5 m lange und 3,5 m breite Fähre, die 78 Personen befördern kann, wird in Pirna noch für Sonderfahrten genutzt. Eine technische Rarität ist die 2-Zylinder-Verbundkolben-Dampfmaschine mit 45 PS.

Preiswerte Fährdienste

In Bad Kösen bei Naumburg kostete eine Fahrt mit der Fähre über die Saale lediglich 5 Pfennig. Heute hat die Fähre, die mit Muskelkraft betrieben wurde, ihren Dienst eingestellt. Noch billiger war's nur in Eisenhüttenstadt. Wollte man hier den Oder-Spree-Kanal überqueren, bezahlte man für die handgetriebene Fähre gar nichts.

Fleißigstes Fährschiff

Das kleinste Schiff der Schweriner Weißen Flotte, »Petermännchen«, bekannt als »Pfaffenteichkreuzer«, war zugleich das fleißigste Fährschiff der DDR. Es verkehrt noch immer auf dem Pfaffenteich im Zentrum der Stadt. Früher bewältigte das Schiff in der Saison zwischen 5.30 Uhr und 19.00 Uhr rund 200 Überfahrten. Erstmals schipperte ein Fährschiff am 19. Juli 1879 auf dem Pfaffenteich.

Erste Leuchtfeuer

Das erste ständige Leuchtfeuer zur Orientierung für Fischer und Schiffer wurde 1266 auf der Insel Lieps im Schweriner Außensee von der Stadt Wismar angelegt. 1306 folgte Stralsund mit einem Leuchtfeuer auf Hiddensee und 1349 Rostock mit einer Einrichtung in Warnemünde. Der älteste Leuchtturm Deutschlands steht seit 1280 in Lindau am Bodensee.

Letzter Oderdampfer

Letztes Dampfschiff auf der Oder war der Heckradschleppdampfer »Reiher«, der 1983 außer Dienst gestellt und 1989 verschrottet wurde. Da alle Bemühungen, das Schiff zu erhalten, mangels einer Werft fehlschlugen, wird nun die Maschine mit dem Heckrad für das Binnen-Schiffahrtsmuseum in Oderberg nachgebaut.

Ältestes Fahrgastschiff in Berlin

Das älteste Schiff der Berliner Weißen Flotte trug den Namen »Heinrich Zille« und das Baujahr 1898. Es wurde 1991 von der Stern und Kreis Schiffahrt Berlin übernommen und wenig später an den Historischen Hafen nahe der Jannowitzbrücke abgegeben. Von dort aus finden gelegentlich noch Fahrten statt. Das Museums-Dampfschiff »Kaiser Friedrich« ist mit über 100 Jahren der Methusalem unter den Schiffen der Stern und Kreis Schiffahrt.

Weltrekord im Bau von Fischereifahrzeugen

Die Volkswerft Stralsund ist noch immer im Besitz des Weltrekordes im Serienbau von Fischereifahrzeugen. Der Typ »Atlantik-Supertrawler« wurde in der Seriengröße von 201 Stück gebaut. Dafür gibt es weltweit auf anderen Werften keine Parallele.

Spitzenplätze im Lloyds-Register

Der DDR-Schiffbau genoß international einen ausgezeichneten Ruf. Im Lloyds »Register of Shipping« wurde die DDR beim Bau von Fischereifahrzeugen auf Rang 1, bei Stückgutfrachtern auf Rang 2 bis 3 im Weltschiffbau geführt.

50. Jubiläum des Flaggschiffs

Die Schonerbrigg »Greif« feierte am 2. August 2001 in ihrem Heimathafen in Greifswald-Wieck ihren 50. Geburtstag. Dieser erste stählerne Schiffsneubau war auf der Warnow-Werft Warnemünde als Zweimast-Schoner entwickelt worden und lief als Segelschulschiff »Wilhelm Pieck« unter Segel, auf dem mehr als 7000 Matrosen ihre seemännische Ausbildung erhielten. Seit 1991 segelt die Schonerbrigg unter dem neuen Namen »Greif« als Flaggschiff Mecklenburg-Vorpommerns und steht ausschließlich in touristischen Diensten. Kapitän auf dem 41 m langen und 7,60 m breiten Schiff mit einer Gesamtsegelfläche von 570 m² ist seit 2000 Wolfgang Fusch.

Bekanntestes Traditionsschiff

Das Traditionsschiff »Frieden«, 1958 als MS »Dresden« in der Warnow-Werft vom Stapel gelaufen, erfreute sich in Rostock-Schmarl seit 1970 neben seiner Funktion als Museumsschiff auch als Jugendgäste-schiff großer Beliebtheit. Nach der Wende rostete das Schiff allerdings langsam vor sich hin. Deshalb begann im Juni 2002 im Trockendock der Neptun-Reparaturwerft eine Schönheitskur für den Einsatz bei der IGA 2003 in Rostock. Künftig soll das Tra-ditionsschiff das Schiffahrtsmuseum be-herbergen.

Älteste Schiffer-Compagnie der Welt

Am 23. Januar 1988 tagte in Stralsund die 500. Generalversammlung der dort an-sässigen Schiffer-Compagnie, die jährlich einmal zusammentritt. Gegründet wurde sie 1488 als Marien-Bruderschaft. Sitz ist seit 1635 das Gildehaus in Stralsund, des-sen Räume wie eine museale Einrichtung von der Geschichte der Seefahrt erzählen. Die Vereinigung besitzt die über 500 Jahre alte Gründungsurkunde, das Mariensie-gel, sowie Tausende Originaldokumente und Sachzeugnisse aus früheren Jahrhun-derten. Heute zählt die Compagnie 85 Mit-glieder.

Erstes Schiff der DDR-Handelsflotte

Der 1 200 tdw (Gesamtgewicht der Zula-dung) große Dampfer »Vorwärts« (ex »Grete Cords«) wurde 1950 als erstes Schiff der Deutschen Seereederei (DSR) in Dienst gestellt. Es war zu diesem Zeit-punkt bereits 50 Jahre alt und absolvierte bis zu seiner Außerdienststellung im März 1954 noch 105 Ladungsfahrten in der Ost-see. Im April 1957 wurde die »Vorwärts« der Rostocker Pionierorganisation als Pio-nierschiff übergeben.

Ältestes betriebsfähiges Seitenradschiff in Europa

Das zur Dresdner Weißen Flotte gehören-de Dampfschiff »Stadt Wehlen« wurde 1879 in Betrieb genommen. Der älteste betriebsfähige Dampfer steht unter Denk-malschutz und ist heute noch bei der »Stadtrundfahrt zu Wasser« in Dresden im Einsatz.

Höchster Kanaldamm der Welt

Der Oder-Havel-Kanal überwindet mittels des Schiffshebewerkes Niederfinow ein Gefälle von 36 m. Schiffe, die das Hebe-werk Richtung Berlin passiert haben, ge-langen nach der Höhenfahrt im Schleu-senfahrstuhl in das Kanalbett, das nicht als Vertiefung in die Erde gegraben wurde, sondern von bis zu 29 m hoch aufge-schütteten Dämmen begrenzt wird. In die-sem höchsten Hochbettkanal der Welt fah-ren die Schiffe fast in Wipfelhöhe der Kie-fernwälder rechts und links. Der Kanal überquert bei Eberswalde sogar die Ei-senbahnlinie Berlin – Stettin.

Schiffahrt

Letzter Seitenradschlepper auf der Elbe

Auf den Elbewiesen im Magdeburger Kulturpark Rotehorn ist der letzte, 1974 außer Dienst gestellte Elbe-Seitenraddampfer »Württemberg« als Museums- und Gaststättenschiff zu besichtigen. Seine erhalten gebliebene 650-PS-Dampfmaschine von 1909 ist eine besondere Attraktion.

Raddampfer mit ältester Dampfmaschine

Der Raddampfer »Diesbar« der Weißen Flotte Dresden war 1884 auf der Werft Blasewitz bei Dresden unter dem Namen »Pillnitz« gebaut und mit der Dampfmaschine des Dampfers »Stadt Meißen« (1841) ausgerüstet worden. Die »Diesbar« wurde einschließlich der Dampfmaschine ab 1985 umfassend rekonstruiert und fährt noch heute auf kürzeren Strecken sowie im Charterverkehr. Das Schiff wird von der ältesten Raddampfermaschine der Welt angetrieben.

Einziges Seepassagierschiff

Die »Arkona« des Freien Deutschen Gewerkschaftsbundes (FDGB) war das einzige Seepassagierschiff der DDR, das sowohl als Urlauberschiff wie auch als Charterschiff für den Veranstalter Seetours unterwegs war. Die »Völkerfreundschaft« und »Fritz Heckert« fuhren ausschließlich als FDGB-Urlauberschiffe. Die »Arkona«, 1981 gebaut, als sogenanntes Traumschiff

»Astor« unter BRD-Flagge im Einsatz und später an Südafrika verkauft, wurde 1985 vom FDGB erworben. Am 15. Oktober 1985 lief das Schiff als »Arkona« zur ersten Kreuzfahrt unter DDR-Flagge in die Ostsee aus. Seine Kapazität war bemessen für 580 Passagiere und 210 Besatzungsmitglieder. Nach der Wende wurde der Name wieder geändert. Die »Astoria« fuhr nun für den Reiseveranstalter Seetours und ist seit Winter 2001/2002 für eine Bremer Reederei im Einsatz.

»Kreuzungsreichstes« Schiffshebewerk

Das Schiffshebewerk in Magdeburg-Rothensee stellt die Verbindung zwischen dem Mittellandkanal (Anschluß zum Rhein) und der Elbe zu den märkischen Wasserstraßen sowie zur Oder her und war somit das »kreuzungsreichste« der DDR. Die Schiffe werden in dem 85 m x 12 m und 2,50 m tiefen Trog je nach Elbewasserstand 11 bis 18 m gehoben oder gesenkt. Das Technische Denkmal war 1938 als ingenieurtechnisches Meisterwerk in Betrieb genommen worden.

Schiffshebewerk als Riesenfahrstuhl

1934 wurde das Schiffshebewerk Niederfinow als seinerzeit größtes in Europa eingeweiht. Es löste die fünfstufige Schleusentreppe ab, die für den Schiffverkehr von der Oder nach Berlin viel zu klein und umständlich war. Das Hebewerk, mit dem Schiffe in nur fünf Minuten die 36 m Höhenunterschied zwischen Oderniederung und Barnimer Hochfläche überwinden können, ist 60 m hoch, 94 m lang und 27 m breit. Bei der Herstellung wurden 13 800 t Stahl verarbeitet. Ist der Trog mit 2 700 m^3 Wasser gefüllt, bringt er ein Gesamtgewicht von 4 300 t auf die Waage. Vier kleine Elektromotore und riesige Gegengewichte heben den Koloß. Das

Älteste und größte Raddampferflotte der Welt

Die Sächsische Dampfschiffahrt ist mit ihren neun historischen Schaufelraddampfern die älteste und größte Flotte ihrer Art in der Welt. Zwei moderne Salonschiffe ergänzen die Flotte, die auf der Oberelbe zwischen Seußlitz bei Meißen über Dresden bis Decin (Böhmen) verkehrt.

größte Schiffshebewerk Deutschlands befindet sich in Scharnebeck am Elbe-Seitenkanal bei Lüneburg. Es wurde 1965 mit einer Hubhöhe von 38 m und einem Trog von 100 m Länge fertiggestellt.

Ältestes erhaltenes Tauchboot der Welt

Der »Brandtaucher«, ein 1851 vom bayrischen Unteroffizier Wilhelm Bauer konstruiertes U-Boot, das am 1. Februar 1851 beim ersten Tauchversuch in Kiel sank, war nach seiner Rekonstruktion in der DDR im Armeemuseum Dresden ausgestellt. Nach einer dreijährigen Leihgabe an das Stadt- und Schiffahrtsmuseum Kiel ist das älteste erhaltene Tauchboot der Welt Ende Juni 2002 wieder ins Militärhistorische Museum Dresden zurückgekehrt.

»Urlauberschiff« aus Tombola

In der Matthias-Thesen-Werft in Wismar sollte das erste Urlauberschiff der DDR unter dem Motto »gebaut von Arbeitern für Arbeiter« entstehen. Dieser Vorschlag der Werftarbeiter wurde auf dem V. SED-Parteitag 1958 mit großem Beifall aufgenommen. Das Schiff sollte aus dem Erlös von Sach- und Geldspenden bezahlt werden. In einer Tombola waren Sachgewinne im Gesamtwert von 10 Millionen Mark zu gewinnen, das Los kostete 50 Pfennig. Außerdem gab es FDGB-Spendenmarken bis zu 5 Mark und Bastelbögen für Kinder. 50 % der Erlöse gingen auf das Konto für das Urlauberschiff. In der Aktion »Steckenpferd« spendeten Betriebs-Belegschaften den Erlös von Überplan-Produktion. Doch der Fertigungstermin konnte nicht eingehalten werden, und erst nach dreijähriger Bauzeit wurde das Schiff mit dem Namen »Fritz Heckert« fertig. Um die Euphorie der Bevölkerung nicht zu enttäuschen, beschloß die Regierung, ein Urlauberschiff zu kaufen und als »Völkerfreundschaft« ab 1960 in den Dienst des FDGB zu stellen. Die »Fritz Heckert« wurde erst am 15. April 1961 übergeben. Da das Schiff jedoch den Anforderungen nicht genügte und der Unterhalt insgesamt zu aufwendig war, wurde es bereits acht Jahre später, am 1. Mai 1969, stillgelegt und fortan als Wohnheim der Volkswerft Stralsund genutzt. Nach der Wende gelangte es über einen Zwischenkäufer nach Dubai.

»Völkerfreundschaft« mit weltbekannter Vorgeschichte

Die »Völkerfreundschaft« wurde als erstes Urlauberschiff der DDR 1960 in Dienst gestellt. Es war am 3. Januar 1960 in Göteborg von der Besatzung der Deutschen Seereederei unter Kapitän Adolf Zinn übernommen worden. Das Schiff fuhr zuvor unter schwedischer Flagge als Luxusliner »Stockholm« auf der Schweden-Amerika-Linie. Am 25. Juli 1956 rammte die »Stockholm« auf dem Wege nach New York um 23.10 Uhr bei dichtem Nebel den entgegenkommenden italienischen Luxusdampfer »Andrea Doria«, der daraufhin sank. Von den 1 706 Passagieren und Mannschaftsmitgliedern wurden 1 662 gerettet. Die Gründe für den Zusammenstoß konnten nie geklärt werden, beide Parteien einigten sich außergerichtlich. Die »Stockholm« erhielt einen neuen Bug und fuhr weiter die Strecke Göteborg – New York – Göteborg, bis zu Übergabe an die DDR. Nach 25 Jahren wurde das Urlauberschiff 1985 ausgemustert und nach Norwegen verkauft. Später erwarb die italienische Reederei Quiriconi das Schiff und baute in Genua auf dessen Rumpf den Luxusliner »Italia Prima« auf. 1999 wechselte es erneut Besitzer und Namen (»Valatur Prima«).

Flugwesen

Erster Fallschirm

Als Hans Seehase 1947 in seiner Heimatstadt Warnemünde starb, hinterließ er mehr als 200 Patente, ein Großteil davon waren verschiedenartige Flugeräte wie Drachengleiter, Kleinflugzeug mit anklappbaren Flügeln oder ein Muskelkraft-Flugzeug. Hans Seehase war der erste, der 1921 das Prinzip des Fallschirms zur technischen Reife brachte.

Erster Flughafen der DDR

Im Befehl Nr. 93 der SMAD (Sowjetische Militäradministration) von 1947 wurde der Aufbau eines zivilen Flughafens in Berlin-Schönefeld festgelegt, auf dem am 30. Juni 1955 die Deutsche Lufthansa der DDR ihre Tätigkeit aufnahm. 1963 übernahm die INTERFLUG die Geschäfte der Deutschen Lufthansa der DDR. Die INTERFLUG verfügte 1989 über 32 Passagier-Flugzeuge, darunter waren drei Airbusse A 310.

Größter Flughafen

Mit durchschnittlich 150 bis 160 ankommenden und abgehenden Maschinen pro Tag war Berlin-Schönefeld der größte Flughafen der DDR. Heute gibt es bis zu 178 Flugbewegungen pro Tag (20. Mai 2001) mit 11 611 Passagieren. Der Flughafen hat eine Kapazität von 4,5 Millionen Fluggästen pro Jahr. Der geplante Ausbau zu einem Großflughafen Schönefeld ist schon seit Jahren das Thema hitziger Debatten.

Längste Fluglinie

Die längste Fluglinie der INTERFLUG war Berlin – Singapur mit 11 100 km. Heute sind es unter den 28 von Schönefeld angeflogenen Ländern mit 54 Destinationen (Tegel: 31 Länder, 88 Destinationen) die Linienflüge nach Bangkok, Phuket, Male, Punta Cana, Calgary und Vancouver.

Erster internationaler Flugverkehr

Am 4. Februar 1956 wurde der Flugverkehr auf der Linie Berlin – Warschau eröffnet. Es flog eine IL 14 mit Kolbenmo-

toren, die 17 Passagiere beförderte. Am 7. Oktober des gleichen Jahres erfolgte der Erstflug auf der Linie Berlin – Moskau mit Zwischenlandung in Vilnius. Die Reisedauer betrug acht Stunden.

Erster Flugweltrekord mit Zweidecker

Am 1. Oktober 1911 stellte der Flugzeugkonstrukteur Werner Alfred Pietschker während der »Flugwoche Johannisthal« mit einem Zweidecker einen Höhenweltrekord von 730 m sowie einen Flugdauer-Weltrekord mit 2:19 h auf. Wenige Wochen später verunglückte er tödlich. Das erste Schwimmbad in Potsdam wurde aus seinem Erbteil erbaut und trägt zu seinem Andenken den Namen Werner-Alfred-Bad.

Einziges Luftpostamt

In Berlin-Schönefeld existierte das einzige Luftpostamt der DDR. Die 60 Mitarbeiter fertigten zu den Jahreswechseln täglich bis zu 100000 Sendungen ab. Das Postamt verfügte auch über ein dickes Welt-Ortsverzeichnis mit 1184 Seiten.

Erster Luftpostflug

Am 18. Januar 1912 erfolgte der erste deutsche Luftpostflug. Herrmann Pentz transportierte mit einem Eindecker einen versiegelten Postsack mit 500 Briefen und Postkarten, den er am Fahrgestell befestigt hatte, vom märkischen Heidedorf Bork (heute Borkheide bei Belzig) ins 10 km entfernte Brück. Mit einem Ballon waren Briefe bereits 1897 von Leipzig nach Tarnow (nahe Neubrandenburg) befördert worden.

Erster deutscher Motorflug

Dem Magdeburger Ingenieur Hans Grade gelang am 28. Oktober 1908 der erste deutsche Motorflug. Er unternahm ihn mit einem selbstgebauten Dreidecker, der eine Spannweite von 8 m und eine Tragfläche von 25 m² besaß. Der Sechszylinder-Zweitaktmotor Gradescher Konstruktion leistete 36 PS und kam auf 1 800 U/min. Ein Gedenkstein in Magdeburg Süd erinnert an den 1946 in Borkheide gestorbenen Flugpionier.

Erster Überlandflug

Der Flug des Aviatikers (Flugtechniker) Hubert Lathan am 27. September 1909 von Berlin-Tempelhof nach Johannisthal ging als erster Überlandflug in die Geschichte der Luftfahrt ein. Der Flugplatz Johannisthal war einen Tag zuvor eingeweiht worden. Lathan wurde für seine Pioniertat wegen »groben Unfugs« mit einem Strafmandat belegt.

Zwillinge als Flugkapitäne

Uwe und Lutz Lamprecht waren die einzigen Zwillinge, die bei der INTERFLUG arbeiteten. Beide waren Kommandant der IL 62 und saßen gelegentlich auch bei Flügen zusammen im Cockpit. Uwe Lamprecht fliegt noch als Kapitän bei Air Berlin.

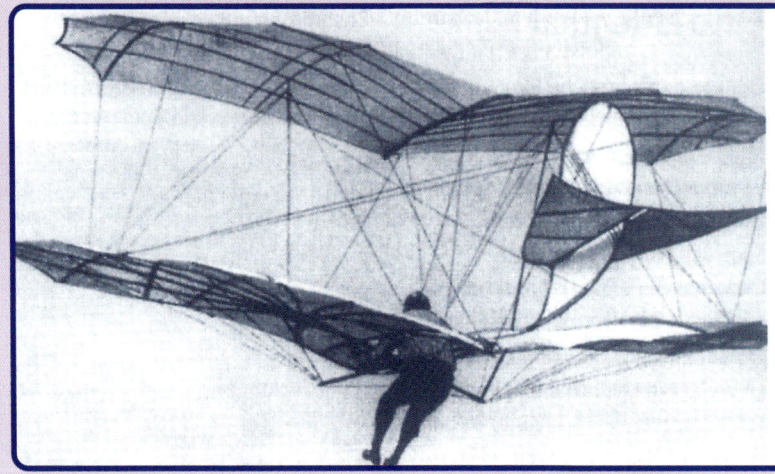

Erster fliegender Mensch

Otto Lilienthal (1848-1896) konstruierte als erster in Deutschland Eindecker-Segelflugzeuge, die er seit 1891 auf dem Gollenberg bei Stölln nahe Rathenow erprobte. Er flog damit bis 350 m weit. Am 9. August 1896 verunglückte er bei einem Gleitflug tödlich. An der Absturzstelle am Gollenberg wurde 1953 ein Gedenkstein errichtet. Im Saal des Gasthofes Stölln ist ein Nachbau von Lilienthals Flugapparat ausgestellt.

Einziger Flugzeugbau der DDR

Das erste deutsche Turbinen-Verkehrsflugzeug eigener Entwicklung und Produktion wurde im Flugzeugwerk Dresden gebaut. Der Jungfernflug des Typs »152« fand am 4. Dezember 1958 statt. Es genügte eine Start- und Landebahn von maximal 1 000 m, die Spitzengeschwindigkeit der Maschine betrug 800 km/h. Diese Vorzüge sollten den sowjetischen Staats- und Parteichef Nikita Chrustschow, Gast der Leipziger Messe, bei einem Probeflug am 4. März 1959 für einen Großauftrag überzeugen. Doch die technisch noch nicht ausgereifte Maschine stürzte mit den vier Testpiloten beim Landeanflug in Dresden ab. Ursache war eine falsche Entscheidung der Flugleitung, die das Flugzeug auf 600 km/h und in 6 000 m Höhe dirigierte. Die dadurch dreifach erhöhte Sinkgeschwindigkeit beim Landeanflug machte die Maschine manövrierunfähig. Am 28. Februar 1961 wurde das Projekt eingestellt.

Letzter Flug der INTERFLUG

Am 30. April 1992 hob zum letzten Mal eine Maschine der INTERFLUG ab. Eine TU-134 flog die Strecke Berlin – Wien – Berlin.

Feuerwehr

Einsatzärmste Feuerwehr

Die Freiwillige Feuerwehr von Schlagwitz bei Glauchau hatte mehr als 100 Jahre lang keinen einzigen Löscheinsatz, weil es in dem Dorf seit 1886 keinen Brand gegeben hatte. Kurz vor dem 105. Jubiläum wurde die längste einsatzlose Zeit unterbrochen, wie Wehrleiter Jens Winter berichtete: Im November 1990 brannte ein Wohnhaus, und kurz danach verursachte ein Blitzeinschlag einen Scheunenbrand.

Größte Feuerwehr-Sammlung

Mehr als 120 Oldtimer und 20 Anhänger der Feuerwehr betreut die seit 1984 bestehende Arbeitsgemeinschaft »Feuerwehrhistorik« in Riesa. Ihre 85 Mitglieder pflegen die im Feuerwehr-Museum im nahen Zeithain ausgestellten historischen Löschfahrzeuge und -geräte.

Erste Berufsfeuerwehr

Im Jahr 1851 wurde in Berlin die erste Berufsfeuerwehr Deutschlands gegründet. Sie unterstand dem Königlichen Polizeipräsidium. Die erste Fabrik-Feuerwehr formierte sich 1865 in Sachsen, und zwar in der Firma C. A. Präbisch in Reichenau. 1852 begann man in Berlin mit der Installation der ersten Telegraphen zur Feuermeldung. Im Jahre 1875 gab es eine entscheidende technische Neuerung: Die Berufsfeuerwehr in Berlin nahm die erste Dampfspritze in Betrieb und leitete damit die Ablösung der bis dahin üblichen Handdruckspritzen ein.

Älteste Feuernotordnung

Zwickau besitzt die älteste Feuernotordnung. Sie stammt aus dem Jahr 1348. Das Original wird im Stadtarchiv aufbewahrt.

Älteste freiwillige Feuerwehr

Am 31. Mai 1985 feierte die Freiwillige Feuerwehr Elxleben bei Erfurt ihr 250. Jubiläum. Der Gründungstag der ältesten Thüringer Freiwilligen Feuerwehr ist urkundlich nachgewiesen. Die Gründung der Freiwilligen Feuerwehr Sachsens, die sich »Freiwilliges Lösch- und Rettungskorps« nannte, erfolgte am 7. Juli 1841 in Meißen. In Preußen rief 1855 der damalige Bürgermeister von Wriezen, Albert Mahler, die erste Freiwillige Feuerwehr ins Leben.

Großbrand im Neuen Palais

Am 12. Juni 1954 brach morgens um 4 Uhr ein Brand im Neuen Palais im Schloßpark von Sanssouci aus. Ein Großhandelsunternehmen nutzte die Kellerräume als Lager für Reinigungsmittel und Kerzen. Das geschmolzene, auf dem Boden schwimmende Kerzenwachs erschwerte die Löscharbeiten erheblich. Hilfe kam aus Berlin, Magdeburg und Brandenburg. Für die Rettung der Kunstgegenstände war eine Einheit der Roten Armee eingesetzt. Bis zum Abend dauerte es, ehe die Brandherde gelöscht waren. Das Ausbreiten des Feuers auf den gesamten Gebäudekomplex und damit die Zerstörung eines unersetzlichen Kulturgutes konnte dank des beherzten Einsatzes der Feuerwehr verhindert werden.

Feuerwehreinsatz im Zirkus

Im Juli 1958 hatte der Zirkus Probst auf dem zerbombten Gelände zwischen Altem Markt und Platz der Einheit in Potsdam sein 4-Mast-Zelt aufgeschlagen. Es lief die Nachmittags-Vorstellung, die Raubtiernummer war grade vorüber, da hob eine Sturmböe das Zelt an und ließ es in sich zusammenbrechen. Die gesam-te Potsdamer Feuerwehr rückte an, um in Sturm und Regen die unter Masten und Zeltplane begrabenen Besucher zu retten. Dabei mußte die Zeltplane zerschnitten werden, was zu handgreiflichen Auseinandersetzungen mit den Zirkusleuten führte, denn ohne Zelt kein Zirkus. Es gab keinen Todesfall, aber etliche Verletzte, die unter dem Wirrwarr von Masten, Verankerungen und Seilen geborgen werden mußten.

Erste Feuerwache in Deutschland

Das erste in Deutschland als Berufsfeuerwache errichtete Gebäude wurde 1854 in der Großen Hamburger Straße 13/14 in Berlin-Mitte seiner Bestimmung übergeben. Das älteste noch existierende Dienstgebäude der Feuerwehr ist in der Littenstraße (Mitte). 1907 erfolgte die Umstellung von Pferdegespannen auf den Automobilbetrieb.

Unfälle & Katastrophen

Flugzeugabsturz beim Anflug

Am 12. Dezember 1986 stürzte eine TU-134 der Aeroflot beim Anflug auf den Flughafen Schönefeld bei Bohnsdorf ab. Von den 73 Passagieren und acht Besatzungsmitgliedern konnten nur 12 lebend geborgen werden. Der Flugkapitän hatte die Landebahn verfehlt und war in ein Waldstück gerast.

Flugzeugunglück beim Start

Am 17. Juni 1989 ereignete sich ein schwerer Unfall, als sich eine IL-62 der INTERFLUG beim Start nicht vom Boden lösen konnte. Sie raste rund 500 m über das Ende der Start- und Landebahn hinaus, zerbrach und fing Feuer. Von den 103 Passagieren, die den Flug nach Moskau gebucht hatten, überlebten 17 den schweren Unfall nicht.

Unglück beim Messe-Flugverkehr

Aus Düsseldorf zur Leipziger Messe kommend verunglückte am 1. September 1979 eine der acht TU 134 der INTERFLUG beim Landeanflug auf den Flughafen Leipzig-Schkeuditz. Die Maschine hatte einen Sendemast gestreift. 25 Passagiere überlebten das Unglück nicht.

Flugzeugkollision mit Fabrikschornstein

Am 22. Juli 1960 kollidierte eine Wettermaschine der NVA vom Transportgeschwader Dessau mit dem Schornstein Nr. 1 des Kraftwerks Vockerode. Die IL 14 flog zu niedrig, rammte den Schornstein in 120 m Höhe mit dem rechten Motor, wobei die Tragfläche abgerissen wurde. Die Maschine stürzte ab, die sieben Besatzungsmitglieder und ein Fabrikarbeiter kamen ums Leben.

Größtes Eisenbahnunglück in der DDR

Am 26. Juli 1967 ereignete sich auf einem Bahnübergang bei Langenweddingen an der Strecke Magdeburg – Halberstadt ein Zusammenprall zwischen einem Tanklastwagen und einem Personenzug. Bei dem Unglück gab es 77 Tote. Am 3. November 1964 stießen in Langhagen bei Neustrelitz ein Güterzug und der Schnellzug Berlin – Rostock zusammen. 43 Reisende starben bei dem Unglück. 29 Menschen starben am 27. Juni 1977 beim Zusammenstoß eines Schnell- und eines Güterzuges bei Lebus, nahe Frankfurt/Oder.

Schwerstes Erdbeben in der DDR

Am 13. März 1989 kam es um 14 Uhr nach einer Sprengung im Kalischacht »Ernst Thälmann« in Merkers, Kreis Bad Salzungen, zu einem Gebirgsschlag der Stärke 5,5 auf der Richterskala. Dabei wurden in Völkershausen 80 % der 360 Wohnhäuser zum Teil erheblich beschädigt. Drei Menschen erlitten Verletzungen durch umstürzende Schornsteine. Erdstöße waren bis Eisleben und Magdeburg spürbar. Sie wurden auch in der CSSR und der BRD registriert.

Flugzeugabsturz auf ein Wohnheim

Eine steuerlose MIG 21 M der NVA stürzte am 16. März 1985 in Cottbus auf das Wohnheim 2 des Bildungszentrums. Der Pilot konnte sich per Fallschirm retten. Da das Unglück an einem Sonnabend passierte, befand sich niemand in dem Wohnheim, so daß keine Todesopfer zu beklagen waren.

Größtes Flugzeugunglück der INTERFLUG

Am 14. August 1972 stürzte um 17.10 Uhr eine IL-62 der INTERFLUG auf dem Charterflug nach Burgas (Bulgarien) kurz nach dem Start nahe Königs Wusterhausen ab. Nach einer Explosion fanden alle 148 Passagiere und acht Besatzungsmitglieder den Tod.

Größtes Eisenbahnunglück im Bahnhof

Im Leipziger Hauptbahnhof kamen am 15. Mai 1960 beim Zusammenstoß zweier Reisezüge 54 Menschen ums Leben.

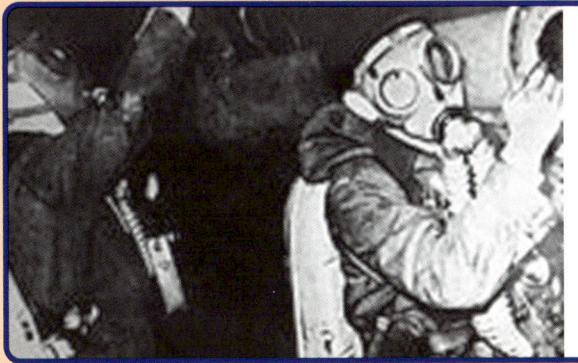

Das schwerste Grubenunglück

Am 22. Februar 1969 ereignete sich im Karl-Marx-Schacht des Zwickauer Steinkohlereviers das schwerste Grubenunglück der DDR. Bei einer Grubenexplosion wurden zahlreiche Kumpel eingeschlossen. 49 von ihnen konnten nur noch tot geborgen werden, für weitere 74 gab es wegen der verheerenden Brände keine Rettung mehr.

Die schwersten Schiffs-unglücke

Am 14. Oktober 1976 sank der in Leningrad gebaute Motortanker »Böhlen«. Er war in der Biskaya auf ein Riff gelaufen. Von den 37 Besatzungsmitgliedern konnten nur elf gerettet werden.

Am 21. September 1967 war das auf der Warnow-Werft Warnemünde gebaute Frachtschiff »Fiete Schulze« durch Übergehen der Ladung (gegossenes Roheisen) mit starker Schlagseite in der Biskaya gesunken. Von 42 Besatzungsmitgliedern wurden 28 gerettet.

Am 3. Januar 1976 ging das Küstenmotorschiff »Kapella«, gebaut in Wolgast, mit elf Mann Besatzung bei Orkanstärke 12 nahe der Insel Borkum unter. Der verheerende Sturm wurde in der Folgezeit auch »Kapella-Orkan« genannt.

Die meisten Verkehrsunfälle

Im Bezirk Dresden gab es 1989 mit 6388 Straßen-Verkehrsunfällen, bei denen 137 Personen getötet wurden, die meisten in der DDR. Im Bezirk Leipzig wurden 6104 Verkehrsunfälle mit 119 Toten registriert.

Folgenschwerste Schiffskollision der Volksmarine

Am 31. August 1968 erhielten die Torpedoschnellboote der Volksmarine 843 und 844 im Nothafen Darßer Ort bei dichtestem Nebel den Befehl zum Auslaufen, um ein unbekanntes Objekt aufzuklären, das bei verstärkter Flottenpräsenz der NATO die Meerenge bei Fehmarn mit östlichem Kurs passiert hatte. Die Radargeräte versagten jedoch im Nebel. Bei der Nahaufklärung mit einer Sichtweite von nur 20 m kollidierte das Torpedoschnellboot »Willi Bänsch« mit dem schwedischen Fährschiff »Drottingen«, dem unbekannten Objekt, und sank sofort. Elf Besatzungsmitglieder konnten in einer dramatischen Aktion gerettet werden, für sieben weitere kam jede Hilfe zu spät. Den Toten wurde im Volksmarine-Stützpunkt Dranske (Rügen) ein Gedenkstein gesetzt, der inzwischen im Marineehrenmal Laboe (bei Kiel) aufgestellt ist.

Die meisten und wenigsten Unfallopfer

Im Bezirk Potsdam gab es 1989 bei 3653 Straßen-Verkehrsunfällen 211 Tote. Das war die höchste Zahl in den Bezirken der DDR. In Ost-Berlin waren bei 4604 Unfällen 71 Verkehrstote zu beklagen. Weniger gab es im Bezirk Frankfurt/Oder mit 70, die wenigsten wurden im Bezirk Suhl mit 29 registriert.

Tod im Ferienlager

Am 24. August 1965 hatten NVA-Panzersoldaten 35 Kinder eines Betriebsferienlagers des DDR-Fernsehfunks zu einer »Spritztour« auf einem Schwimmpanzer PT 76 auf den Riewend-See mitgenommen. In der Mitte des Sees neigte sich der bis dahin als unsinkbar geltende Panzer vornüber und versank. Der Panzerfahrer und die meisten der Kinder konnten abspringen. Die schreckliche Bilanz: sieben Kinder tot.

Größtes Chemie-Unglück der DDR

Am 11. Juli 1968 um 13.57 Uhr ereignete sich im Bitterfelder PVC-Werk eine schwere Gasexplosion. 41 Menschen starben, Hunderte wurden schwer verletzt. Im Umkreis von fünf Kilometern gingen alle Glasscheiben zu Bruch. 3000 Polizisten und Hilfskräfte rückten zu Rettungsmaßnahmen an.

Kriminelles

Ältestes Gefängnis in Deutschland

Das Gefängnis im sächsischen Waldheim ist das älteste in Deutschland. Es wurde 1716 als »Allgemeines Zucht-, Waisen- und Armenhaus« in einem alten Schloß an der Zschopau eingerichtet. Außer der Strafvollzugsanstalt beherbergt der riesige Gebäudekomplex ein Museum über den Strafvollzug. Unter den ehemaligen Gefangenen findet sich auch der Name Karl May, der hier wegen Raub und Erpressung einsaß. Das Museum erinnert an die inhaftierten Hitlergegner in der Nazizeit ebenso wie an die »Waldheimer Prozesse«, bei denen 1950 rund 3 400 ehemalige Nazis und Gegner der neuen Ordnung vor Gericht gestellt und abgeurteilt wurden.

Die häufigsten Straftaten

Der Diebstahl persönlichen und privaten Eigentums erreichte 1985 mit 30 153 Delikten die höchste Quote. Diebstahl sozialistischen Eigentums wurde 20 885mal aktenkundig. Im gleichen Jahr gab es 10 132 Fälle von vorsätzlicher Körperverletzung und 137 Verurteilungen wegen vorsätzlicher Tötung.

Spektakulärste Zug-Entführung

Am 5. Dezember 1961 entführten der Lokführer Harry Deterling und sein Heizer einen Personenzug. Auf der Strecke von Oranienburg nach Albrechtshof hielten sie nicht – wie seit dem Mauerbau vorgeschrieben – in Albrechtshof, dem Endbahnhof der DDR, sondern fuhren durch bis nach West-Berlin (Spandau). Damit keiner der Mitreisenden die Notbremse ziehen konnte, hatten sie die Bremsanlage außer Kraft gesetzt. Diese Flucht führte wegen Gefährdung und Entführung von Reisenden zu heftigen politischen Kontroversen.

Die meisten Straftaten

1988 wurden im Bezirk Halle mit 14 830 Straftaten die meisten in der DDR registriert, in Berlin waren es 12 605, im Bezirk Leipzig 10 980.

Kein einziger Banküberfall

In der DDR gab es keinen einzigen Raubüberfall auf eine Bank. Versuchte Einbrüche oder Erpressungen in kleinen, ländlichen Filialen konnten sämtlich vereitelt werden. Auch bei Geldtransporten gab es keine Verluste. Die Geldtransporte der Staatsbank fanden in der Regel in normalen Fahrzeugen, aber immer mit Polizeischutz statt. Für Berlin wurde ein spezieller, gepanzerter Transporter aus Italien angeschafft, der für die Geldtransporte zwischen der Staatsbank der DDR und der Westberliner Landesbank unterwegs war. Auf diesem Wege gelangten die DM-Einnahmen aus den Intershops nach Westberlin – auch ohne jeden Zwischenfall. Nach der Währungsumstellung gab es am 5. Juli 1990 in Herzfelde bei Berlin dann doch noch einen Banküberfall in der DDR. Die Beute betrug 2 000 DM.

Größte Fundsache

Die Instrumente eines kompletten Orchesters wurden im Sommer 1984 im Fundbüro am Berliner S-Bahnhof Marx-Engels-Platz (heute Hackescher Markt) abgegeben. Bulgarische Musiker hatten sie aus Versehen in Dresden in den falschen Zug eingeladen.

Alarm im Zirkus Barlay

In der Nacht zum 22. April 1953 sollten 23 Dressurpferde aus dem Zirkus Barlay, der sein festes Domizil in Berlin an der Stelle hatte, wo heute der Friedrichstadtpalast steht, nach Westberlin entführt wer-

den. Am Hinterausgang in der Kalkscheunenstraße wurden von der Volkspolizei, die einen Hinweis erhalten hatte, 16 in Westberlin angeheuerte Bandenmitglieder gefaßt, die Freiheitsstrafen zwischen 6 Jahren und 14 Monaten erhielten. Die DEFA drehte aus dem Kriminalfall 1954 den Film »Alarm im Zirkus«, in dem der damals 14jährige Ernst-Georg Schwill seine bis heute andauernde Schauspieler-Laufbahn begann.

Spektakulärer Kunstraub

Aus dem Museum der bildenden Künste in Leipzig wurde am 4. Februar 1988 das Gemälde »Friedhof im Schnee« von Caspar David Friedrich gestohlen. Es zählt zu den schönsten der 28 in Museen der DDR ausgestellten Gemälde des Meisters der deutschen romantischen Malerei. Die beiden Diebe, zwei Männer aus Jena und Halle, wurden zu 12 und vier Jahren Haftstrafe verurteilt. Das Bild, das bei ihrer Festnahme gefunden wurde, hängt inzwischen längst wieder an seinem ursprünglichen Platz.

Einziges Attentat auf einen DDR-Politiker

Der »Stern« veröffentlichte am 11. Januar 1983 eine Sensation: »Ein Ofensetzer aus einem Dorf bei Berlin versuchte Silvester auf den DDR-Staatsratsvorsitzenden zu schießen. Der Attentäter verfehlte sein Ziel. Erich Honecker entkam und überlebte. Dem Schützen blieb nur der Selbstmord. Er schoß sich in den Kopf und starb auf der Stelle.« Der Vorgang, der in der DDR nicht publik werden sollte, wurde vielfach, auch nach der Wende untersucht, der Selbstmord des Attentäters bezweifelt. Alle Untersuchungen ergaben jedoch, daß es sich so verhalten hatte.

Feuerteufel von Döbbrick

In der DDR wurden 1961 insgesamt 140 Brandstiftungen vor allem auf dem Lande verübt. Allein siebenmal brannten Scheunen in dem 8 km von Cottbus entfernten Dorf Döbbrick und der näheren Umgebung. Jedesmal wurde als Ursache Brandstiftung festgestellt. Als Täter konnte schließlich ein Einwohner von Döbbrick ermittelt werden. Nach seiner Freilassung auf Bewährung 1972 legte der Pyromane zwei weitere Brände. Drei Jahre später brannte es wieder in Döbbrick. Der Sohn des Inhaftierten, Mitglied der Freiwilligen Feuerwehr, hatte vier Brände gelegt.

Eberswalder Kindermord

Im Mai 1969 wurden zwei neunjährige Jungen in einem Wald bei Eberswalde tot aufgefunden. Sie waren ermordet worden. Die Suche nach dem Mörder blieb zunächst ergebnislos. Im Oktober 1971 wurde in der Nähe ein elfjähriger Junge ermordet. Nach Hinweisen eines Schülers konnte ein 19jähriger Koch aus Eberswalde als Täter festgenommen werden. Er wurde wegen mehrfachen vollendeten (in 3 Fällen) und mehrfachen vorbereiteten Mordes am 15. Mai 1972 zum Tode verurteilt.

Größte Fahndungsaktion der VP

5000 Volkspolizisten, dazu Einheiten der Roten Armee und der Staatssicherheit, insgesamt über 10 000 bewaffnete Kräfte, jagten 1953 im Oktober drei Wochen lang mit Pkw, Lkw, Motorrädern und gepanzerten Fahrzeugen zwischen Luckau und Berlin fünf bewaffnete Tschechen. Nach den Tschechen wurden in ihrer Heimat wegen mehrfacher Morde gefahndet. Sie versuchten, über die DDR nach Westberlin zu flüchten. Dabei schossen sie sich – beginnend auf dem Bahnhof Uckro – den Weg frei. Sieben Todesopfer forderte die größte Fahndungsaktion in der Geschichte der Volkspolizei, und mindestens elf Personen wurden verletzt. Den Banditen gelang immer wieder die Flucht. Zwei verletzte Tschechen konnten gefaßt werden, den anderen drei gelang es, nach Westberlin zu entkommen. Während die zwei Festgenommenen nach Prag ausgeliefert und vom Obersten Gericht zum Tode verurteilt wurden, feierte man die anderen drei Mörder in der BRD und später in den USA als Helden. Die »Großfahndung Uckro« hatte internationales Aufsehen erregt. Sie diente in der Polizeiausbildung der sozialistischen Länder als Paradebeispiel für verfehlte Fahndungstaktik, falsche Entscheidungen und mangelhafte Organisation.

Höchste Geldbeute bei einem Postraub

Am 12. Mai 1977 erbeutete ein maskierter Täter 70 000 Mark in einer Postfiliale in Berlin. Die Polizei fahndete vergebens. Als er zwei Jahre später bei einem erneuten Überfall auf eine Postfiliale von beherzten Angestellten demaskiert wurde, konnte der Täter mittels eines Phantombildes ermittelt werden und gestand beide Überfälle.

Die ersten Fingerabdrücke

Die Polizeidirektion Dresden führte am 1. März 1903 als erste in Deutschland die Identifizierung von Straftätern per Fingerabdruck ein.

Ehrlichster Finder

Zwei Päckchen mit je 5 000 Mark wurden Anfang des Jahres 1987 in der Polsterwerkstatt von Tapeziermeister Wolfgang Spänig in Sebnitz beim Aufarbeiten von zwei alten Sesseln gefunden. Ein junges Ehepaar hatte die Sitzmöbel von der Oma geerbt, jedoch nichts von dem noch gültigen, in der Rückenlehne versteckten Geld gewußt.

Wetter

Sonneninsel Nr. 1

Die nach Rügen zweitgrößte deutsche Insel Usedom rühmt sich der meisten Sonnenscheinstunden aller deutschen Ferienregionen. 1999 gab es eine bislang unübertroffene Zahl von 2 025 Stunden Sonnenschein. Helgoland hatte 200 Stunden weniger Sonne. Die durchschnittliche Sonnenscheindauer auf Usedom beträgt 1906 Stunden pro Jahr.

Längste Tagesdauer

Abhängig von der geografischen Breite und der Jahreszeit ist die Tageslänge auf dem Gebiet der ehemaligen DDR unterschiedlich. Im Vogtland beträgt die größte Tageslänge einschließlich Dämmerung 18 h und 3 min, auf der Insel Rügen dagegen 19 h und 25 min (nur am Äquator dauert der Tag 12 h).

Verheerendstes Unwetter

Am 13. November 1972 tobte über Berlin und Umgebung ein verheerender Orkan mit Sturmböen von bis zu 150 km/h. Der Sturmwirbel »Quimburga« war der erste Orkan in der Geschichte der Stadt. Er forderte in Ostberlin fünf Todesopfer und 58 Verletzte. Mehr als 8 000 Bäume wurden entwurzelt. Ein Orkan richtete in den Abendstunden des 10. Juli 2002 in Berlin und Brandenburg millionenschwere Schäden an und forderte acht Todesopfer sowie 39 Verletzte.

Wärmster Februar

Der Februar des Jahres 1961 war mit durchschnittlich 4,5 °C der wärmste seit Beginn der meteorologischen Messungen im Jahr 1893 im Wetteramt Potsdam. Mit einem Mittelwert von 3,9 °C zählt der Februar 1989 zusammen mit dem gleichen Monat des Jahres 1945 zu den fünf wärmsten. Der wärmste Tag dieses Monats, der jemals gemessen wurde, war der 11. Februar 1899 mit 18 °C.

Größte Schneehöhe

Im März 1941 wurde auf dem Fichtelberg die Rekord-Schneehöhe von 3,35 m gemessen.

Am meisten verregnetes Jahr

Mit einer Niederschlagsmenge von 787 mm/m^2 in der Jahressumme war das Jahr 1926 das verregnetste des vergangenen Jahrhunderts.

Kältester Punkt der DDR

Die durchschnittliche Jahrestemperatur auf dem Brocken liegt bei 2,6 °C (Fichtelberg 2,7 °C). Der Brocken hielt mit 320 Tagen auch den Rekord der längsten Nebeldauer auf dem Gebiet der DDR.

Niedrigster Luftdruck

Der tiefste Luftdruckwert seit Beginn der Messungen in Potsdam wurde am 26. Februar 1989 um 16.00 Uhr mit 965,0 Hektopascal registriert. Der Normalwert liegt im Februar bei 1 010,0 Hektopascal.

Höchster Arbeitsplatz

Der 23 m hohe Turm der meteorologischen Hauptstation auf dem Fichtelberg, der mit 1 214 m höchsten Erhebung der DDR, war die höchste, ständig besetzte Arbeitsstelle des Landes. Sie existiert seit 1916 und gehörte zu den 60 Hauptstationen in der DDR. Geändert hat sich seit der Wende nur der Name in »Wetterstation des Deutschen Wetterdienstes«.

Tiefste Temperaturen

Mit 35,5 °C unter Null wurde am 1. Februar 1956 in Marienberg im Erzgebirge die tiefste Temperatur in der DDR gemessen. Die Wetterdienststelle auf dem Fichtelberg registrierte am 9. Februar 1956 eisige 30,4 °C unter Null. In Potsdam steht der Minusrekord bei 26,8 °C, gemessen am 29. Februar 1929.

Wärmster Januartag

Der 16. Januar 1989 war der wärmste Tag dieses Monats seit Beginn der meteorologischen Messungen in Potsdam (Foto: Königliches Geodätisches Institut). Die Temperaturen sanken im Tagesmittel (24 Stunden) nicht unter 7,3 °C.

Kältester Monat

Als kältesten Monat des vorigen Jahrhunderts bestimmten die Meteorologen in Potsdam den Februar 1929 mit einem Monatsmittel von 10,9 °C unter Null.

Wärmster Sommer

Der Sommer des Jahres 1983 war mit 52 Tagen über 25 °C der heißeste seit Beginn der Messungen in der Wetterdienststelle Potsdam.

Erste Wetterkarten

Die Meteorologie hat in Leipzig eine große Tradition. Hier entstanden schon 1826 die ersten Wetterkarten, geschaffen vom Leipziger Physik-Professor Heinrich Wilhelm Brandes. Der Astronom Carl Christian Bruhns gründete 1878 das erste Büro für Wetterprognosen in der Messestadt.

Höchste Temperaturen

Die höchste Temperatur in Ostdeutschland wurde mit 39,4 °C am 20. August 1943 in Cottbus gemessen. In Potsdam steht der Hitzerekord bei 38,4 °C, registriert am 11. Juli 1959. Auf dem Fichtelberg wurde die höchste Temperatur am 27. Juli 1983 mit immerhin 30,8 °C gemessen.

Härtester Winter

Der Jahreswechsel von 1978 zu 1979 war mit dem härtesten Wintereinbruch in der Geschichte der DDR verbunden. Der Temperatursturz in der Neujahrsnacht bis auf minus 20 °C war der extremste seit 85 Jahren. Von gleichzeitigem Schneefall waren alle Bezirke betroffen. Im Norden mußte Katastrophenalarm ausgelöst werden. Eisenbahnstrecken waren blockiert, Züge eingeschneit. Die Insel Rügen versank in bis zu 5 m hohen Schneebergen und mußte per Hubschrauber oder von Soldaten auf Skiern versorgt werden. In Berlin waren Tausende Helfer im Einsatz, um Straßen und Schienen freizuhalten. Katastrophal wirkten sich Kälte und Schnee in den Braunkohle-Tagebauen aus, wo die Kumpel zusammen mit NVA-Angehörigen dafür sorgten, daß die Energieversorgung gesichert werden konnte. Über eine Woche lang wütete der Winter in einem bis dahin nicht gekannten Ausmaß.

Geographie & Territoriales

Die höchsten Berge

Der Fichtelberg im Erzgebirge war mit 1 214 m die höchste Erhebung der »Über-Eintausender« in der DDR, danach folgte der Brocken (Harz) mit 1 142 m vor dem Auersberg (Erzgebirge) mit 1 019 m.

Die längsten Flüsse

Von den 1 165 km der Elbe entfielen 566 Kilometer auf die DDR, die Mulde (mit Freiberger und Zwickauer Mulde) folgte mit 433 km vor der Saale mit 427 km. Die Oder floß auf einer Strecke von 162 km durch das Land.

Einziger Fluß mit drei Quellen

Für die Spree als Nebenfluß der Havel werden in Sachsen drei verschiedene Quellen genannt: der Rabenbrunnen als Quelle am Westrand des Kottmar (583 m); die Quelle aus dem Pfarrborn Gersdorf (Oberlausitz); die Quelle aus dem Spreeborn in Ebersbach (Oberlausitz), Ortsteil Spreedorf.

Eine Quelle für zwei Flüsse

Die Quelle des Wasserlaufes Fuhne entspringt in der Vogtei, einem Naturschutzgebiet bei Salzfurtkapelle nahe Wolfen (Sachsen-Anhalt). Sie fließt Richtung Westen in die Saale und gleichzeitig gen Osten in die Mulde.

Tiefster See

Der Große Stechlinsee zwischen Fürstenberg und Rheinsberg, 4,2 km² groß, weist mit 68 m die größte Tiefe eines Sees in der DDR auf.

Stärkste Quelle in der DDR

Mit einer mittleren Ergiebigkeit von 704 l/s war der Salzaspring bei Nordhausen-Salza die stärkste Quelle in der DDR.

Sauberster See

Der Große Zechliner See bei Rheinsberg ist mit einer Fläche von 4,3 km² einer der klarsten Seen in Mitteleuropa und gehört gleichzeitig zu den ökologisch bester-forschten der Welt. Der See besitzt eine einzigartige Wassergüte mit Sichttiefen bis zu 14 m. Er war als Forschungsobjekt des RGW (Rat für gegenseitige Wirtschaftshilfe) ausgewiesen und wurde als solches von der UNESCO übernommen. Unter den mehr als 1 200 Organismenarten an Bakterien, Tieren und Pflanzen wurden auch Indikatorarten festgestellt, die Verschmutzungstendenzen in Gewässern bereits im Frühstadium anzeigen.

Die größte Bevölkerungsdichte

Mit durchschnittlich 154 Einwohnern pro km² hatte die DDR die größte Bevölkerungsdichte innerhalb der sozialistischen Länder und lag damit an 7. Stelle in Europa.

Flächengrößter Bezirk

Der Bezirk Potsdam war mit 12 568 km² der größte der 15 Bezirke in der DDR.

Flächenkleinster Bezirk

Der Bezirk Suhl hatte mit 3 856 km² die kleinste Fläche zu verzeichnen.

Dichtest besiedelter Bezirk

Der Bezirk Karl-Marx-Stadt (Chemnitz) war 1988 mit 1 862 214 Einwohnern bei 6 009 km² Fläche der höchstbesiedelte und mit 309 Einwohnern je km² Fläche auch der am dichtesten besiedelte Bezirk. Im Bundesland Sachsen, zu dem der Bezirk gehörte, liegt die aktuelle Besiedlungsdichte bei 244 Einwohnern und entspricht damit in etwa dem Bundesdurchschnitt (230).

Bezirk mit der niedrigsten Einwohnerzahl

Die geringste Einwohnerzahl hatte der Bezirk Suhl mit 548 858 aufzuweisen. Das entsprach 142 Einwohnern je km². In Thüringen, zum dem der Bezirk Suhl gehörte, liegt die aktuelle Zahl bei 152 Einwohnern pro km².

Bezirk mit der niedrigsten Einwohnerdichte

Mit 57 Einwohnern je km² war der Bezirk Neubrandenburg am dünnsten besiedelt. Die durchschnittlich geringste Besiedlungsdichte weist heute das Land Mecklenburg-Vorpommern mit 78 Einwohnern je km² auf, gefolgt vom Land Brandenburg mit 88 Einwohnern pro km².

Jüngstes Bundesland in Ostdeutschland

Das Land Sachsen-Anhalt wurde erst 1945 durch die Vereinigung der Provinzen Magdeburg, Halle-Merseburg und des Freistaates Anhalt zur Provinz Sachsen-Anhalt vereinigt und 1947 zum Land Sachsen-Anhalt mit der Hauptstadt Halle. Am 23. Juli 1952 beschloß der Landtag die Aufteilung des Landes in die Bezirke Halle und Magdeburg. 1990 erfolgte die Neugründung des Landes Sachsen-Anhalt mit Magdeburg als Hauptstadt.

Flächengrößte Gemeinde

Burg im Spreewald war mit 55 km² das flächengrößte Dorf der DDR. Es besteht aus den Ortsteilen Burg-Dorf, Burg-Kauper (seit 1725) und Burg-Kolonie (1763). Die große Ausdehnung ist darauf zurückzuführen, daß weit auseinanderliegende Gehöfte auf erhöhten Standorten errichtet wurden, wodurch das Dorf eine größere Fläche einnimmt als zum Beispiel Cottbus.

Höchstgelegene Gemeinde

Tellerhäuser, Kreis Schwarzenberg, war mit 921 m über NN die höchstgelegene Gemeinde in der DDR. Die Stadt Oberwiesenthal liegt nur einen Meter darunter, hat also eine mittlere Höhe von 920 m. Höchstgelegener Ort in Deutschland ist Oberjoch bei Hindelang im Allgäu (Bayern) mit einer Höhenlage von 1 150 m über NN.

Größter Findling

»Buskam« heißt der größte Findling, den es auf dem Territorium der DDR gab. Er liegt in der Ostsee, etwa 500 m vor dem FKK-Strand Göhren auf Rügen. Sein Volumen beträgt etwa 600 m^3, das Gewicht 1 600 t, jedoch ragt er nur zu einem Fünftel aus dem Wasser. Der nächstgrößte Findling liegt auf dem Klosterberg bei Altentreptow, nahe Neubrandenburg. Er ist 8,20 m lang, 6,00 m breit, 5,20 m hoch und hat ein Volumen von 133 m^3.

Kleinste Gemeinde

Das Dorf Massenhausen im Kreis Hildburghausen war mit 19 Einwohnern die kleinste Gemeinde der DDR.

Höchst- und tiefstgelegene Bezirksstadt

Die ehemalige Bezirksstadt Suhl war mit 385 m über NN die höchstgelegene der DDR. Rostock liegt im Vergleich dazu nur 13 m über NN.

Längste Grenze

Die längste Staatsgrenze zog sich mit 1 378 km entlang der BRD. Die Grenze zu Polen war 460 km lang, zur CSSR betrug sie 454 km. Die Ostseeküste der DDR hatte eine Länge von 340 km Außenküste, hinzu kamen 1 130 km für Bodden- und Haffküste.

Älteste Großstadt

Erfurt war die älteste Großstadt der DDR. Sie feierte 1992 ihr 1 250jähriges Bestehen.

Am dichtesten besiedelte Großstadt

Leipzig war mit 545 309 Einwohnern bei 146 km^2 Fläche (1989) nach Berlin als Hauptstadt der DDR mit 1 279 212 Einwohnern die zweitgrößte Stadt. Mit 3 735 Einwohnern je km^2 war sie zugleich die am dichtesten besiedelte Großstadt.

Jüngste Großstadt

Cottbus wurde am 4. September 1976 die 15. und jüngste Großstadt des Landes mit mehr als 100 000 Einwohnern. Bis 1990 stieg die Zahl der Einwohner auf 132 349, zehn Jahre später lag sie nur noch bei 110 894.

Die meisten Inseln

25 Inseln existieren an der ostdeutschen Ostseeküste, aber nur vier davon sind Ferieninseln: Rügen, Usedom, Hiddensee und die Insel Poel.

Die größten Inseln

Rügen ist mit 926,4 km^2 Fläche die größte Insel Deutschlands, gefolgt von Usedom mit 445 km^2 (deutscher Anteil 354,2 km^2). Die Insel Poel erstreckt sich über 37 km^2.

Die längsten Kanäle

Längster Kanal auf dem Gebiet der DDR war der Oder-Spree-Kanal mit 83,7 km, gefolgt vom Oder-Havel-Kanal mit 82,8 km und dem Mittelland-Kanal mit einem DDR-Anteil von 62,6 km.

Die höchsten Klippen

Der 117 m hohe Kreidefelsen auf der Insel Rügen ist die höchste Klippe an der deutschen Küste. Auf Helgoland ragen die Felsen 58 m empor.

Größter und kleinster Kreis

Der Kreis Hagenow im Bezirk Schwerin hatte eine Fläche von 1 550 km^2 und war damit der größte. Der Kreis Hohenstein-Ernstthal im Bezirk Karl-Marx-Stadt war mit 134 km^2 der kleinste aller Kreise.

Der bevölkerungsreichste Kreis

Der Landkreis Gotha im Bezirk Erfurt war mit 143 568 Einwohnern der bevölkerungsreichste Kreis der DDR.

Höchstgelegene Kreisstadt

Neuhaus am Rennweg im Bezirk Suhl war mit einer Höhenlage von 835 m über NN die am höchsten gelegene Kreisstadt.

Urkundlich ältester Ort

Arnstadt (Foto Rathaus) wurde im Jahr 704 als »Arnestati« erstmals genannt. Am 1. Mai des Jahres 704 schrieb Herzog Heden II. an Bischof Willibrod: »Ich, der erlauchte Mann Heden, habe neben meiner Gemahlin Theodrada beschlossen, Dir von unserem Besitz zu geben unseren Hof, welcher Arnestati heißt ...« Der Brief gilt als erste urkundliche Erwähnung von Arnstadt. 1220 erhielt der Ort den Namen Civitas, und im Jahre 1266 die Stadtrechte.

Geographie & Territoriales

Größte Anzahl von Landgemeinden

Im Bezirk Potsdam gab es mit 755 Gemeinden die meisten in den 15 Kreisen. Zum Bezirk gehörten überdies mit 131 die meisten Landgemeinden mit weniger als 500 Einwohnern.

Der kürzeste Ort

Der eigenständige Ort Zollbrück im Bezirk Suhl bestand aus zwei Häusern; Ortseingangs- und Ortsausgangsschild standen ganze 50 m voneinander entfernt. Inzwischen ist Zollbrück nach Kloster-Veßra bei Schleusingen eingemeindet worden.

Äußerste Ortslagen der DDR

Nördlichste Ortschaft: Putgarten, über Bergen (Rügen) zu erreichen; südlichste Ortschaft: Schönberg, über Adorf (Vogtland) zu finden; westlichste Ortschaft: Spahl, über Vacha (Rhön) zu bereisen und östlichste Ortschaft: Zentendorf, über Görlitz (Lausitz) erreichbar.

Die größte Stadt

Die größte Stadt der DDR war Berlin mit 1 279 122 Einwohnern. Auf einer Fläche von 403 km^2 lebten 3 174 Einwohner je km^2.

Die größten Seen

Die Müritz (Bezirk Neubrandenburg) hat 115,3 km^2 Fläche und eine größte Tiefe von 31 m, der Schweriner See ist 65,5 km^2 groß und 51 m tief, der Plauer See (Bezirk Schwerin) kommt auf 38,7 km^2 bei einer Tiefe von 23,8 m. Der Berliner Müggelsee ist hingegen nur 7,5 km^2 groß und 7,70 m tief.

Längster Strand

Die zweitgrößte deutsche Insel nach Rügen, Usedom, besitzt den mit 38 km längsten durchgehenden Sandstrand an den Küsten Deutschlands.

Erste ostdeutsche Stadt auf der Welterbeliste

Die Altstadt von Quedlinburg erhielt 1994 als erste ostdeutsche Stadt den Status als Weltkulturerbe. Mit seinen rund 1 300 Fachwerkhäusern aus sechs Jahrhunderten, dem verwinkelten Spitzgiebel- und Türmchengewirr sowie einer Reihe von Jugendstilbauten gilt Quedlinburg als eines der schönsten Flächendenkmale Deutschlands. 1990 waren die Schlösser und Parks von Potsdam-Sanssouci und Berlin in die Welterbeliste der UNESCO aufgenommen worden. 1996 folgten die Bauhausstätten in Weimar und Dessau sowie die Luther-Gedenkstätten in Eisleben und Wittenberg, 1998 das klassische Weimar, 1999 die Wartburg, 2000 das Dessau-Wörlitzer Gartenreich und 2002 die Altstädte von Wismar und Stralsund.

Ältestes Dorf in der DDR

Mühlberg im Kreis Gotha galt als ältestes Dorf der DDR. Es fand erstmals im Jahre 704 urkundliche Erwähnung.

Jüngste Stadt

Seit dem 7. Oktober 1985 besitzt Oberhof das Stadtrecht. Die Einwohnerzahl betrug zu diesem Zeitpunkt 2 700, im Jahr 2002 hatte sie sich auf 1 750 verringert. Die erste urkundliche Erwähnung Oberhofs stammt aus dem Jahre 1472.

Kleinste Stadt

Ummerstadt im Kreis Hildburghausen zählte 1987 genau 548 Einwohner und war damit die kleinste Stadt der DDR. Der Ort wurde 837 erstmals urkundlich erwähnt und ist heute bei etwa gleich gebliebener Einwohnerzahl die zweitkleinste Stadt in Deutschland. Kleiner ist nur noch Arnis an der Schlei (Schleswig-Holstein) mit 333 Einwohnern.

Längster Wanderweg

Der längste Wanderweg in der DDR führte über 950 km von Wernigerode nach Zittau.

Die größten Wasserflächen

Der Bezirk Neubrandenburg hatte an seiner Wirtschaftsfläche einen Anteil von 78 162 ha für Seen und Teiche. Ihm folgte der Bezirk Potsdam mit 40 903 ha Wasserfläche. Über die kleinste Fläche an Wasser verfügte mit 961 ha Suhl.

Mittelpunkt Deutschlands

Kurz nach der Wende entbrannte ein Streit um den Mittelpunkt Deutschlands. Galt Herbstein bei Fulda bis 1989 als Mitte des Landes, so ermittelten Experten für die Sendung »Außenseiter – Spitzenreiter« den Mittelpunkt Deutschlands in Niederorla bei Mühlhausen. Spremberg galt nach den Berechungen von Lehrer August Matzat hingegen als »Der Mittelpunkt vom Deutschen Reiche in den Grenzen von 1871«, was die Aufschrift von 1904 auf einem Stein in der Stadt verrät.

Mittelpunkt der Erde

Die Vogtland-Stadt Pausa ist der Mittelpunkt der Erde. Jedenfalls ziert ein 3 m großer unter Denkmalschutz stehender Globus, auf dem Pausa als Erdmittelpunkt rot gekennzeichnet ist, das Rathausdach. Außerdem ragt in einem Raum des Rathauses der Erdachsenstumpf mit einer Messingkapsel als Schmiernippel aus dem Boden.

Mittelpunkt der DDR

Im Fläming, zwischen dem Dorf Werbig und seinem Ortsteil Verlorenwasser, knapp 10 km von Belzig entfernt, befindet sich in einem Wald der Mittelpunkt der DDR. Ein Stein mit entsprechenden Angaben erinnert daran. Der Verein »Belzig« veranstaltet jedes Jahr zu Himmelfahrt an dieser Stätte ein originelles Treffen mit »Mittelpunkt-Schnaps« und anderen Spezialitäten.

Kommunales

Meistbesuchtes Dorf unter den Kleinen

Das Fischerdorf Vitt auf Rügen zählt mit seinen 13 reetgedeckten Häuschen zu den kleinsten Dörfern in Deutschland, ist aber wegen seiner malerischen Lage am Kap Arkona das meistbesuchte unter den Kleinen. Das Museumsdorf steht unter dem Patronat der UNESCO.

Einzige Großstadt mit zweisprachigem Namen

Cottbus ist die einzige Großstadt in Deutschland, die amtlich einen zweisprachigen Namen trägt: Cottbus / Chosebuz (sorbisch).

Größte Neubausiedlung in Europa

1977 wurden in Berlin-Marzahn die ersten Neubauten bezogen. Der Bezirk wuchs mit mehr als 100 000 Plattenbau-Wohnungen nebst dazugehöriger Infrastruktur zur größten Neubausiedlung in Europa. Nach der Wende wanderten über 50 000 Bewohner ab. Die Folge ist ein unübersehbarer Leerstand. Ende 2002 wurde der erste Plattenbau, das Doppelhochhaus in der Marchwitzastr. 1-3, abgerissen. Im Bezirk begann damit ein großer Um- und Rückbau, in dessen Folge aus Elfgeschossern Gebäude mit vier bis sechs Etagen entstehen sollen.

Die meisten Dörfchen

Rund drei Dutzend Dorfnamen mit der Nachsilbe »chen« gibt es in solcher Vielzahl nur in der Lausitz und ihrem direkten Umfeld. Die Aufzählung reicht von Berlinchen und Bräsinchen über Dollenchen und Mallenchen bis Gallinchen und Wanninchen.

Goldene Hausnummer

Ab 1986 wurde der Wettbewerb um die »Goldene Hausnummer« in Berlin zur Vorbereitung der 750-Jahrfeier initiiert. Die besten Hausgemeinschaften im »Mach mit!«-Wettbewerb, in dem es um die gemeinschaftliche Pflege der Anlagen und öffentlichen Einrichtungen und die Verschönerung der Häuser und Gärten ging, erhielten diese Auszeichnung, die auch heute noch an manchen Eingängen zu finden ist.

Cottbus mit C und mit K

In jedem Atlas und Adreßbuch wird der Ortsname Cottbus mit C geschrieben. Kommt man allerdings nach Berlin, so findet man plötzlich ein »Kottbuser Tor«, den »Kottbuser Damm« und die »Kottbuser Brücke«. Dagegen gibt es im jüngsten Berliner Stadtbezirk Hellersdorf eine »Cottbuser Straße« und einen »Cottbuser Platz«. Waren zwei verschiedene Orte die Namensgeber? Keineswegs. Um die unterschiedliche Schreibweise im 19. Jahrhundert zu beenden, teilte der Cottbuser Oberbürgermeister Werner dem Berliner Magistrat 1905 mit, daß sich Cottbus nun amtlich mit C schreibe. Zu spät — denn drei Jahre zuvor waren Tor, Damm und Brücke jeweils mit dem Namen »Kottbuser« festgeschrieben worden.

Kleinstes Postamt

Das kleinste Postamt der DDR befand sich in Bollensdorf nahe Luckau. Es hatte die Ausmaße 1,85 m x 2,45 m. Trotzdem wurde der gesamte Postbetrieb bis zur Paketannahme und -ausgabe, Zeitungsverkauf und Annahme von Lotto- und Totoscheinen dort abgewickelt. Das Mini-Postamt ist längst geschlossen, das nächste befindet sich im 4 km entfernten Dahme.

Postleitzahl war Postleitqual

Unter der Postleitzahl 2331 waren in der DDR 271 Orte, Ortsteile und Wohnplätze im Kreis Rügen aufgeführt. Sie reichten von Altkamp bis Zudar.

Längste Straße der Hauptstadt

Das Adlergestell in Treptow/Köpenick ist mit 13 km die längste Straße Berlins. Sie verläuft auf der Fernverkehrsstraße 96. Der Anfang ist stadtauswärts nach der Grünauer Straße zwischen den Bahnhöfen Schöneweide und Betriebsbahnhof Schöneweide unter der S-Bahn-Überführung, und sie endet in Schmöckwitz.

Kürzeste Straße der Hauptstadt

Die kürzeste Straße in Berlin ist die nur 16 m lange Eiergasse im 1984 wiederaufgebauten Nikolaiviertel. Dort, im Herzen der Stadt, verbindet sie den Nikolaikirchplatz mit dem Mühlendamm und ist die Adresse der historischen Gaststätte »Zum Paddenwirt«. 25 m mißt die Konitzer Straße im Stadtbezirk Friedrichshain, nahe S- und U-Bahnhof Warschauer Straße, die früher als Querstraße die Simplon- und Revaler Straße verband. In den 70er Jahren wurde ein Sportplatz mit Vereinsgebäude an der Revaler Straße gebaut, so daß die Konitzer Straße von der Simplonstraße abzweigend als Sackgasse an der heutigen Kita »Känguruh« endet.

Einziger Wappenkrebs

Der Krebs findet sich als Wappentier lediglich im Stadtwappen von Cottbus. Weltweit wird er nur noch im Landeswappen der britischen Kolonie Turks- und Caicosinseln und als Symbol des polnischen Wappenstammes Warnia geführt.

»Mach mit!«-Wettbewerb: umfassendste Bürgerinitiatve

»Schöner unsere Städte und Gemeinden – Mach mit!« war seit Ende der 60er Jahre die Losung, unter der die Bürger aufgerufen waren, ihr Wohnumfeld gemeinschaftlich zu verschönen und sich im Wettbewerb mit anderen Städten oder Gemeinden zu messen. Am Frühjahrs- und Herbstputz, der häufig mit Haus- oder Straßenfesten verbunden war, beteiligten sich Millionen Bürger innerhalb ihrer Hausgemeinschaften. Darüber hinaus wurden in der »Mach mit!«-Initiative Kindergärten, Schulen und Klubräume renoviert und Grünflächen, Spiel- und Sportplätze angelegt.

Einziger Leihdienst für Weihnachtsmänner

In der Vogtlandgemeinde Jocketa gab es zu DDR-Zeiten einen Ausleihdienst für Weihnachtsmänner. Die Weißbärte zwischen 19 und 66 Jahren waren »von Amts wegen« verpflichtet, die bekannte Kleidung sowie Sack und Rute zu tragen. Die »Arbeitsgruppe Weihnachtsmänner« ließ in der beschaulichen Zeit in zahlreichen Einsätzen die Kinderherzen höher schlagen.

Einziges Gebiet ohne Verkehrsunfälle

Die Insel Hiddensee tauchte als einziges deutsches Feriengebiet in 40 Jahren DDR in keiner Verkehrsunfall-Statistik auf. Auf Hiddensee gibt es keinen Autoverkehr. Dennoch reihte sich die Insel am 4. September 2002 in die offizielle Unfallstatistik des Landes Mecklenburg-Vorpommern ein. Die beiden Polizeibeamten von Hiddensee meldeten einen Verkehrsunfall. In Kloster gingen einem Fuhrunternehmer die Pferde durch und stießen eine Frau vom Fahrrad, die sich den Knöchel brach.

Erste sozialistische Wohnstadt

1951 begann der Aufbau von Eisenhüttenstadt, der ersten sozialistischen Wohnstadt, für das in der Nähe liegende neue Eisenhüttenkombinat Ost, in dem 12 000 Arbeiter beschäftigt waren. 1990 verzeichnete Eisenhüttenstadt 51 151 Einwohner, im Jahr 2000 waren es 10 000 weniger.

Einziger Ortsname mit doppelten Buchstaben

Grossengottern bei Bad Langensalza (Thüringen) – die korrekte Schreibweise ist Großengottern – ist der einzige Ort, in dessen Name jeder der sieben Buchstaben zweimal vorkommt.

Einziger Ortsname seit jeher mit drei »r« in Folge

Der Ort Dürrröhrsdorf, zwischen Dresden und Pirna, schrieb sich auch schon vor der Rechtschreibreform mit drei r hintereinander, obwohl bis dahin die Regel galt: Vor Vokalen entfällt der dritte Konsonant.

Geliehene Ortsnamen

Die Orte Philadelphia und Neu-Boston im Landkreis Oder-Spree erhielten ihre Namen von Siedlern, die nach Amerika wollten, aber in der Mark blieben. Diese beiden Ortsnamen sind einmalig in Deutschland. Die Orte Bremen (z. B. in der Rhön bei Vacha) und München (bei Bad Berka und bei Uebigau/Elster) sind in Deutschland je fünfmal zu finden, Rom bei Parchim gibt es dreimal. Das heutige Welkershausen bei Meiningen hieß Jerusalem, bis die Nazis den Namen änderten. Und von Sibirien, einer zu Welzow i. d. Lausitz gehörenden Vorortsiedlung, sind es keine 50 km bis nach Mexiko, einem Stadtteil von Forst.

Kuriose Ortsnamen

In Ostdeutschland gibt es zahlreiche ausgefallene Ortsnamen wie Lederhose, Ziegenhals, Hundeluft, Kummer, Elend und Sorge, Wassersuppe, Schmalzgrube, Ansprung, Busendorf, Kuhbier, Kuhschnappel, Kuhfraß.

Bauwerke

Frühester erhaltener Museumsbau

Die Bildergalerie im Park von Sanssouci, 1755-1763 errichtet, stellt als eigenständiges Gebäude den frühesten noch erhaltenen deutschen Museumsbau dar. Die Mittelkuppel trägt einen goldenen Adler, der Nordflügel wurde als Kastellanhaus erst später hinzugefügt.

Erste Museumsneubauten in der DDR

Am 2. Februar 1950 wurde der erste Museumsneubau der DDR in Hohenleuben-Reichenfels bei Zeulenroda in Thüringen eingeweiht. Ihm folgte als Neubau am 11. März des gleichen Jahres das Spengler-Museum in Sangerhausen.

Erster Konzertsaalneubau der DDR

Das Neue Gewandhaus in Leipzig wurde von 1977 bis 1981 erbaut. Der Große Konzertsaal als Mittelpunkt hat eine Kapazität von 1905 Plätzen, der Kleine Saal bietet 493 Plätze, die Fläche des Orchesterpodiums beträgt 182 m². Eine Nachhallzeit von 1,9 s im besetzten Saal spricht für die hervorragende Akustik in den Räumen. Im Großen Konzertsaal ist das weltberühmte Gewandhausorchester zu Hause.

Einzigartiges russisches Dorf: Alexandrowka

Die einstige Chorsänger-Siedlung Alexandrowka in Potsdam feierte im Sommer 2002 ihren 175. Geburtstag. Gebaut wurde die Anlage einst für russische Soldaten, zumeist auch Chorsänger, die nach den Kämpfen des russisch-preußischen Militärbündnisses gegen Napoleon in der preußischen Armee geblieben waren. Die im russischen Stil errichteten Holzhäuser bilden das letzte vollständig erhaltene russische Kunstdorf. Die dazugehörige Alexander-Newski-Kirche auf dem Kapellenberg ist der älteste bestehende russisch-orthodoxe Kirchenbau in Westeuropa. Die gesamte Anlage, die als Wohnsiedlung genutzt wird, war 1977 in die Denkmalliste des Bezirkes Potsdam aufgenommen worden. Damit begannen zugleich umfangreiche Rekonstruktionsarbeiten. 1999 stellte die UNESCO Alexandrowka unter ihr Patronat.

Größtes Flachkühlhaus Europas

In Treuen, Kreis Auerbach, entstand 1964 das erste und größte Flachkühlhaus Europas. Es hatte die Außenmaße von 186 x 90 m, war also 16 740 m2 groß. Bis 1990 in Betrieb, wurde es danach zu einem Heim für Asylbewerber umfunktioniert; ein Teil davon dient noch als Getränkelager.

Einziges Rathaus ohne Innentreppen

Das Rathaus zu Stolberg im Harz stellt ein einzigartiges Baukuriosum dar: Es besitzt keine Innentreppen. Der Zugang erfolgt von der außerhalb vorbeiführenden Kirchentreppe. Bei dem 1482 als Kaufhaus errichteten Rathaus hatte man raumbeanspruchende Treppenaufgänge gespart. Ursprünglich schmückten das Rathaus 365 Fensterscheiben, entsprechend den Tagen im Jahr, 52 Fenster, nach der Anzahl der Wochen, und 12 Türen, entsprechend der Monatszahl.

Längste Dichtwand der Welt

In der DDR wurde eine einmalige Technologie entwickelt, um den Tagebau Jänschwalde vor dem Oderhochwasser zu sichern und um ein durch den Braunkohlebergbau verursachtes Absinken des Grundwasserspiegels jenseits der Neiße auf polnischem Gebiet zu verhindern. So wurde 1973 im Tagebau Jänschwalde mit dem Bau einer Dichtwand begonnen, die einer unterirdischen Staumauer gleicht. Sie hat eine durchschnittliche Tiefe von 70 m, eine Länge von 10,5 km und eine Breite von 1 m und wird mit einem Ton-Lehm-Gemisch verfüllt. Das patentierte Projekt ist sowohl in seiner Technologie als auch in den Ausmaßen einmalig in der Welt.

Größtes Handelshaus

Am 1. September 1987 war das Internationale Handelszentrum in der Berliner Friedrichstraße eröffnet worden. Das dunkel getönte Handelshaus war mit seinen 93 m Höhe nach Fernsehturm und Hotel »Stadt Berlin« das drittgrößte Bauwerk in der Hauptstadt der DDR. Zu den ersten Mietern zählte der belgische Weltkonzern Cockerill Mechanical Industries (CMI). In dem Haus am Bahnhof Friedrichstraße sind heute verschiedene Unternehmen, Vertretungen und Organisationen ansässig.

Ältestes Fachwerkhaus

In Quedlinburg befindet sich das älteste als Hochständerbau errichtete Fachwerkhaus Deutschlands. Es wurde 1350 in der Nähe des Marktes erbaut und beherbergt das Ständerbaumuseum mit der Ausstellung zur Geschichte des Fachwerkbaus. Ein weiteres historisches Fachwerkhaus steht in Pulsnitz, Kreis Bischofswerda. Der als Perfert bezeichnete zweigeschossige bäuerliche Speicher mit Mittelstütze war 70 Jahre später, um 1420 erbaut worden.

Grundstein für die Karl-Marx-Allee

Am 2. Februar 1952 folgten 45000 Berliner dem Aufruf zum Großeinsatz für die Enttrümmerung der Hauptstadt. Das war zugleich der Beginn des Nationalen Aufbauwerkes (NAW). Erstes Aufbauobjekt war ein 1,85 km langer Bauabschnitt in der damaligen Stalinallee, heute Karl-Marx-Allee, für den am 3. Februar 1952 Ministerpräsident Otto Grotewohl den Grundstein legte. Am 12. Juli fand das Richtfest für den Lehrlingsblock E-Süd statt, in den im Winter 1952/53 die ersten Mieter einziehen konnten. Dieses erste bezugsfertige Haus steht stadtauswärts auf der rechten Seite der Karl-Marx-Allee zwischen den beiden flachen Laubenganghäusern am U-Bahnhof Marchlewskistraße.

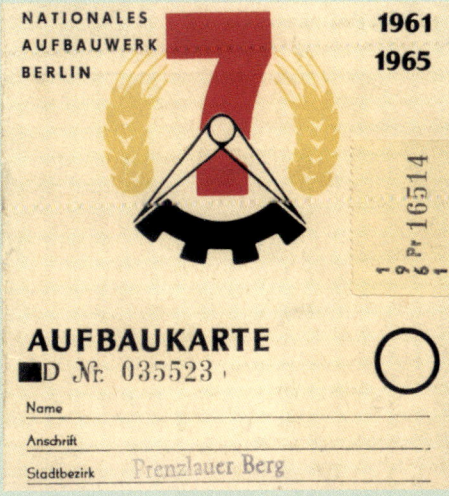

Längste Gradierwerke

Auf dem Gebiet der DDR gab es die ehemals bedeutendsten Anlagen zur Salzgewinnung, die nach ihrer Stillegung für Heilzwecke genutzt wurden und noch immer werden. Das längste Gradierwerk der Welt stand mit 1 837 m (heute stehen noch 350 m) in Bad Salzelmen, das 1932 nach Schönebeck/Elbe eingemeindet worden war. Das Gradierwerk in Bad Dürrenberg hat eine Länge von 850 m, das Bad Kösener ist 320 m lang.

Bauwerke

Höchstes Haus

Mit 143 m war das Hochhaus der Karl-Marx-Universität im Stadtzentrum von Leipzig das höchste Haus in der DDR. In dem heutigen City-Hochhaus haben der MDR sowie zahlreiche Institutionen, Kanzleien, Geschäfte und Betriebe ihren Sitz.

Erstes Haus in Plattenbauweise

Die Plattenbauweise, in der ganze Stadtviertel in allen Bezirken entstanden, nahm 1957 mit einem Haus am heutigen Stadtring in Cottbus ihren Anfang.

Größtes Hotel

Das Interhotel »Stadt Berlin« auf dem Berliner Alexanderplatz war mit 1 770 Betten das größte der DDR. In den 39 Etagen befanden sich elf Restaurants, acht Salons und Konferenzräume sowie in 110 m Höhe ein Panorama-Restaurant. Mit seinen 123,30 m Höhe war das Hotel zugleich das höchste Haus in Berlin. Nach der Wende wurde es von der Gruppe »Forum Hotel« übernommen, seit 1.1.2003 ist es »Park Inn-Hotel«. Es bietet nach seiner Umgestaltung in 1 005 Zimmern 1 500 Betten an. Das Restaurant in der Panorama-Etage wurde 2001 geschlossen und der Spielbank eingegliedert. Das größte Hotel in Berlin ist seit 1993 in Neukölln das »Estrel«-Hotel und mit seinen 2 250 Betten in 1 125 Zimmern zugleich auch das größte Hotel in Deutschland.

Längstes Haus

Mit 365 m Länge wurde in Halle-Neustadt der Block 10 im 1. Wohnkomplex als längstes Haus der DDR gebaut. Es ist zehn Etagen hoch und besitzt zehn Hauseingänge. In den 883 Wohnungen lebten rund 2 000 Bewohner. Das Haus gehört heute zur Katharinen-Wohnanlage und wird in seiner ganzen Größe genutzt. Die längste Wohnhauszeile Thüringens steht in der Suhler Straße Unten in der Aue 2. Sie ist 300 m lang und elf Geschosse hoch. Das Haus steht heute leer und vor dem Abriß.

Bekannteste Magistrale

Die heutige Karl-Marx-Allee in Berlin entstand als erste Magistrale in der DDR. Der erste Abschnitt wurde 1954 auf der Strecke Frankfurter Tor bis Strausberger Platz in 2,3 km Länge und 76 m Straßenbreite fertiggestellt. Der zweite Bauabschnitt folgte ab 1958 zwischen Strausberger Platz und Alexanderplatz mit einer Breite von 120 m. In der Nacht vom 13. zum 14. November 1961 wurde die einstige Stalinallee in Karl-Marx-Allee umbenannt. Das 4,60 m hohe Stalindenkmal, das an der Ecke Stalinallee/Andreasstraße stand, wurde demontiert und zerkleinert.

Einzigartiges Baudenkmal: Haus Schminke

Die Villa, die sich Fabrikant Fritz Schminke (Anker Teigwaren) 1932 von Prof. Hans Scharoun in Löbau bauen ließ, zählt als Wohnbau-Klassiker zu den wichtigsten Zeugnissen der Architektur des 20. Jahrhunderts. Nach dem Krieg war es ein Haus für Kinder und Jugendliche, ab 1951 Klubhaus der FDJ, 1963 Haus der Jungen Pioniere und ab 1990 ein Freizeitzentrum für Kinder und Jugendliche. Nach seiner Restaurierung bildet das seit 1968 denkmalgeschützte Haus als Stätte der Begegnung den sozialen und kulturellen Mittelpunkt Löbaus.

Schmalstes Haus

Als schmalstes Haus der DDR galt das Gebäude am Johannisplatz 9 in Eisenach. Mit seiner Breite von nur 2,05 m wird es schnell übersehen. Bis zum Jahre 1900 war das 7,50 m hohe und 10,50 m tiefe Häuschen eines der häßlichsten der Stadt, bis es 1902 vom Hofzimmermeister Gustav Voigt eine kunstvoll geschnitzte Fassade und einen dekorativen Schmuckgiebel bekam.

Erster Kulturpalast der DDR

Der Kulturpalast »Otto Grotewohl« in Böhlen (jetzt »Kulturhaus«) entstand als erster seiner Art von 1950 bis 1954. Dazu gehören ein Theatersaal für 985 Besucher, der Kleine Saal mit 150 Plätzen, eine Gaststätte und elf Klubräume sowie ein Park mit Freilichtbühne. Nach einem Brand im Juni 2002 blieb das Gebäude bis auf die Gaststätte für einige Monate geschlossen.

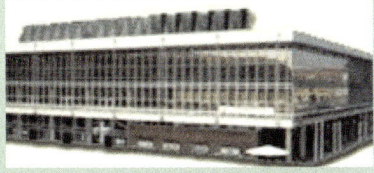

Größter Kulturpalast der DDR

Mit seiner markanten Architektur prägt der Dresdner Kulturpalast seit 1969 die Nordseite des Altmarktes. Er ist das größte Konzert- und Kongreßhaus Dresdens und Schauplatz für Konzerte der Dresdner Philharmonie oder des jährlichen Dixieland Festivals. Der große Saal faßt über 2000 Zuschauer.

Erstes Muster-Messehaus der Welt

Der auf Kolonnaden ruhende Komplex des Städtischen Kaufhauses in Leipzig gilt als der erste moderne Messepalast der Welt und wurde 1893-1901 unter dem Stadtbaudirektor Hugo Licht errichtet. Heute wird das Gebäude als modernes Büro- und Geschäftshaus genutzt.

Moschee als Industriebetrieb

Die »Yenidse« wurde 1909 in Dresden als Zigarettenfabrik im islamischen Stil erbaut. Im Minarett verbirgt sich ein Schornstein. Das 62 m hohe Bauwerk ist mit Ornamenten aus farbigen und vergoldeten Kacheln verziert. Es vereint Elemente der türkischen und maurischen Kunst sowie des Jugendstils. Die Kuppel hat einen Durchmesser von 17 m. Da hier die damals beliebten Orientzigaretten produziert werden sollten, baute man die Fabrik in der Form einer Moschee. Der Name »Yenidse« erinnert an ein Dorf in einem der wichtigsten Tabakanbaugebiete in der Tiirkei. Seit 1953 gehörte das Gebäude zum VEB Tabakkontor als Lager für Tabake. Heute ist es ein Bürohaus mit dem »höchsten Biergarten« Dresdens oben auf der Terrasse.

Höchstes Wohnhaus

Mit seinen 32 Geschossen und 95 m Höhe war das Hochhaus in der Leipziger Wintergartenstraße das höchste Wohnhaus in der DDR. Es wurde zwischen 1970 und 1974 gebaut.

Moschee als Pumpwerk

Die an der Neustädter Havelbucht von Potsdam gelegene Moschee beherbergt das Pumpwerk für die Fontänen der Gartenanlagen von Sanssouci. Das eigenwillige Bauwerk wurde 1842 von Ludwig Persius im Auftrag von Friedrich Wilhelm IV. errichtet. Die Moschee ist bis heute Maschinenhaus, das Minarett diente als Schornstein. Herzstück war die von August Borsig gebaute Zwei-Zylinder-Dampfmaschine, die täglich 6 000 m³ Wasser zum rund 1 500 m entfernten Hochbehälter auf dem Ruinenberg beförderte. Von dort fließt das Wasser durch ein insgesamt 85 km langes Rohrnetz zu den Fontänenanlagen. Die zweitälteste Dampfmaschine Deutschlands – sie ist als Technisches Denkmal zu besichtigen – ist inzwischen längst von Elektropumpen abgelöst worden.

Erstes Klubhaus der FDJ

Anläßlich der Friedenskundgebung der FDJ 1951 in Brandenburg schlug der damalige Vorsitzende des Zentralrates der FDJ, Erich Honecker, vor, in Brandenburg, der Stadt des I. Parlaments der FDJ, das erste Klubhaus der Jugendorganisation zu bauen. Es wurde am 6. Oktober 1952 als FDJ-Klubhaus »Philipp Müller« eröffnet. Nach der Wende diente es zunächst als Kino, danach hatte es ausgedient.

Einer der schönsten Plätze Europas

Der Gendarmenmarkt im Zentrum Berlins wurde 1950 anläßlich des 250. Jubiläums der Akademie der Wissenschaften in Platz der Akademie um- und 1991 wieder rückbenannt. Die drei zentralen Gebäude, das Schauspielhaus sowie der Deutsche und Französische Dom, waren im Krieg stark beschädigt worden. Der Französische Dom wurde 1983 wiedereröffnet. Das Schauspielhaus folgte nach langjährigen Wiederaufbauarbeiten ein Jahr später als repräsentativste Berliner Konzerthalle. Der Gendarmenmarkt ist seither wieder einer der schönsten Plätze in einer europäischen Hauptstadt.

Bauwerke

Erster neugotischer Bau

Das Nauener Tor in Potsdam wurde von 1867 bis 1868 als neugotischer Ersatz für ein älteres Barocktor gebaut. Dieses Tor ist der erste neugotische Bau, der nach dem Vorbild der englischen Neugotik auf dem europäischen Festland errichtet worden war.

Größter Pionierpalast

Am 3. Oktober 1979 wurde im Berliner Pionierpark in der Wuhlheide der Pionierpalast »Ernst Thälmann« als größtes Freizeit- und Erholungszentrum der Pionier-Organisation in der DDR eröffnet. Das Haus ist auch heute noch Mittelpunkt des beliebten FEZ (Freizeit- und Erholungszentrum).

Ältester Profanbau

Das Romanische Haus in Bad Kösen ist der älteste erhalten gebliebene steinerne Wohnbau in Ostdeutschland. Das Haus wurde zwischen 1032 und 1037 erbaut und diente dem Bischof von Naumburg als Wirtschaftshof. Später gehörte es zum benachbarten Zisterzienserkloster Schulpforte. Heute wird es als Heimatmuseum genutzt.

Längste Steinmole

Mit 15 km durchgehender Länge ist die Steinmole in Sassnitz die längste ihrer Art in Europa.

Größtes Rathaus

Das Neue Rathaus und Stadthaus in Leipzig wurde von 1899 bis 1905 und dann weiter von 1908 bis 1912 aus Muschelkalkstein unter Verwendung von Renaissance- und Barockformen an der Stelle der ehemaligen Pleißenburg erbaut. Der Gebäudekomplex hat eine Gesamtlänge von 620 m, umfaßt 10 415 m² bebaute Fläche und weist eine Korridorlänge (ohne Keller und Boden) von über 3 km auf.

Beginn des »Bitterfelder Weges«

Der Bitterfelder Kulturpalast wurde am 13.10. 1954 den Werktätigen des Elektrochemischen Kombinats Bitterfeld als damals größter in der DDR übergeben. Er hat einen großen Saal mit 1000 Plätzen und je 380 m² große Haupt- und Hinterbühne sowie insgesamt 121 Räume für das Kulturschaffen aller Sparten. Im Kulturpalast wurde 1959 bei einer Autorenkonferenz des Mitteldeutschen Verlages Halle für die Zirkel schreibender Arbeiter die Losung »Greif zur Feder, Kumpel!« geboren und 1964 der »Bitterfelder Weg« begründet, der Künstler und Werktätige enger zusammenbringen sollte.

Älteste Stadtbefestigung in der DDR

Die älteste und am besten erhaltene Stadtbefestigung besitzt Neubrandenburg. Die erste Stadtmauer geht auf die Zeit um 1300 zurück. Sie ist ringförmig, 2,3 km lang und weist in weiten Teilen noch die ursprüngliche Höhe von 7 bis 7,5 m auf. Von den 56 Wieckhäusern wurden 25 wiederhergestellt. Die Türme und die Stadttore in wundervoller Backsteingotik gaben Neubrandenburg auch den Beinamen »Stadt der vier Tore«.

Ältestes Umgebindehaus

Das älteste Umgebindehaus in der Sächsischen Schweiz ist die ehemalige Gärtnerei Petters in Hinterhermsdorf, Kreis Pirna. Es wurde 1670 mit zwei Geschossen in Blockbauweise errichtet und wird heute noch als Wohnhaus genutzt.

Schönstes Renaissance-Rathaus

Das Alte Rathaus am Markt in Leipzig gilt als eines der ältesten und schönsten Renaissance-Gebäude in Deutschland. Erbaut wurde es von 1556 bis 1557 unter der Regie des Bürgermeisters und Architekten Hieronymus Lotter. Mit 90 m Seitenlänge beherrscht es die Ostseite des Marktes und strahlt durch seine asymmetrische Teilung der Fassade einen besonderen Reiz aus. Nach schweren Kriegszerstörungen erfolgte der Wiederaufbau von 1946 bis 1950 sowie eine Restaurierung im Jahre 1973. Heute befindet sich in dem Gebäude das Stadtgeschichtliche Museum.

Bedeutendstes Renaissance-Bürgerhaus

In Görlitz, Neißestraße 29, befindet sich das auf das Baujahr 1570 datierte Renaissance-Gebäude, das auch als »Biblisches Haus« bekannt ist. Reichverzierte Pilaster und Simse, Portale, Wandnischen und Rankenzier sowie eine Treppenhalle mit Galerien schmücken dieses einzigartige Bauwerk.

Denkmalgeschützter Repräsentationsbau

Das Staatsratsgebäude am ehemaligen Marx-Engels-Platz, dem heutigen Schloßplatz in Berlins Zentrum, wurde am 3. Oktober 1964 eingeweiht. Blickfang ist das asymmetrisch in die Fassade eingefügte Portal IV des Stadtschlosses, von dessen Balkon Karl Liebknecht am 9. November 1918 die sozialistische Republik ausrief. Nach der Wende diente das Gebäude den Bundeskanzlern Kohl und Schröder als Übergangsdomizil. Am 30. Oktober 2002 wurde es als private Eliteschule für Manager eingeweiht.

Die ersten Bewohner der Stalinallee

Anläßlich des 73. Geburtstages von J. W. Stalin am 21. Dezember 1952 übergab der Berliner Oberbürgermeister Friedrich Ebert auf einer Festveranstaltung in der Staatsoper die ersten 1 184 Wohnungen in der Stalinallee. Unter den ersten Mietern befanden sich 442 Aktivisten und Erfinder, 474 Bestarbeiter, 79 Brigadiere, 1 Nationalpreisträger, 1 Held der Arbeit und 2 Verdiente Lehrer des Volkes, die jeweils von ihren Betrieben oder Institutionen vorgeschlagen worden waren.

Palast als Haus des Volkes

Der Palast der Republik am Berliner Marx-Engels-Platz (heute Schloßplatz) wurde in 31 Monaten erbaut. Nach der Grundsteinlegung am 2. November 1973 wurde am 23. April 1976 seine Eröffnung gefeiert. Ein besonderer Blickfang war die 5 m hohe Blume aus Glas und Stahl im Foyer, 16 eigens für den Palast geschaffene Gemälde umrahmten die Galerie. Der Große Saal, in dem knapp 5 000 Zuschauer Platz fanden, konnte innerhalb einer reichlichen Stunde in einen Ballsaal verwandelt werden. 19 Raumvarianten ermöglichte die programmgesteuerte Technik, entwickelt im VEB Sächsischer Brücken- und Stahlhochbau Dresden. Diese Technologie mit schwenkbaren Wänden und bis zu 5,5 m höhenverstellbaren Deckenelementen war einmalig in der Welt. Mit 1 500 Plätzen in den Restaurants, Cafés, Bars und im Jugendtreff war der Palast zugleich das größte Restaurant in Berlin. Das Haus wurde am 19. September 1990 geschlossen und später wegen Asbestverseuchung entkernt.

Hauptpostamt mit Geschichte

Das Hauptpostamt in Frankfurt/Oder zählt mit seiner roten Backsteinfassade zu den imposantesten Gebäuden der Stadt. Die Schalterhalle ist eine der interessantesten ihrer Art in Deutschland. Bauherr war Heinrich von Stephan, Generalpostdirektor des Deutschen Reiches. Stephan führte während seiner Dienstzeit in der Oderstadt nicht nur die Postkarte ein, sondern gilt auch als Vater der Geldüberweisung, gründete den Weltpostverein und gliederte Telegraphie und Telefon in die Post ein.

Einziges Rathaus mit Wasserspeicher

Das Rathaus von Neuenhagen bei Berlin stellt ein einmaliges Kuriosum dar. Das Gebäude wurde 1926 als Rathaus und Wasserspeicher übergeben. Bis zur Wende stauten sich 1000 m³ Wasser über den Köpfen der Gemeindevertreter. Das Rathaus steht wegen seiner Einmaligkeit unter Denkmalschutz.

Einziges Untergrund-Messehaus der Welt

Leipzigs merkwürdigster Messebau ist das Untergrund-Messehaus. Aus Mangel an Ausstellungsfläche wurde es 1924 unter dem Markt errichtet und war das einzige unterirdische Messehaus der Welt. Heute befindet sich dort eine Diskothek.

Erstes Wohnhochhaus

Nach dem 2. Weltkrieg wurde in Berlin an der Weberwiese in Friedrichshain nach einem Entwurf von Prof. Hermann Henselmann der zehngeschossige Ziegelbau errichtet, der unter Denkmalschutz steht. Den Grundstein dafür hatte einst Wilhelm Pieck gelegt. Am 1. Mai 1952 erhielten 36 Familien den Schlüssel für eine neue Wohnung in dem 35 m hohen Haus.

Deutschlands größte Feldsteinscheune

Im Dorf Bollewick bei Röbel (Müritz) steht als denkmalgeschütztes Gebäude Deutschlands größte Feldsteinscheune, die Scheune »Bollewick«. Sie ist 125 x 34 m groß und hat auf 2 Stockwerken eine Nutzfläche von einem Hektar. 1881 baute Baron von Langermann zu Dambeck und Spitzkuhn eine Scheune von »kollosalen Ausmaßen«. 1930 wurde die Scheune an mehrere Bauern verkauft. Bis zu acht Familien lebten und arbeiteten in der Scheune. Ab 1952 übernahm die LPG die Scheune und baute sie 1969 zu einer Milchviehanlage für 650 Kühe um. 1991 wurde die landwirtschaftliche Nutzung beendet. Heute beherbergt sie eine Markthalle, Handwerksstätten, einen Bauern- und Kräuterladen sowie ein Café. Seit Frühjahr 2000 gibt es im Nordgiebel das SCHEUNEN HOTEL, das Restaurant und den urigen Gewölbekeller für ca. 60 Personen.

Türme & Schornsteine

Höchstes Bauwerk in Deutschland

Der Fernsehturm in Berlin ist mit einer Höhe von 365 m als höchstes Bauwerk in Deutschland errichtet worden. Nach 53 Monaten Bauzeit wurde der Turm am 3. Oktober 1969 in Betrieb genommen. Die Höhe des Schaftes beträgt 250 m, die Antenne wurde bei der Renovierung des Turms 1996 von 115 auf 118 m Länge erhöht, so daß die Gesamthöhe des Fernsehturms jetzt bei 368 m liegt. Die Masse des Betonschaftes beträgt 26 000 t, das Gewicht der Kugel 4 800 t. In 203,78 m Höhe befindet sich die Aussichtsetage für 125 Personen und in 207,53 m Höhe das Telecafé für 200 Personen, das sich einmal pro Stunde um die eigene Achse dreht. Das Café hat einen Durchmesser von 29 m, der Durchmesser des Turmfußes beträgt 32 m. Pro Jahr verzeichnet der Turm etwa eine Million Besucher.

Erster Fernsehturm

1959 wurde der erste Fernseh- und UKW-Turm in der DDR in Dequede, Kreis Osterburg, in Betrieb genommen. Er ist 185 m hoch, besitzt einen 60 m langen Stahl- und einen 12 m langen Rohrmast.

Einzigartige Camera obscura

Die Camera obscura (dunkle Kammer) in Hainichen war 1883 ein Geschenk des Kaufmanns Richard Leonhard an die Stadt. Der Turm wurde wegen Baufälligkeit abgetragen und anläßlich der 800-Jahr-Feier der Stadt 1985 mit einer Höhe von 11 m neu gebaut. Das auf dem Rundturm aufsitzende Holzhäuschen beherbergt die Aufnahme- und Wiedergabeoptik. Ein Spiegel auf der Dachspitze überträgt Bildausschnitte der Umgebung durch ein Linsenrohr in den verdunkelten Raum auf eine weiße Fläche. Auf diese Weise wird ein bewegtes Bild von der Hainichener Landschaft gespiegelt.

Letzter Aussichtsturm aus Gußeisen in Europa

Auf dem Löbauer Berg (447 m) steht der einzige begehbare Turm aus Gußeisen in Europa. Nachdem 1854 die Grundsteinlegung erfolgte, wurde der 28 m hohe Turm aus Gußeisenteilen mit einem Gewicht von 70 t aus dem Eisenwerk Bernsdorf in zweieinhalb Monaten montiert. Eine Wendeltreppe mit insgesamt 120 Stufen führt zu den drei Aussichtsplattformen. In den Jahren 1965-1966 wurde der Turm mit 300 neu gegossenen Teilen rekonstruiert.

Die höchsten Schornsteine

In der DDR waren die Schornsteine in den Kraftwerken Lippendorf und Thierbach (gesprengt am 19. Oktober 2002) bei Leipzig mit je 300 m die höchsten. Die Halsbrücker Esse vom Hüttenwerk Halsbrücke bei Freiberg (Sachsen) war nach ihrem Bau 1889 mit 140 m sogar die höchste der Welt und ist ein Technisches Denkmal.

Die höchsten Rathaustürme

Der Turm des Neuen Rathauses in Leipzig ist mit 115 m der höchste Rathausturm in Deutschland. Der Turm des Hamburger Rathauses ist fünf Meter niedriger, der des Berliner Roten Rathauses mißt 74 m.

Schiefster Turm

Der Reichenturm in Bautzen besitzt eine Neigung von 1,44 m nach Nordwesten und war damit der schiefste Turm der DDR. Er ist Bestandteil der alten Stadtbefestigung am ehemaligen Reichentor und wurde in den Jahren 1490-1492 erbaut. Zwischen 1715 und 1718 erhielt der Turm eine Barockhaube. Die allerdings war zu schwer für das Fundament und zwang den Turm zu einer leichten Neigung.

Einzige Turmuhr mit 61 Minuten

Die Uhr an der Westseite der Marienkirche in Rügens »Hauptstadt« Bergen, dem ältesten Gotteshaus auf der Insel, ist statt in 60 in 61 Minuten unterteilt. Nach einem schweren Sturm im Herbst 1963 mußte das Zifferblatt mit einem Durchmesser von 2 m erneuert werden. Beim Aufnieten der 60 Minutenpunkte war ein Bohrloch vor der »12« übrig – das wurde die 61. Minute.

Ältester Wasserturm

Die »Alte Wasserkunst« in Bautzen gilt als ältester Wasserturm der DDR. Er wurde 1558/59 von Wenzel Röhrscheidt aus Stein erbaut, nachdem der alte Holzturm, der den Ort seit 1496 mit Wasser versorgte, abgebrannt war. Hier wurde das Wasser der Spree mit einem Wasserrad, Pumpenanlage und Druckleitungen 35 m hoch in den Sammelbehälter im obersten Turmgeschoß gepumpt. Bis 1955 war die »Alte Wasserkunst« noch in Betrieb. 1982-84 wurde sie restauriert und ist heute als Technisches Denkmal und Museum zu besichtigen. Der Turm ist im Laufe der Jahre zum Wahrzeichen von Bautzen geworden. 1996 feierte die Stadt sein 500jähriges Jubiläum.

Einzige bewohnte Wassertürme in Städten

Berlins ältester Wasserturm zwischen Belforter und Knaackstraße in Prenzlauer Berg ist das originellste Wohngebäude der Hauptstadt. 1877 erbaut, wurde der Turm als Wasserhebewerk 1915 stillgelegt. In dem 40 m hohen Rundbau finden 12 Wohnungen Platz. In Fürstenwalde wurden zwei 44 m hohe Wassertürme aufwendig saniert und in attraktive Wohngebäude umgewandelt. Die 26 Wohnungen konnten 2002 bezogen werden. Bewohnte Wassertürme gab es auch an einigen Bahnhöfen, so in Meyenburg oder Hagenow Land.

Türme & Schornsteine

Ältester aktiver Leuchtturm

Als ältester noch aktiver Leuchtturm gilt der Turm am Darßer Ort. Am 1. Januar 1849 leuchtete der über 35 m hohe Turm an der Nordwestspitze der Halbinsel Darß zum ersten Mal. Bis 1978 war der Turm mit Leuchtturmwärtern besetzt. Seither wird das Feuer ferngesteuert. Die Leuchtweite des Lichtes beträgt 20 Seemeilen (37 km).

Leuchtturm mit der stärksten Leuchtkraft

Der Leuchtturm mit der stärksten Leuchtkraft in Deutschland steht im Greifswalder Bodden im Vogelschutzgebiet der Insel Oie. Der Lichtstrahl des 39 m hohen Turms ist 26 Seemeilen (48 km) weit sichtbar. Es ist zugleich der höchste Leuchtturm an der Ostseeküste Mecklenburg-Vorpommerns und der einzige mit linksdrehendem Licht.

Berühmtester Leuchtturm

Als berühmtester Leuchtturm gilt der 1827 nach Plänen von Karl Friedrich Schinkel erbaute Turm auf Kap Arkona. Der viereckige, 22,5 m hohe Backsteinbau wies mit 17 Rüböllampen den Schiffern bis 1902 den Weg. Danach übernahm ein daneben gebauter 36 m hoher Leuchtturm die Aufgabe. Der Schinkelturm ist für Besucher zugänglich. In dem nördlichsten Bauwerk auf Rügen schließen viele Paare den Bund fürs Leben.

Letzter besetzter Leuchtturm

Als letzte in Deutschland beendeten die Leuchtturmwärter von Hiddensee 1996 ihren Dienst auf dem Turm. Seitdem wird er elektronisch gesteuert und dient außerdem als ARD-Wetterstudio. Seine Leuchtsignale sind 24 Seemeilen (etwa 44 km) weit zu sehen.

Müggelturm – einst beliebtester Aussichtspunkt

Der heutige Müggelturm entstand an der Stelle des 1958 abgebrannten Spindlerturms in den Jahren 1959-1961 als achtgeschossiger Stahlbetonturm. Die Besucher pilgerten in Scharen die 126 Stufen hinauf auf die Aussichtsplattform oder genossen im Restaurant Kaffe und Kuchen. Das Köpenicker Wahrzeichen rottet seit der Wende vor sich hin.

Höchster Turm mit Blick nach Polen

1976 wurde das mit 89 m höchste Gebäude in Frankfurt/Oder als Jugendtourist-Hotel eingeweiht. 1992 ist es zu einem Büro-Hochhaus mit Einkaufspassage umgebaut worden. In der obersten und 24. Etage ist das Café »Turm 24«, von dem aus sich ein weiter Blick über die Oder bis weit nach Polen hinein anbietet.

Höchster Holzturm der Welt

Der Jahrtausendturm im Magdeburger Elbauenpark ist mit seinen 60 m der höchste Holzturm der Welt. Das Wahrzeichen der Buga 1999 besteht aus einem Holzgerüst, das mit lichtdurchlässiger Folie überspannt ist. Im Kuppelraum ist eine Ausstellung über die Entwicklungsgeschichte der Menschheit zu sehen.

Einziger Turm für einen Dichter und Sänger

Der 27 m hohe Ernst-Moritz-Arndt-Turm auf dem 91 m hohen Höhenzug Rugard bei der Insel-»Hauptstadt« Bergen bietet einen weiten Rundblick über Rügen. Bei klarem Wetter reicht der Blick bis zum Kap Arkona, nach Hiddensee oder Stralsund. Mit dem 1869-77 erbauten Turm sollte dem bedeutendsten Sohn Rügens, dem »Sänger der deutschen Freiheitskriege« Ernst Moritz Arndt, ein Denkmal gesetzt werden. Als der Bau wegen Geldmangels ins Stocken geriet, spendeten die deutschen Gesangsvereine die fehlende Summe.

Höchster Ausblick auf Rügen

Fürst Malte von Putbus ließ das Jagdschloß Granitz in neugotischem Stil auf dem 107 m hohen Tempelberg der Insel Rügen errichten. Nach Plänen von Karl Friedrich Schinkel wurde 1844 den vier Ecktürmen im Lichthof ein 38 m hoher Rundturm hinzugefügt. Im Turm führt an der Außenwand entlang eine Wendeltreppe mit 154 Stufen zur Aussichtsplattform, von der sich der weiteste Rundblick über die Insel bietet. Das Schloß beherbergt eine bemerkenswerte Ausstellung zum Jagdwesen.

Schlösser & Burgen

Erster klassizistischer Bau in Deutschland

Das ursprünglich als Landhaus bezeichnete Schloß im Englischen Garten von Wörlitz gilt als Gründungsbau des Klassizismus in Deutschland. Es entstand nach Plänen von Friedrich Wilhelm Erdmannsdorff (1736-1800), des Freundes und Baumeisters von Fürst Leopold III. Friedrich Franz von Anhalt-Dessau (1740-1817), in den Jahren 1769-1773 und beherbergt heute kostbare Sammlungen von Gemälden, Skulpturen und Möbeln aus der Gründerzeit.

Burg als größte Jugendherberge

Auf der Burg Hohnstein bei Sebnitz existierte die größte Jugendherberge der DDR. Sie trug seit 1951 den Namen »Jugendburg Ernst Thälmann«. Nach umfangreicher Rekonstruktion wurde die Kapazität der Jugendherberge 1974 auf 400 Plätze erweitert. Das heutige Natur- und Wanderfreundehaus verfügt über 150 Betten.

Originelle Schlösser

Das im Jahre 1708 erbaute Schloß Oppurg bei Pößneck besitzt entsprechend den Tagen, Wochen und Monaten 365 Fenster, 52 Türen und 12 Schornsteine. Ähnliches gilt für das Schloß Augustusburg nahe Chemnitz. Dort sollen die vier Ecktürme die Jahreszeiten, die 12 Säle die Monate und die 76 Zimmer die Sonn- und Feiertage symbolisieren. Erbaut wurde dieses vielbesuchte Renaissanceschloß von 1568 bis 1573.

Turmreichstes Bauwerk

Das fünfflügelige Schweriner Schloß zählt zu den bedeutendsten Baudenkmalen des Historismus in Deutschland. Seine heutige Gestalt erhielt es Mitte des 19. Jahrhunderts. Das Schloß ist der Sitz des Landtages und besitzt 365 Türme und Türmchen, Obelisken und Spitzen.

Einzigartige Anlage

Als vor über 300 Jahren die Oranische Prinzessin Henriette Katharina den anhaltischen Fürsten heiratete, ließ sie Schloß, Park und Stadt Oranienbaum nach niederländischem Vorbild errichten. Es war in Deutschland die erste Anlage dieser Art, die mit den Kanälen, den Inseln und Brücken heute noch so zu erleben ist, wie sie einst geschaffen wurde. Auch die fünfgeschossige Pagode und das chinesische Teehaus sind im Original erhalten. Tradition besitzt das Orangenfest, das alljährlich im Mai gefeiert wird. Nach dem Auszug des Landesarchivs nach Dessau wird das Schloß renoviert und in Kürze wieder zugänglich sein.

Drei Gleichen ohnegleichen

Das einmalige Burgenensemble nahe Gotha ist benannt nach dem Grafen von Gleichen. Alle drei Burgen sind von der Autobahn A 4 gut zu sehen. Nördlich liegt die Burg Gleichen, die wie die Mühlburg Ruine ist. Dagegen wurde die Wachsenburg bei Holzhausen zum Hotel ausgebaut.

Geschichtsträchtigste Burg

Die Wartburg bei Eisenach ist wie keine zweite Burg Deutschlands mit der Geschichte des Landes verbunden. Vom Mai 1521 bis März 1522 übersetzte Martin Luther hier das Neue Testament. Am 18. Oktober 1817 fand das Wartburgfest mit Studenten, Dozenten und Professoren von 12 Universitäten als Nationalfest der Reformation und der Leipziger Völkerschlacht statt. Die Regierung der DDR stellte erhebliche Mittel zur Rekonstruktion und Restaurierung zur Verfügung. 1999 wurde die Wartburg in die Welterbe-Liste der UNESCO aufgenommen. Zu den zahlreichen Veranstaltungen auf der Burg zählt auch die neue Inszenierung vom »Sängerstreit auf der Wartburg«.

Letzter Schloßbau

Schloß Cecilienhof in Potsdam war der letzte Schloßbau in der preußischen Geschichte. Er wurde 1913 bis 1917 nach Plänen des Architekten Schulze-Naumburg für Kronprinz Wilhelm im Stil englischer Landsitze gebaut. Den Namen erhielt das Schloß von der Kronprinzessin, die bis 1945 in den geräumigen Gemächern lebte. In dem Gebäude befindet sich die Gedenkstätte für das Potsdamer Abkommen, das bei der Potsdamer Konferenz vom 17. Juli bis 2. August 1945 im Schloß Cecilienhof von den Siegermächten beschlossen wurde.

Schlösser & Burgen

Schönstes Rokoko-Ensemble

Friedrich II. beschloß 1744, bei Potsdam einen Weinberg anzulegen. Dort begann ein Jahr später der Bau von Schloß Sanssouci (frz. »sorgenfrei«) nach Plänen von Baumeister Georg Wenzeslaus von Knobelsdorff. Der eingeschossige Bau oberhalb des Weinberges in der Tradition französischer Lustschlösser ist mit den weiteren Bauten und dem groß angelegten Park eines der schönsten Rokoko-Ensembles Europas. Mittelpunkt des Schlosses ist der Marmorsaal, in den der König zu geistvollen Tafelrunden einlud und auch Konzerte gab, bei denen er Flöte spielte. Mit dem Schloßbau hatte Friedrich II. seine Grabstätte anlegen lassen, doch erst am 17. August 1991 wurde der König dort bestattet, nachdem er von der Burg Hohenzollern im schwäbischen Hechingen überführt worden war.

Besterhaltener Profanbau der Gotik

Die Errichtung der Albrechtsburg in Meißen wurde 1470 von Baumeister Arnold von Westfalen begonnen und von seinen Nachfolgern gegen 1520 beendet. Da die Albrechtsburg nur selten bewohnt war, blieb sie von Umbauten und Veränderungen weitestgehend verschont. Die Bauweise mit Vorhangfenster, Zellengewölbe und Wendelstein beeinflußte die spätgotische Architektur in ganz Mitteleuropa.

Schönste Wehr- und Wohnburg

Auf hoher Felsenklippe thront über der Zschopau die 1382 erstmals erwähnte Burg Kriebstein, die zu den besterhaltenen und schönsten Wehr- und Wohnburgen in der DDR zählte. Ganz in der Nähe befindet sich die idyllisch gelegene Talsperre Kriebstein, die landschaftlich reizvollste Talsperre Ostdeutschlands.

Kirchen & Klöster

Einzigartige Doppelkirche

Ein gemeinschaftlich genutzter Glockenturm trennt und vereint zwei völlig selbständige Kirchen in Haldensleben. Diese bemerkenswerte Einrichtung der evangelischen und katholischen Kirche besteht seit 1828.

Gewaltigster Dom des 19. Jahrhunderts

Der Berliner Dom (erbaut 1894-1904) am Lustgarten gilt als gewaltigster Kirchenbau des 19. Jahrhunderts. 1975 begann die aufwendige Restauration der im Krieg schwer beschädigten »Ober-Pfarr- und Domkirche zu Berlin«, die mit einer Grundfläche von 6 270 m² und einer 70 m hohen Kuppel ihresgleichen sucht. Nach 18 Jahre während Bauarbeiten wurde der Dom am 6. Juni 1993 wieder eingeweiht. Die größte Kathedrale Deutschlands ist der Kölner Dom (Bauzeit 1248-1880) mit einer Grundfläche von 7 914 m² und einer Turmhöhe von 157 m.

Dorfkirche mit ungewöhnlichem Turm

Die Kirche in Oberoppurg bei Pößneck besitzt nicht den üblichen Westturm, sondern einen Turm als Chorturmanlage im Osten mit Spitzhelm und vier Ecktürmchen mit Kegelhauben. Der Turm gehörte vorher zu einer Wehrkirche. Später wurde das jetzige Kirchenschiff in Westrichtung angebaut.

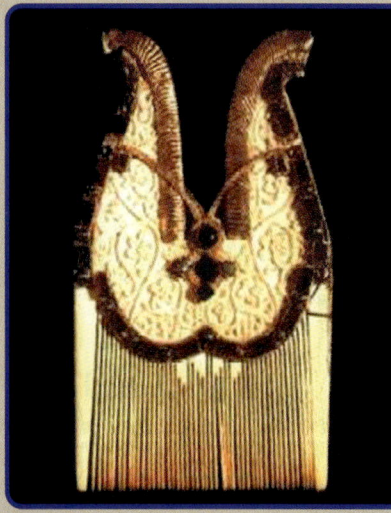

Gestohlener Domschatz

Der ungewöhnlich kostbare Schatz des Quedlinburger Doms wurde im Juli 1942 wegen möglicher Luftangriffe in der Altenburg-Höhle vor der Stadt eingelagert. Am 18. April 1945 besetzten US-Truppen Quedlinburg. Später gehörte der Ostharz zur sowjetischen Besatzungszone. Da stellte sich heraus, daß der versteckte Domschatz geplündert worden war. Erst 41 Jahre später fand sich eine Spur, und die führte nach Texas. Nach mühseligen Recherchen wurde der inzwischen verstorbene ehemalige Leutnant der US-Army, Joe Meador aus Dallas (Texas), als der skrupellose Räuber des Domschatzes ermittelt, der das Diebesgut seinen Nachkommen vererbt hatte. Nach langwierigen Verhandlungen kehrte das »Gold der Heiligen« schließlich im September 1993 nach genau 54 Jahren und 18 Tagen dorthin zurück, wo es hingehört.

Älteste Glasmalerei in Kirchen

Nur zwei der großen Kirchen, die es in der DDR gab, haben noch ihre ursprünglichen Glasfenster: Der Dom zu Erfurt mit 12 Fenstern im Chor aus der Zeit von 1370 und 1420 und der Dom zu Stendal mit 32 Glasfenstern aus der Zeit von 1420 und 1450. Die aus dem 12. Jahrhundert stammenden Glasfenster der Marienkirche in Frankfurt /Oder kehrten im Juni 2002 aus Rußland zurück.

Klangschönste Glocke der Welt

Der Erfurter Dom beherbergt mit der »Gloriosa« die klangschönste Glocke der Welt, die zugleich auch weltweit die größte freischwingende Glocke aus dem Mittelalter ist. Sie wiegt 11 450 kg (festgestellt beim Schweißen der Glocke 1985), hat einen Durchmesser von 2,57 m und wurde 1497 auf dem Erfurter Domberg gegossen. Allerdings ist die Glocke seit dem 15. August 2002 zum Schweigen verurteilt. Unübersehbare Risse in den Drillingstürmen des Erfurter Doms ließen eine Restaurierung unumgänglich werden. Erst zum Osterfest des Jahres 2004 wird der vertraute Glockenklang wieder zu hören sein. Im Dom von Frankfurt am Main befindet sich eine 11 950 kg schwere Nachbildung der »Gloriosa«, gegossen 1877 von Glockengießermeister Große in Dresden.

Größte doppeletagige Kirche

In der Gertraudenkirche in Frankfurt/ Oder wurden, nachdem die im Krieg schwer zerstörte Marienkirche nicht mehr zu nutzen war, sämtliche erhalten gebliebene Einrichtungen von St. Marien untergebracht. Dafür mußte aber eine Zwischendecke eingebaut werden, die das Kirchenschiff in zwei Etagen unterteilt. Im unteren Teil sind alle Funktionsräume, einschließlich eines Gemeindesaals, darüber befindet sich der eigentliche Kirchenraum.

Einzige winkelförmige Kirche

Der äußerst seltene Typ einer winkelförmigen Kirche findet sich in der frühbarocken Concordiakirche in Ruhla. Sie besitzt Doppelemporen und einen Kanzelaltar in der Ecke.

Größte Kirche und bedeutendster Dom des Mittelalters

Der Magdeburger Dom, erbaut von 1209 bis 1520, vereint alle Stilepochen von der Hochromantik bis zur Spätgotik. Nach starken Beschädigungen im Krieg wurde er als größter Kirchenbau in der DDR bis 1955 wiederhergestellt. Der Dom, bedeutendster des Mittelalters in Ostdeutschland, zählt zum Kreis der wertvollsten Denkmale mittelalterlicher Architektur. 311 Jahre betrug die Bauzeit bis zu seiner Fertigstellung 1520. Zu seinen Schätzen zählen neben den Sarkophagen Kaisers Otto I. und seiner Gemahlin Editha das geschnitzte Chorgestühl von 1363 sowie der Katharinenaltar aus dem 13. Jahrhundert. Jüngstes Kunstwerk ist das Ehrenmal für die Gefallenen des 1. Weltkrieges von Ernst Barlach, das von den Nazis 1933 entfernt worden war. Es wurde 1956 wieder aufgestellt. Im Dom wurde anläßlich des 400. Geburtstages Otto von Guerickes vom 23. Juli bis 6. November 2002 das Foucaultsche Experiment wiederholt, bei dem mittels eines 33 m langen Pendels die Erdrotation nachgewiesen wurde.

Denkmale & Gedenkstätten

Größte Monumentalplastik eines DDR-Künstlers

Das vom Rostocker Künstler Wolfgang Eckhardt 1977 geschaffene Denkmal für die revolutionären Matrosen von 1917/18 in der Hansestadt ist die größte gegossene Figurenplastik eines DDR-Bildhauers. Die 8 m hohe Zweifigurengruppe steht am Kabutzenhof auf einem 6 m hohen Sokkel. Die fast 40 t schwere Plastik wurde in Leningrad (St. Petersburg) gegossen, in elf Teile zerlegt und mit dem Motorschiff »Brocken« nach Rostock gebracht.

Ältestes Naturschutzdenkmal der Welt

Im Wörlitzer Park steht der »Warnaltar« aus dem Jahr 1800. Es ist das erste und somit älteste Denkmal für den Naturschutz und trägt ein Schriftband mit der Anrede: »Wanderer achte Natur und Kunst und schone ihrer Werke.«

Mahnmal auf den Seelower Höhen

Am 16. April 1945 begann um 4 Uhr morgens mit dem Kampf um die Seelower Höhen die letzte große Schlacht des 2. Weltkrieges. Die Rote Armee trat nach der Überwindung der Oder mit 2 500 Panzern, 14 000 Geschützen und mehr als 400 000 Mann zum Sturm auf Berlin an. Bei den schweren Kämpfen kamen 45 000 Soldaten, davon allein 33 000 sowjetische und polnische, ums Leben. 1972 wurde auf den Seelower Höhen eine Gedenkstätte errichtet und ein Museum eingerichtet. Der Bildhauer Lew Kerbel schuf den 4,5 m großen und 1,5 t schweren Bronzesoldaten auf dem Mahnmal, der im Frühjahr 2002 vom Beeskower Restaurator Thomas Heyde restauriert wurde.

Bedeutendstes Müntzer-Denkmal

Anläßlich des 500. Geburtstages von Thomas Müntzer (1489-1525) erhielt seine Geburtsstadt Stolberg im Harz ein Denkmal, das an den Anführer des Bauernkrieges erinnert. Geschaffen wurde es von dem Hallenser Künstler Klaus Messerschmidt. Die gußeiserner Müntzer-Figur, hinter der eine totbringende, verhüllte Figur steht, ist eingerahmt von vier Eckpfosten mit Heiligenfiguren aus seinem Geburtshaus. Müntzer, der sich mit seiner berühmt gewordenen »Fürsten-Predigt« an die Spitze des Bauernaufstandes stellte, wurde nach der Niederlage bei Frankenhausen am 27. Mai 1525 hingerichtet. Das Denkmal steht vor dem Rathaus, das als einziges in Deutschland keine Innentreppen hat.

Gründungsstätte der Arbeiterpartei

1869 wurde auf dem Allgemeinen Deutschen Sozialdemokratischen Arbeiterkongreß (7.-9. August) im damaligen Gasthaus »Goldener Löwe« in Eisenach die Sozialdemokratische Arbeiterpartei Deutschlands (SPD) gegründet. Das klassizistische Gebäude in der ehemaligen Friedrich-Engels-Straße 1, jetzt Marienstraße 57, wurde 1967 restauriert und als Gedenkstätte »Eisenacher Parteitag« eingerichtet.

Letzter Tagungsort des Zentralkomitee der KPD

In Ziegenhals, am östlichen Stadtrand von Berlin, fand im ehemaligen »Sporthaus Ziegenhals« am 7. Februar 1933 die letzte Tagung des ZK der KPD statt, auf der Ernst Thälmann sprach. Die illegale Tagung mußte wegen drohenden Verrats abgebrochen werden. Nach dem Krieg wurde hier die Ernst-Thälmann-Gedenkstätte eingerichtet. Die Gaststätte ist seit der Wende nicht mehr in Betrieb, die Gedenkstätte im Hinterhaus kaum zu finden.

Attraktionen

Einzigartiger versteinerter Wald

Der »Versteinerte Wald« vor dem Giebel des Städtischen Museums am Theaterplatz in Chemnitz stellt ein einmaliges Naturdenkmal der Paläobotanik in Europa dar. Es handelt sich dabei um verkieselte Araukarienstämme (immergrüne Nadelbäume südlicher Länder), die bereits über 250 Millionen Jahre alt sind. Sie wurden im Ortsteil Hilbersdorf gefunden. Neben Araukarien konnten weitere 80 Pflanzenarten aus den Funden bestimmt werden.

Längster Bilderfries

Der 7 m breite Bilderfries des 1961-64 erbauten »Haus des Lehrers« am Berliner Alexanderplatz ist mit 125 m der längste an einem Haus in Europa. Geschaffen wurde das unter Denkmalschutz stehende farbige Mosaik vom Maler Walter Womacka. Dargestellt sind typische Szenen aus dem Leben in der DDR. Im Volksmund wird der Fries »Bauchbinde« genannt. Von Womacka stammt mit dem Brunnen (1970) ein weiteres bauliches Kunstwerk auf dem Alexanderplatz.

Objektreichstes denkmalgeschütztes Dorf

Das Dorf mit den meisten denkmalgeschützten Bauten ist das ehemalige Weberdorf Obercunnersdorf in der Lausitz. Mehr als 300 Gebäude, meist die bekannten Umgebindehäuser, wurden in der DDR unter Denkmalschutz gestellt.

Größter und ältester Irrgarten

Der Irrgarten in Altjeßnitz, Kreis Bitterfeld, sucht seinesgleichen in Deutschland. Das Heckenlabyrinth aus Hainbuche auf einer Fläche von 2 600 m² ist der größte und älteste noch erhaltene historische Irrgarten des Landes. 1740 von französischen Gärtnern angelegt, liegt er am Ortsrand inmitten eines schönen Parks mit altem Baumbestand und zieht jährlich mehr als 30 000 Besucher an.

Einzigartiges Fastentuch

Das Große Zittauer Fastentuch von 1492 mit den Maßen von 8,20 x 6,80 m (52 m2) ist als einziges von den Tüchern in Deutschland erhalten geblieben, mit denen im Mittelalter während der 40tägigen Fastenzeit die Altäre der Kirchen verdeckt wurden. Es zählt neben dem Teppich von Bayeux (Frankreich) zu den eindrucksvollsten Textilwerken der abendländischen Überlieferung. 90 Bilder erzählen auf dem Tuch die biblische Geschichte von der Erschaffung der Welt bis zum Jüngsten Gericht. Das über 500 Jahre alte Fastentuch ist in der Zittauer Kirche Zum Heiligen Kreuz aufbewahrt und zu besichtigen.

Längster Figurenfries zur Stadtgeschichte

Um das Rote Rathaus in Berlin zieht sich ein Terrakottafries mit den Seitenmaßen von 99 m Länge und 88 m Breite aus den Jahren 1876 bis 1879. In spätklassizistischen Formen sind auf 36 Tafeln Szenen aus der Geschichte der Stadt dargestellt. Die im 2. Weltkrieg zerstörten Friesabschnitte wurden 1954 erneuert.

Fotogeschichte in Stein

An der Vorderfront des Hauses Löbauer Straße 7 in Görlitz befinden sich die Büsten der Pioniere der Fotografie Joseph Nicephore (1765-1833), Louis Jacques Mandé Daguerre (1787-1851) und William Henry Fox Talbot (1800-1877). In diesem Haus begann 1890 der Weltruhm der Firma Hugo Meyer & Co. Optisch-mechanische Industrie-Anstalt/Objektiv-Konstruktion. Die Firma baute später in der Fichtestraße die eigentliche Fabrik, in der bis zum Jahr 1990 Objektive produziert wurden.

Längste Gebäude-Inschrift

Am Alten Rathaus in Leipzig wurde 1672 das längste Schriftband Europas an einem Gebäude angebracht. Die Schrift zieht sich, beim Salzgäßchen beginnend, um das ganze Bauwerk herum und ist in klaren Buchstaben unter der Dachtraufe zu erkennen.

Größtes Gebäudedenkmal in Europa

Die Berliner Karl-Marx-Allee, deren 1. Abschnitt vom Strausberger Platz bis zum Frankfurter Tor in der Zeit von 1952-54 erbaut wurde, gilt mit ihrer Architektur im »Zuckerbäckerstil« auf 2,3 km Länge als größtes Gebäudedenkmal in Europa. 1990 wurde sie von der letzten DDR-Regierung unter Denkmalschutz gestellt.

»Koloß von Rügen«

Im Prora-Museum werden die Geheimnisse der »Geisterstadt« Prora gelüftet. Das »Kraft durch Freude«-Projekt sollte als Prunkstück der NS-Sozialpolitik das größte Seebad der Welt werden. Der »Koloß von Rügen« erstreckt sich über 4,5 km längs des Strandes bei Binz. Das nie fertiggestellte Seebad wurde in der DDR von der KVP (Kasernierte Volkspolizei) und der NVA (Nationale Volksarmee) als Kaserne genutzt. Heute steht es unter Denkmalschutz und beherbergt Museen, Bildungseinrichtungen, Verwaltungen und Gewerbe. Große Teile des Objektes sind ungenutzt.

Attraktionen

Erstes Krematorium in Europa

1878 wurde in Gotha der erste Komplex von Krematorium und Urnenhalle in Europa errichtet. Zwei tempelartige Gebäude sind mit dem Kolumbarium verbunden. Hier ist auch die Urne der 1914 verstorbenen Friedensnobelpreisträgerin Bertha von Suttner aufbewahrt.

Sonnenuhr in Kugelform

Eine Sonnenuhr mit der ungewöhnlichen Kugelform steht im Volkspark Genthin auf einer Säule und hat einen Durchmesser von 42 cm. Der Magdeburger Kaufmann Karl Pieschen, der das Gut Altenplathow erworben hatte, ließ den Gutspark Altenplathow, den heutigen Volkspark, anlegen, in dem er diese einzigartige Kugelsonnenuhr aufstellen ließ.

Größtes Kreuz der Welt

Das Josephskreuz auf der höchsten Erhebung des Auerbergs (579 m) bei Stolberg im Harz – benannt nach dem Stolberger Grafen – ist mit seinen 38 m Höhe das größte eiserne Doppelkreuz der Welt. Der Entwurf für das 1834 eingeweihte Kreuz aus Eichenholz stammte von Schinkel. Nachdem ein Blitzschlag die hölzerne Konstruktion zerstört hatte, wurde das 123 t schwere eiserne Doppelkreuz gebaut und am 8. August 1896 eingeweiht. Zur Plattform führen 200 Stufen.

Größte Uhr in Deutschland

Die größte Uhr Deutschlands befindet sich am Wasserturm des nach der Wende stillgelegten Nähmaschinenwerkes Wittenberge. Der Durchmesser beträgt 7,57 m, die Länge des Minutenzeigers ist 3,30 m, des Stundenzeigers 2,25 m. Gebaut wurde die Uhr im Jahr 1928.

Beliebtester Treffpunkt

Die Weltzeituhr von Erich John, 1969 auf dem Berliner Alexanderplatz vor dem Alexander-Haus gebaut, war und ist der beliebteste und bekannteste Treffpunkt für Verabredungen in der Hauptstadt. An dieser Stelle stand das im 2. Weltkrieg zerstörte Denkmal der Berolina.

Besterhaltenes Pfarrwitwenhaus

In Groß Zicker auf der Insel Rügen gibt es das besterhaltene alte Pfarrwitwenhaus in Deutschland. Es wurde 1723 im Zuckerhutstil gebaut und erhielt Ende der 80er Jahre ein neues Rohrdach.

Einzigartiges Schmuckstück

Im Grünen Gewölbe zu Dresden ist mit dem »Orden des Goldenen Vlieses« aus der Mitte des 18. Jahrhunderts eine einzigartige Kostbarkeit zu bewundern. Auf dem 16 cm großen Schmuckstück ragt unter 318 Brillanten ein Granat von 47 Karat heraus – es ist der größte böhmische Karat, der je gefunden wurde.

Einziger Skatbrunnen

In der Skatstadt Altenburg befindet sich am Brühl ein Skatbrunnen mit einer Figurengruppe der vier streitenden Wenzel, von denen »der Alte« natürlich obenauf ist. 1903 errichtet, wurde die Figurengruppe 1944 von den Nazis eingeschmolzen. 1955 entstand die Gruppe im Rahmen des Nationalen Aufbauwerkes neu.

Größter Stadtplatz in Deutschland

Mit seinen 40 000 m² ist der Leipziger Augustusplatz der größte Stadtplatz in Deutschland. Als 1834 mit dem Bau der Anlage begonnen wurde, befanden sich dort noch Gärten. Bedeutung erlangte der Platz vor allem während der friedlichen Revolution 1989, als sich an dieser Stelle bis zu 300 000 Demonstranten versammelten.

Größter Ziegeleipark der Welt

In Mildenberg, nördlich Berlins zwischen Zehdenick und Gransee gelegen, entstand aus zwei ehemaligen Großziegeleien auf 42 ha ein Ziegeleipark als grandioses Freiluftmuseum. Hier, im größten Ziegeleigebiet Europas, wurden in 57 riesigen Ringöfen die Ziegel für das Baugeschehen vor allem in Berlin gebrannt. Aus den typisch blaßgelb-ockerfarbenen Ziegeln entstanden auch Teile der Stalinallee und das Stadion der Weltjugend. Erst in den 60er Jahren ging mit Beginn der »Platte« für den Wohnungsbau die Ziegelproduktion im Zehdenicker Raum zurück und wurde 1991 gänzlich eingestellt. Die Besucher können mit der Schmalspur-Ziegeleibahn oder der Tonlorenbahn durchs Museumsgelände fahren. Alljährlich im Mai findet im Ziegeleipark das «Märkische Dampfspektakel» statt.

Einziges erhaltenes Wasserrad einer Panstermühle

Dieses Wasserrad befindet sich an der Steinmühle der Peißnitz in Halle. Das besondere Merkmal der Panstermühlen waren unterschlächtige Wasserräder, die dem jeweiligen Wasserstand angepaßt wurden. Eine weitere Panstermühle ist im einstigen Kloster Schulpforte bei Bad Kösen erhalten.

Attraktionen

verwundet. Er hatte elf eheliche Kinder, und ihm wurden mehr als 30 außereheliche Kinder nachgesagt. Berühmte Ärzte wie Virchow oder Sauerbruch untersuchten die Mumie, aber so wie ihnen gelang auch 1983 dem Gerichtsmedizinischen Institut der Berliner Charité kein Nachweis über die Ursachen der Mumifizierung. Weitere Mumien, die auf bekannte Weise mumifiziert wurden, sind wie die in der Riesaer Kirche wegen Zerfallsgefahr nicht öffentlich ausgestellt. Zwei altägyptische Mumien sind in Waldenburg bei Glauchau zu besichtigen. In Illmersdorf bei Drebkau wird die Kapelle mit den elf Mumien der Familie von Normann wieder zugänglich gemacht.

Einzige Stadt aus Eisen

»Ferropolis«, die »Stadt aus Eisen« bei Gräfenhainichen (Sachsen-Anhalt) ist unbewohnt, hat aber Tausende Besucher. Um ein riesiges betoniertes Areal mit Tribünen stehen fünf gigantische Fördergeräte, die einst im Braunkohle-Bergbau der DDR eingesetzt waren und inzwischen ausgedient haben. »Ferropolis« ist ein Teil der Renaturisierung einer Industriebrache – der ehemalige Tagebau Golpa-Nord wird zu einem 5,8 km² großen See geflutet – und zugleich touristischer Magnet. Hier finden Open-Air-Veranstaltungen wie Technofestivals, Rock- und Chorkonzerte oder Opernaufführungen statt. Zu einem Gastspiel von Mikis Theodorakis kamen allein 9 000 Besucher. Im Juni 2002 wurde beispielsweise Verdis Oper »Nabucco« aufgeführt. Konzerte gaben u. a. Peter Maffay, »Modern Talking« und »Deep Purple«. Im Jahr 2001 registrierte »Ferropolis« insgesamt 105 000 Gäste.

Mumie als biologisches Wunder

Ritter Kahlbutz, dessen Mumie im Dorf Kampehl bei Neustadt an der Dosse ausgestellt ist, lebte von 1651 bis 1702. In der Schlacht bei Fehrbellin 1675 kämpfte der Fahnenjunker Christian Friedrich Kahlbutz an der Seite des Großen Kurfürsten und des Prinzen von Hessen-Homburg gegen die Schweden und wurde am linken Knie

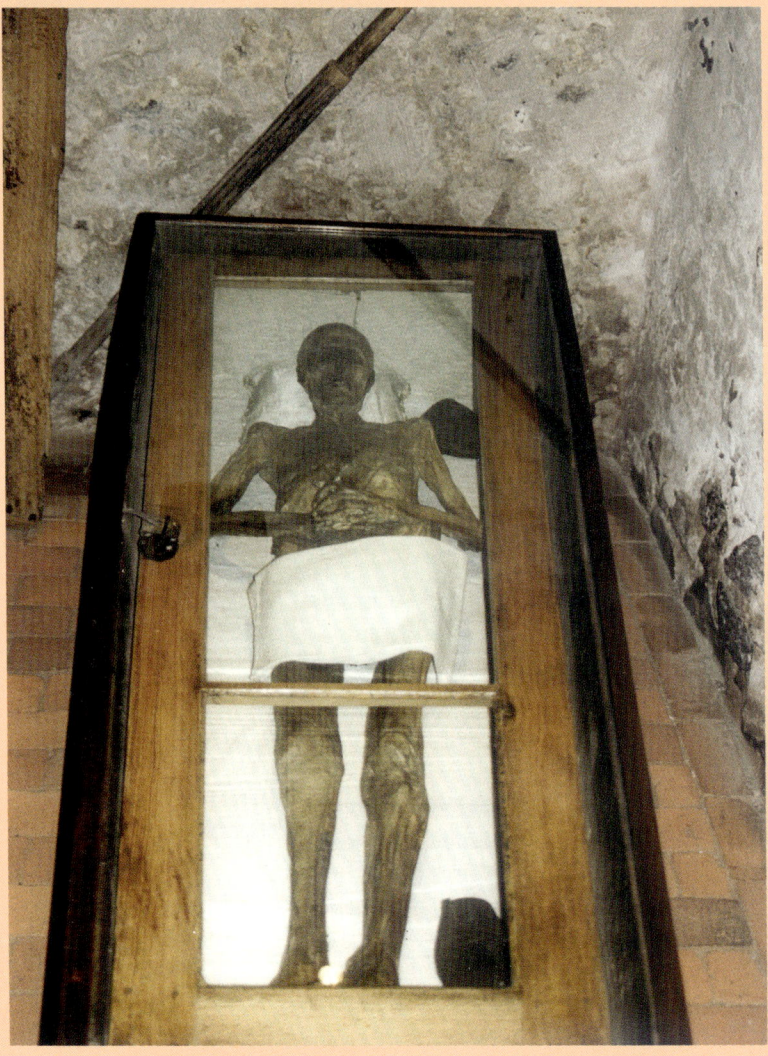

Größtes Turmschlagwerk

Auf dem Turm des Kroch-Hochhauses am Leipziger Karl-Marx-Platz erklingt das größte Turmschlagwerk, das es in der DDR gab. Es wurde am 13. November 1928 in Betrieb genommen. Das Zifferblatt hat einen Durchmesser von 4,50 m, die Mondkugel mißt 1,20 m im Durchmesser und die drei Glocken wiegen 8 200 kg. Jeder der drei Glockenmänner ist 3,50 m hoch, jeder Hammer wiegt 50 kg.

Einzigartiger Urzoo

Franz Gruß aus Kleinwelka bei Bautzen ist der Schöpfer eines weltweit einzigartigen Urzoos. Der einstige Dekorationsmaler beschäftigt sich seit 1977 mit Großplastiken von Tieren aus der Urzeit

in Originalgröße. 1986 stellte er seinen 57. Saurier fertig, einen Diplodocus carnegie, der mit 30 m als längstes Landlebewesen der Welt gilt. Begonnen hatte der 1931 geborene Sorbe mit entsprechenden Nachbildungen aus Beton, die dem wissenschaftlichen Erkenntnisstand entsprachen und bald seinen gesamten Garten zierten. Als dieser zu klein war, stellte die Gemeinde das Gelände für einen Saurierpark zur Verfügung, der seit 1991 von Thomas Stern betreut wird. Zu den Urgiganten gehören der Brachiosaurus mit seinen 15 m Höhe und der Deinosuchus, ein 18 m langes Reptil. Ein dreihörniger Triceratopus wiegt beachtliche 25 t.

Größte Schauanlage eines Zinnbergwerks

In Altenberg, Kreis Dippoldiswalde, wurde 1954 die ehemalige Wäsche IV des Zinnbergwerks als große technische Schauanlage eingerichtet und mehrfach erweitert, so daß es mittlerweile die größte Anlage dieser Art in Deutschland geworden ist. Vier Pochwerke mit je zehn Stempeln, Schöpfrad, Spitzkasten und fünf Langstoßherde geben ebenso wie ein Bergbaustollen Einblick in die mittelalterliche Zinngewinnung und Aufbereitung. Ein weiteres Besucherbergwerk entstand im 1990 stillgelegten Zinnerzbergwerk Ehrenfriedersdorf.

Längste Schwebeseilbahn der DDR

Seit 1924 führt von Oberwiesenthal eine Schwebeseilbahn zum Fichtelberg. Sie ist 1 175 m lang und überwindet 303 m Höhenunterschied.

Attraktionen

Einziges Windschöpfwerk

Das Windschöpfwerk in Lobbe auf der Insel Rügen, um 1900 gebaut, wurde nach seiner Rekonstruktion auf die Zentrale Denkmalliste der DDR gesetzt. Von ehemals 18 Windschöpfwerken ist es das einzige noch erhalten gebliebene.

Größte Schauanlage eines Zinnbergwerks

In Altenberg, Kreis Dippoldiswalde, wurde 1954 die ehemalige Wäsche IV des Zinnbergwerks als große technische Schauanlage eingerichtet und mehrfach erweitert, so daß es mittlerweile die größte Anlage dieser Art in Deutschland geworden ist. Vier Pochwerke mit je zehn Stempeln, Schöpfrad, Spitzkasten und fünf Langstoßherde geben ebenso wie ein Bergbaustollen Einblick in die mittelalterliche Zinngewinnung und Aufbereitung. Ein weiteres Besucherbergwerk entstand im 1990 stillgelegten Zinnerzbergwerk Ehrenfriedersdorf.

Das meiste Weltkulturerbe

Die Region Anhalt-Wittenberg in Sachsen-Anhalt hat mit drei von der UNESCO anerkannten Stätten des Weltkulturerbes die meisten in Deutschland. Dazu gehören: das Bauhaus und Meisterhäuser in Dessau/Weimar (seit 1996), die Luthergedenkstätten Wittenberg/Eisleben (1996) und das Gartenreich Dessau-Wörlitz (2000). Sachsen-Anhalt hat auch als Bundesland mit vier (außer den drei genannten noch Quedlinburg mit Stiftskirche, Schloß und Altstadt, seit 1994) der insgesamt 27 Weltkulturerbestätten die meisten in Deutschland.

Erstes Porzellanglockenspiel der Welt

Die Frauenkirche am Marktplatz von Meißen, erbaut zwischen 1450 und 1500, erhielt für ihren Turm 1929 das erste Porzellanglockenspiel der Welt. Es wurde in der Staatlichen Porzellanmanufaktur Meißen als erstes Glockenspiel dieser Art entwickelt.

Bekanntester Bäckerladen

Das Elternhaus Erwin Strittmatters im sorbischen Bohsdorf, dem der am 31. Januar 1994 verstorbene Schriftsteller mit seiner Trilogie »Der Laden« ein literarisches Denkmal setzte, ist der bekannteste Bäckerladen hierzulande. Erwins Bruder Heinrich lebte in dem musealen Backsteinbau, zu dem der Laden gehört, bis zum 22. Februar 2002, seinem Todestag. Der Laden ist heute Gedenkstätte für den Schriftsteller.

Die meisten Rolande der Welt

Zur DDR gehörten 17 Rolandfiguren – die meisten der Welt. Die BRD brachte vier dieser Zeugnisse für Freiheit und Recht der Bürgerschaft ins vereinte Deutschland ein. Der älteste Steinroland stammt von 1433 und steht in Halberstadt. Die Urform des Steinrolands von Halle (1719 nach dem Vorgänger geschaffen) geht sogar auf das Jahr 1250 zurück. Der älteste der fünf Holzrolande ist von 1717 und steht in Nordhausen. Der einzige reitende Roland befindet sich in Haldensleben, der einzige mit Flammenschwert in Belgern, Kreis Torgau. Eine Kopie des 1474 geschaffenen Brandenburger Rolands fand 1905 vor dem Märkischen Museum in Berlin einen würdigen Platz. Die Stadt Calbe an der Saale erhielt 1976 eine Kopie ihres alten Rolands aus Sandstein.

Einzigartiger Landschaftspark

Der 112 ha (22 ha davon sind Wasser) große Wörlitzer Garten ist nicht nur Deutschlands größter, sondern auch der erste und bedeutendste Landschaftspark Kontinentaleuropas. Fürst Leopold III. Friedrich Franz von Anhalt-Dessau ließ ihn 1764 bis 1813 von F. W. von Erdmannsdorf und J. F. Eyserbeck im englischen Stil anlegen. Architektonische Kleinode im Park sind das Schloß, das Gotische Haus, Venus- und Floratempel, zahlreiche Brücken, die die Wasserarme überspannen, sowie die schmalen Sichtachsen. Der Wörlitzer Park ist Teil des Dessau-Wörlitzer Gartenreiches, das im Dezember 2000 in die Welterbeliste der UNESCO aufgenommen wurde.

Erste Bergschwebeseilbahn der Welt

1901 wurde in Dresden zwischen Loschwitz (Talstation) und Oberloschwitz (Bergstation) die erste Bergschwebeseilbahn der Welt eröffnet. Sie ist nach technischer Veränderung noch immer in Betrieb. Ihre Länge beträgt 280 m, auf denen sie eine Höhendifferenz von 84 m in 3 min Fahrzeit überwindet.

Steilste Standseilbahn der Welt

1923 wurde die Standseilbahn in Oberweißbach (Thüringen) erbaut. Sie überwindet auf einer Länge von 1 300 m zwischen Obstfelderschmiede und Lichtenhain einen Höhenunterschied von 323 m, was einer Steigung von 237,5 ‰ entspricht. Damit zählt sie zu den steilsten Normalspur-Bahnen in der Welt.

Längste Bank der DDR

120 m maß die längste Bank, die es in der DDR gab. Die einstige Begrenzung des Hochbeetes auf dem Berliner Alexanderplatz an der Grunerstraße verschwand allerdings mit der Umgestaltung des Platzes. Das längste durchgehende Sitzmöbel in der Hauptstadt ist seit Sommer 2002 die 54 m lange, geschwungene Bank in der Grünanlage »Schöne Ecke Prenzlberg« in der Kollwitz-/Ecke Wörther Straße. Die längste Bank Deutschlands steht in der Kanalstadt Rendsburg am nördlichen Ufer des Nord-Ostsee-Kanals und mißt 501,53 m.

Der »Balkon Europas«

Die Brühlsche Terrasse in Dresden wurde angelegt als Privatgarten für den sächsischen Premierminister Graf von Brühl und später für die Öffentlichkeit freigegeben. Die als »Balkon Europas« gerühmte Terrasse avancierte zur berühmtesten und beliebtesten Promenade in Dresden.

Riesenwal als Attraktion

1965 erregte ein präparierter Walfisch, der in allen DDR-Bezirken ausgestellt wurde, das Interesse der Bürger. Eine Ankündigung in der »Magdeburger Volksstimme« hatte diesen Wortlaut: »Die Attraktion einer Welttournee: Riesenwal Goliath, vom 1. bis 7. Oktober 1965 in Magdeburg, Zentraler Platz, Karl-Marx-Straße/Ecke Wilhelm-Pieck-Straße, 9-20 Uhr. VEB Konzert- und Gastspieldirektion.«

Die berühmteste Tür der Welt

Die hölzerne Kirchentür der Schloßkirche zu Wittenberg diente der Universität als »Schwarzes Brett«. Der Augustinerpater Dr. Martinus Luther heftete am 31. Oktober 1517 seine 95 Thesen an die Tür, um zur Disputation über den Zustand der Kirche aufzufordern. Damit begann die Reformation. An die Stelle der 1760 verbrannten Holztür ließ König Friedrich Wilhelm IV. von Preußen eine Bronzetür mit den lateinischen 95 Thesen setzen. Darüber sieht man ein Gemälde, das rechts Luther mit der deutschen Bibel, links Melanchthon mit der Augsburger Konfession und im Hintergrund Wittenberg zeigt.

Einmaliges Kunstwerk: A-Variationen

Die zweiflügelige Tür zur Berliner Stadtbibliothek in der Breite Straße 32 trägt unübersehbar die Handschrift von Prof. Fritz Kühn († 1967). Der Metallgestalter ordnete 117 unterschiedliche Buchstaben A auf Metallplatten flächenfüllend an. Die Großbuchstaben (Majuskeln) beginnen mit dem A der römischen Antiqua, die Kleinbuchstaben (Minuskeln) mit dem griechischen alpha. Das Kunstwerk wurde mit der Eröffnung des Erweiterungsbaus am 11. Oktober 1966 eingeweiht. Kunstschmiedearbeiten von Prof. Kühn finden sich u. a. auch am Mahnmal Buchenwald, in der Hedwigskathedrale Berlin, am Staatsratsgebäude oder in der Oper Dortmund. Von ihm stammt auch der Brunnen auf dem Strausberger Platz in Berlin.

Unterirdisches

Letzte Steinkohleförderung

Am 31. März 1971 wurde aus dem Karl-Liebknecht-Schacht im Zwickau-Oelsnitzer Revier die letzte Steinkohle gefördert. Als letzter Steinkohleschacht der DDR stellte der Martin-Hoop-Schacht in Zwickau 1978 die Förderung ein.

Ältestes Zinnerzbergwerk in Europa

Der VEB Zinnerz auf dem Sauberg in Ehrenfriedersdorf im Erzgebirge war bis zu seiner Schließung 1990 das älteste noch in Betrieb befindliche Zinnerzbergwerk Europas und das letzte arbeitende in ganz Deutschland. Bereits im 13. Jahrhundert hatte man dort mit dem Zinnabbau begonnen.

Kleinstes Bergwerk in Deutschland

Das kleinste Bergwerk befindet sich in Seilitz bei Meißen. Drei Kumpel fördern dort den wichtigen Rohstoff Kaolin für die Porzellanmanufaktur Meißen. Der Rohstoff wird seit 1817 abgebaut.

Tiefstes Bohrloch

Die Rekordtiefe von 8 008 m wurde 1974 bei Mirow (nahe Neustrelitz) gebohrt. Das tiefste Bohrloch in Deutschland und eines der tiefsten in Europa entstand bei der Suche nach Erdgas-Lagerstätten.

Tiefster Kalischacht in Europa

Der Schacht Pöthen I bei Menteroda im Kreis Mühlhausen war mit 1 033 m der tiefste seiner Art in Europa. Der Schacht, der zum Kaliwerk Volkenroda gehörte, war 1913 geteuft worden. Wegen permanenter Gasgefährdung wurde er 1990 geschlossen.

Erste Erdgaserschließung

Im Dezember 1968 wurde auf der Lagerstätte Salzwedel-Peckensen in deutsch-sowjetischer Gemeinschaftsarbeit das erste Erdgas in der DDR erschlossen. Ein Denkmal erinnert heute an dieses Ereignis.

Erstes Erdöl

Die erste kontinuierliche Erdölversorgung der DDR erfolgte über die Erdöltrasse »Freundschaft«, die Erdöl aus der UdSSR in das Petrolchemische Kombinat Schwedt beförderte. Die Leitung wurde am 18. Dezember 1963 in Betrieb genommen.

Längster Entwässerungsstollen

Der 50,9 km lange Rothschönberger Stollen wurde von 1844 bis 1877 als Entwässerungsstollen für die Freiberger Grubenreviere aufgefahren. Der längste Entwässerungsstollen in Deutschland hat teilweise eine Breite von 2,50 m und eine Höhe von 3 m. In Burkhardswalde-Munzig bei Meißen befindet sich das Mundloch.

Größter Durchmesser eines Schachtes

Der Wetterschacht in der Nähe von Holdenstedt bei Sangerhausen besitzt einen Durchmesser von 5,90 m bei einer Tiefe von 325 m und ist der größte in Deutschland. Geteuft wurde er 1986/87.

Tiefster Brunnen Europas

Mit 176 m ist der Brunnen auf der 1178 zerstörten Burg Kyffhausen (Kyffhäuser Gebirge) der tiefste in Europa. Er wurde 1140 bis 1170 geteuft und 1930 wieder freigelegt. Der Brunnen im hinteren Hof der Augustusburg bei Flöha ist 170 m tief, der auf der Festung Königstein (Sächsische Schweiz) 152,50 m.

Älteste Höhle nach Abbau

Eine Besonderheit stellt die Sandsteinhöhle in der Gemeinde Walldorf (Werra) bei Meiningen dar. Vor über 1 000 Jahren hatte man hier mit dem Abbau von Sandstein begonnen, wodurch im Laufe der Zeit ein Labyrinth von etwa 65 000 m² Fläche entstand. Die Decke wird von rund 2 500 Natursäulen gestützt.

Farbenprächtigste Grotten in Europa

Es gibt in Europa keine zweite Schauhöhle mit der Farbenpracht der Feengrotten bei Saalfeld. Das einstige Alaun-Schieferbergwerk wurde zu Beginn des vorigen Jahrhunderts für Besucher erschlossen. Die Faszination der Grotten entspringt den zahllosen buntschillernden Mineralien und Tropfsteine, die im »Märchendom« besonders prachtvoll zu erleben sind. Statistisch gesehen besuchte die gesamte Bevölkerung der DDR die Feengrotten – mehr als 17 Millionen Besucher waren zu Gast.

Älteste Schauhöhlen

In Rübeland, nahe Blankenburg im Harz, existieren als größte Tropfsteinhöhlen die Hermanns- und die Baumannshöhle. Letztere war schon im 16. Jahrhundert bekannt. Zwei Jahrhunderte später, am 2. Dezember 1777, hielt sich Goethe zu Studienzwecken einen ganzen Tag in der Baumannshöhle auf. Heute finden im Goethesaal der Höhle regelmäßig Aufführungen und Festspiele statt. Der unterirdische Saal ist 64 m lang, 55 m breit, 9 m hoch und bietet mehr als 1 000 Besuchern Platz.

Jüngste Schauhöhle

Von den erschlossenen Höhlen der DDR war die Drachenhöhle Syrau bei Plauen die jüngste. Sie war 1928 bei Steinbrucharbeiten entdeckt worden. Unter den zahlreichen Tropfsteinbildungen sticht die »Gardine« als zartgemusterte, etwa 2,50 m lange und 1 m breite Versteinerung besonders hervor.

Größte Kristallhöhle Europas

Die Marienglashöhle (Foto unten) bei Friedrichroda gilt als schönste und größte ihrer Art in Europa. Beim Marienglas handelt es sich um Gips, der im Laufe der Jahrhunderte fast durchsichtig geworden ist. Er wurde vor allem als Schmuck für Altäre und Marienbilder verwendet.

Größte Höhle

Die Heimkehle bei Uftrungen im Harz wurde im Jahre 1317 erstmals erwähnt und war mit 1 700 m Länge die größte in der DDR. Die Gipshöhle beherbergt sechs Seen. Im 2. Weltkrieg diente sie als unterirdisches Rüstungswerk, in dem Tausende Häftlinge aus Konzentrationslagern arbeiten mußten, wobei viele von ihnen den Tod fanden. In der DDR war die Höhle Nationale Mahn- und Gedenkstätte.

Landschaftliches

Einziger Topasfelsen in Europa

Der Schneckenstein zwischen Mühlleithen und Hammerbrücke im Vogtland ist der einzige Topasfelsen Europas. Fast alle Halbedelsteine dieser Art an den Schmuckstücken im Grünen Gewölbe von Dresden stammen von dieser Fundstätte. Der Felsen ist als Naturdenkmal geschützt und nicht zugänglich.

Einziger periodischer See

Bei Sangerhausen liegt in einem Naturschutzgebiet ein periodisch verschwindender und wiederkehrender See. Der Grund für das Verschwinden sind Gipsablagerungen auf dem Grund mit zahlreichen Rissen und Sickerlöchern (Ponore), die sich nach der Austrocknung immer wieder verstopfen. Ein Bach füllt den See zwar regelmäßig wieder auf, aber durch den Wasserdruck öffnen sich die Ponore, und der Kreislauf beginnt von neuem.

Größte Landschaftsbaustelle Europas

$5\,000$ km^2 umfaßt die größte Landschaftsbaustelle Europas, die die Rekultivierung der ehemaligen Bergbauflächen in der Lausitzer Region zum Ziel hat. Sie ist bis zum Jahr 2010 Aktions- und Schauplatz für die Internationale Bauausstellung (IBA) »Fürst-Pückler-Land«, die 22 Einzelprojekte umfaßt. Diese sind in acht Landschaftsinseln und eine Europainsel eingebettet. Zur »Landschaftswerkstatt« gehören ehemalige Braunkohle-Tagebaue, die in Seelandschaften verwandelt werden, ebenso wie Förderbrücken, Brikettfabriken, Kraftwerke oder Kühltürme, die die Industriegeschichte der Lausitz prägten.

Gewaltiges Granitgebirge

Die größte zusammenhängende Granitmasse (Granodiorit) Mitteleuropas, Lausitzer Granit genannt, wird vom Hauptort Demitz-Thumitz (bei Bischofswerda) aus seit Mitte des 19. Jahrhunderts abgebaut.

Größtes geschlossenes Großsteingräbergebiet Mitteleuropas

Tief in den Wäldern, südlich und westlich der Stadt Haldensleben, liegt innerhalb der Historischen Quadratmeile das größte geschlossene Großsteingräbergebiet Mitteleuropas. Im Gegensatz zu zahlreichen anderen prähistorischen Grabanlagen fielen die »Hünengräber« (Foto) weder dem Straßenbau noch den Feldbaumethoden des 19. Jahrhunderts zum Opfer. Archäologen gehen davon aus, daß diese Totenhäuser (meist führte ein abgedeckter Gang von Süden in die Grabkammer) über viele Generationen hinweg für Bestattungen genutzt wurden.

Größtes Seengebiet in Deutschland

Die Mecklenburger Seenplatte überzieht die Region von Schwerin im Nordwesten bis nach Neustrelitz im Osten mit unzähligen großen und kleinen Gewässern. Ihre genaue Zahl ist nicht bekannt, geschätzt wird sie auf 1000. Die größten Seen sind die Müritz mit 115 km^2 und der Schweriner See mit 64 km^2. Die von Buchen- und Mischwäldern, von Wiesen und Äckern gekennzeichnete Seenplatte steht zum größten Teil unter Natur- bzw. Landschaftsschutz (Müritz-Nationalpark). Die stille Schönheit der Landschaft lockte schon im 19. Jahrhundert insbesondere Wasser-Touristen an.

Die meisten Gespenster

Der Harz ist die gespensterreichste Gegend in Deutschland. In der Walpurgisnacht vom 30. April zum 1. Mai versammeln sich dort in allen Orten die Hexen. Wie viele es sind, vermag niemand zu sagen; Schätzungen gehen jedoch davon aus, daß in dieser unheimlichen Nacht in über 1000 Orten etwa 10000 Hexen ihr Unwesen treiben. In der DDR waren vor allem der Hexentanzplatz, Thale und Breitenstein die Hexenreviere. Goethe setzte der jahrhundertealten Tradition der Walpurgisnacht im »Faust« ein literarisches Denkmal.

Einziger Kreidefelsen in Deutschland

Das etwa 100 m über dem Meeresspiegel gelegene Stubnitz-Plateau im Nationalpark Jasmund besteht vorwiegend aus Kreide. Es fällt mit einem malerischen Kreidekliff, dem Kreidefelsen, steil zur Ostsee ab. Höchster Punkt des Plateaus ist der 117 m hohe Königsstuhl als Aussichtsplattform.

Landschaftliches

Einzigartige Kulturlandschaft

Einmalig in Europa ist das etwa 700 m² große Gebiet des Spreewaldes mit seinem feinmaschigen Fließgewässernetz von 971 km Länge und seiner vielfältigen Fauna und Flora. Seit 1870 werden vom Kahnfährmannsverein Kahnpartien angeboten. Dem Verein gehörten 1967 insgesamt 294 Mitglieder, darunter auch 13 Fährfrauen, an. Mit dem Ausbau des Lübbenauer Fährhafens (1969-73) stieg die Zahl der »Kahnchauffeure« auf über 300, die mehr als eine halbe Million Besucher durch das grüne Labyrinth stakten.

Schwimmende Insel

Auf dem Hautsee bei Dönges, Kreis Bad Salzungen, schwimmt eine etwa 60 m lange Insel. Sie hat sich über dem Zechensteingrund aus Torfmoorpflanzen gebildet und ist mit Birken, Kiefern und Erlen sowie botanischen Seltenheiten wie Sonnentau und Moorweide bewachsen.

Die meisten Landschafts-Schutzgebiete

Obwohl er vor allem ein bedeutender Industriestandort war, hatte der Bezirk Cottbus mit 65 die meisten der insgesamt 402 Landschafts-Schutzgebiete der DDR. Zusammen nahmen die Schutzgebiete 18,1 % der DDR-Fläche ein.

Kleinster Nationalpark

Mit 2 500 ha Waldgebiet und einem 500 m breiten Küstenstreifen mit Flachwasser ist der Nationalpark Jasmund auf der gleichnamigen Halbinsel im Ostteil Rügens der kleinste in Deutschland.

Längster und waldreichster Naturpark

Die höheren Lagen des Mittel- und Westerzgebirges (über 700 m NN) sowie Teile des Osterzgebirges gehören zum Naturpark Erzgebirge/Vogtland, der mit 120 km Luftlinie der längste in Deutschland ist. 71 % der Gesamtfläche sind Wald, so daß dieser Naturpark zugleich auch der waldreichste ist.

Naturschutzgebiete en masse

Der Bezirk Halle hatte mit 84 die meisten Naturschutzgebiete, gefolgt von den Bezirken Neubrandenburg mit 74 und Dresden mit 70.

Besonderes Naturschutzgebiet

Der Steckby-Lödderitzer Forst im Auenwaldgebiet der Mittelelbe besitzt auf 2 113 ha Fläche reiche Vorkommen an seltenen Tier- und Pflanzenarten wie beispielsweise den Elbebiber. Aus diesem Grund wurde er im November 1979 von der UNESCO als schützenswertes Biosphärenreservat bestätigt.

Ältestes Naturschutzobjekt

Bereits 1852 wurde die Teufelsmauer bei Neinstädt im Kreis Quedlinburg als Naturdenkmal geschützt. Damit ist es das älteste unter Schutz stehende Naturobjekt, das es in der DDR gab. Die zweimal unterbrochene, weithin sichtbare Teufelsmauer beginnt nördlich von Ballenstedt mit den Gegensteinen. Zwischen Neinstedt und Weddersleben erheben sich die Sandsteinbänke der eigentlichen Teufelsmauer, zwischen Timmenrode und Blankenburg folgt ein 4 km langer Bergzug mit der Felsengruppe »Großvater«, »Großmutter« und »Hamburger Wappen«.

Größtes Naturschutzgebiet der DDR

Bei Waren wurde 1949 das 6 200 ha große Areal »Ostufer der Müritz« unter Naturschutz gestellt. Naturfreunde können hier seltene Vögel wie Kraniche, Fisch- und Seeadler beobachten. 1962 wurde das Landschaftsschutzgebiet »Müritz-Seen-Park« geschaffen. Insgesamt bestanden in der DDR 777 Naturschutz- und 402 Landschafts-Schutzgebiete, die 18,1 % des Territoriums einnahmen. Heute existieren in Ostdeutschland 2 853 Natur- und Landschaftsschutzgebiete.

Einzige Wanderdüne in Deutschland

Auf einem einstigen Truppenübungsplatz bei Jüterbog existiert Deutschlands einzige Binnenwanderdüne. Das Naturdenkmal »wandert« jährlich etwa zehn Meter.

Einzigartiges Biosphärenreservat

Der besondere Reiz der Kulturlandschaft Südost-Rügen als Biospärenreservat besteht in der engen Verzahnung von Land und Meer, die in dieser Form einmalig ist. Das Biosphärenreservat ist ein Ergebnis des Nationalparkprogramms der DDR.

Naturschutzsymbol der DDR

Hauptinitiator des Symbols für Naturschutz in der DDR ist der Bad Freienwalder Kurt Kretschmann. Der Naturschützer schuf 1950 das bekannte Zeichen mit der Waldohreule. Nach der Wende gab es die

Empfehlung, diesen typischen Vogel, der unter Naturschutz steht, auch in den alten Bundesländern, wo der Weißkopfseeadler »über die Natur wacht«, einzuführen. Da dies jedoch in der Entscheidungsgewalt der einzelnen Länder liegt, konnte sich die Eule noch nicht überall durchsetzen.

Einzigartig in Europa: das Elbsandsteingebirge

Das 93 km^2 große Gebiet des Elbsandsteingebirges in der Sächsischen Schweiz ist als Naturdenkmal einmalig in Europa. Es handelt sich hierbei um ein geschlossenes Wald-Fels-Areal mit Felsrevieren, Tafelbergen, Schluchten und Tälern sowie Wasserläufen und Uferzonen. Die Felsen aus Quadersandstein sind besonders beliebte Kletterareale von Bergsteigern.

Einmalige Anlage

Das von Kurt Kretschmann in Bad Freienwalde geschaffene »Haus der Naturpflege« war einmalig in der DDR und sucht auch heute noch seinesgleichen. Die Idee des leidenschaftlichen Naturpflegers war es, eine Beispielanlage für den Naturschutz in einer Kulturlandschaft einzurichten, die in der Nähe einer Großstadt Möglichkeiten für Erholung und Weiterbildung bietet.

Wasser & seine Nutzung

Höchstes Stauwerk in Deutschland

Nach einer Bauzeit von sieben Jahren wurde 1959 die Rappbode-Talsperre bei Wendefurth (Sachsen-Anhalt) als größte der nach 1945 in der DDR gebauten Sperren in Betrieb genommen. Mit 106 m Höhe bis zur Dammkrone ist sie das höchste Stauwerk in Deutschland.

Bezirk mit den meisten Talsperren

Im Bezirk Karl-Marx-Stadt gab es mit 20 Talsperren das umfangreichste Talsperrennetz der DDR. 170 Millionen m^3 Wasser dienten der Versorgung mit Trinkwasser, 78 Millionen m^3 waren Brauchwasser. Nach der Gründung der DDR entstanden in diesem Bezirk elf neue Talsperren, darunter die von Sosa, Rauschenbach, Pöhl (Foto) und Eibenstock.

Einzigartiges Tafelwehr

Das Pretziner Wehr, 15 km von Magdeburg entfernt, wurde von 1871 bis 1875 errichtet. Es ist als sogenanntes Schützentafelwehr konstruiert und mit seinen 324 Schützentafeln einmalig in Europa. Insgesamt 162 m lang, mit zwei Land- und acht Mittelpfeilern, kann es das Wasser bis zu einer Höhe von 3,36 m anstauen. Es hat sich als Hochwasserschutz im Elbegebiet bewährt und soll eine Fläche von 75 km² vor Überflutung bewahren.

Größte Talsperren

Die Bleiloch-Talsperre zwischen Schleiz und Lobenstein (Sachsen) ist mit ihrem Fassungsvermögen von 215 Millionen m³ Brauchwasser die größte in Deutschland. Der Stausee ist 28 km lang und bedeckt eine Fläche von 9,2 km², die Staumauer hat eine Höhe von 87 m. An sonnigen Tagen sind die Uferzonen beliebte Ausflugsziele. In der DDR gab es hier zahlreiche Betriebs- und Kinder-Ferienheime. An zweiter Stelle steht die Hohenwarte-Talsperre, nahe Pößneck gelegen, mit 182 Millionen m³ Brauchwasser, einer Fläche von 7,3 km² und einer 66 m hohen Staumauer.

Bäume & Blüten

Größtes Blumenbeet Europas

Das größte Blumenbeet der DDR und zugleich in Europa konnte man bei der Internationalen Gartenbauausstellung (iga) in Erfurt besichtigen. Das ornamental gestaltete Areal wurde bereits zur ersten iga im Jahr 1961 vom Landschaftsarchitekten Reinhold Lingner entworfen. Auf einer Fläche von 6 000 m² blühen auch heute noch von April bis Mai mehr als 150 000 Tulpen, Hyazinthen, Violen und Tausendschönchen. Einem jährlich wechselndem Thema folgend, zeigt sich das Blumenbeet zwischen Juli und Oktober in der Blütenpracht des Sommers.

Größte Verbreitung von Adonisröschen

An den Pontischen Hängen zwischen Frankfurt/Oder und Seelow blühen von April bis Mai tausend sonnengelbe Adonisröschen. Das Hahnenfußgewächs, heimisch in den Steppenlandschaften Sibiriens, hat hier seinen größten Verbreitungsraum in Mitteleuropa gefunden. Seit 1983 finden zur Blütezeit geführte Adonisröschen-Wanderungen von Dolgelin aus statt.

Ältester Botanischer Garten der Welt

Mit seinem Gründungsjahr 1542 ist der Botanische Garten Leipzig, angelegt einst als »Hortus medicus« (Arzneigarten) der älteste in der Welt. Er gehört zur Universität und dient wegen seiner geringen Größe von 2,7 ha in erster Linie zu Forschungszwecken. Nur wenig jünger sind die bekannteren Botanischen Gärten von Pisa (1543) und Padua (1545).

Höchster Baum in Deutschland

57 m mißt die größte Douglasie im Forstrevier Kiekindemark bei Parchim. 1894 gepflanzt, kann sie sich als höchster Baum Deutschlands rühmen. Eine 250 Jahre alte Fichte im Waldschutzgebiet Hinterhermsdorf in der Sächsischen Schweiz hat eine Höhe von 53 m, einen Stammumfang von knapp 5 m und ein Holzvolumen von etwa 25 Festmetern. Auf die gleiche Höhe kommt ein Mammutbaum in Bensheim-Auerbach (Hessen).

Einzige Baumdrillinge

Im Rowaer Forst nahe Neubrandenburg stehen die einzigen bekannten Baumdrillinge. Verschiedenartiger können »Geschwister« kaum sein, handelt es sich dabei doch um Buche, Kiefer und Eiche, die zu einem Stamm zusammengewachsen sind.

Älteste Gartenbauausstellung

Am 28. April 1961 wurde die erste Internationale Gartenbauausstellung der sozialistischen Länder auf dem Gelände der Cyriaksburg in Erfurt eröffnet. Auf dem damals 57 ha – später wurden es 104 ha – großen Gelände mit 18 Hallen wurde fortan die Leistungsfähigkeit des Gemüse-, Obst- und Zierpflanzenanbaus demonstriert. Zwischen 1976 und 1989 entstanden weitere Sondergärten und Pflanzenschauhäuser (Tropenhaus, Kakteenhaus, Orchideenhaus). Bis zum Jahr 1988 besuchten 36,5 Millionen Pflanzenliebhaber die »grüne« Ausstellung.

Einmaliges Naturdenkmal in Europa

Einmalig in Europa sind die Ivenacker Eichen bei Stavenhagen nahe Malchin. Die fünf Stieleichen existieren schon etwa 1 200 Jahre lang. Der größte dieser Riesen hat eine Höhe von 35,50 m, einen Kronendurchmesser von 29 m, einen Stammumfang von exakt 10,96 m bei einem Durchmesser von 3,49 m in 1,30 m Höhe und ein Holzvolumen von etwa 180 Festmetern. Diese Eiche soll die mächtigste und älteste ihrer Art in Europa sein.

Bäume & Blüten

Ältester Baum – mit Fragezeichen

Rund 2000 Jahre alt und damit ältester Baum in Deutschland soll, laut Guinness Buch der Rekorde und anderer Veröffentlichungen, die Eiche in der Gemeinde Nöbdenitz bei Schmölln (Thüringen) sein. Der über 30 m hohe Baum hat einen Durchmesser von etwa drei Metern, sein Stamm mit einem Umfang von 12,80 m wird von Ketten zusammengehalten. Die meisten Quellen schreiben den bekannten Ivenacker Eichen mit 1000 bis 1200 Jahren das höchste Alter zu. Nachfragen im zuständigen Forstamt Schmölln ergaben, daß von der Nöbdenitzer Eiche in Überlieferungen stets von der »tausendjährigen Eiche« die Rede ist. Wahrscheinlich ließ der von anderen übernommene Druckfehler einer Zeitung in der Jahreszahl den Baum um das doppelte altern. Fakt ist allerdings, daß sich 1824 der Rittergutsbesitzer Hans Wilhelm von Thümmel in einer ausgemauerten Gruft im Stamm bestatten ließ und Heimatforscher Anfang der 60er Jahre tatsächlich ein Skelett fanden.

Schönster Garten Thüringens

Die Internationale Gartenbauausstellung (iga) und die Nachfolge-Einrichtung Erfurter Garten- und Ausstellungs GmbH (ega) tragen zu Recht den Beinamen »Schönster Garten Thüringens«. Das unter Denkmalschutz stehende Gesamtensemble »iga 61« zeichnet sich auf einer Fläche von 40 ha durch vollendete Harmonie von Natur und gartenarchitektonischer Gestaltung aus. Eine Meisterleistung der Gartenarchitektur stellt der 2000 eröffnete Rosengarten auf einer Fläche von 28 000 m² dar. Auf dem iga-Gelände haben das MDR-Funkhaus – hier wird auch die TV-Sendung »Der MDR Garten« produziert – und der Kinderkanal von ARD und ZDF sowie die Messe AG ihren Standort.

Erste Gartenschau der DDR

1948 wurde das im 2. Weltkrieg verwahrloste Gelände an der Cyriaksburg in Erfurt als Park wiederhergestellt. Unter dem Namen »Erfurt blüht« fand 1950 auf einer Fläche von 35 ha die erste Gartenschau statt, die 55 000 Besucher zählte.

Ungewöhnlicher Pilz

Am 10. Juni 1986 wurde zwischen Pegau und Leipzig am Elsterufer ein Riesenbovist von 11,3 kg Gewicht und einem Umfang von 1,86 m gefunden.

Ältester Ginkgobaum

1781 war in Warbke bei Oschersleben der heute älteste Ginkgobaum gepflanzt worden. Unter den 1987 in der DDR inventarisierten 1641 Ginkgos weist der Baum am Inspektorenhaus in Jena eine Besonderheit auf: Der »Goethebaum« ist männlich, trägt aber weibliche Äste, die 1860 gepfropft worden waren. Goethe setzte in seinem Werk »Westöstlicher Divan« diesem Baum mit dem Gedicht »Ginkgo biloba« ein literarisches Denkmal.

Größter Lindenwald Europas

Der größte geschlossene Lindenwald Europas befindet sich auf 189 ha Fläche in der Colbitz-Letzlinger Heide nahe Haldensleben. Der Wald steht bereits seit 1907 unter Naturschutz. Einige seiner Bäume haben schon drei Jahrhunderte erlebt.

Ältester Samenhandel

Erfurt ist der Ort mit dem ältesten Samenhandel. Schon im Jahre 1315 wurde mit Blumensamen gehandelt. Martin Luther lobte die Erfurter in einer seiner Tischreden als »des heiligen römischen Reiches Gärtner«.

Schönster Rosengarten

Der Rosengarten in Forst gilt als der schönste. Auf 15 ha treiben 40 000 Rosenstöcke mehr als zwei Millionen farbenprächtige Blüten. Eine Attraktion ist die Schnittrosenschau an jedem letzten Juni-Wochenende mit ihrem Höhepunkt – der »Nacht der 1000 Lichter«.

Die zweite Luthereiche

Sie steht in Wittenberg am Ende der Collegienstraße nahe dem Bahnhof und markiert die Stelle, an der Martin Luther am 10. Dezember 1520 die Bannbulle des Papstes verbrannt hatte. Zur Erinnerung an den Bruch mit der Rechtsordnung des Papstes hatte man eine Eiche gepflanzt, die aber 1813 von den Franzosen gefällt worden war. Seit dem 25. Juni 1830 wächst nun an derselben Stelle die zweite Luthereiche.

Bedeutendste Rosensammlung der Welt

In der über 1000jährigen Stadt Sangerhausen befindet sich die größte Rosensammlung der Welt mit ca. 7 000 verschiedenen Rosenarten – 500 Wildrosen und 6 500 Kulturformen, darunter Kletterrosen, die bis zu 6 m in die Höhe ragen und Miniaturrosen, niedriger als 10 cm. Zu den Raritäten zählen die »Grüne Rose«, die »Schwarze Rose« oder die »Stacheldrahtrose«. Insgesamt blühen mehr als 55 000 Rosenstöcke in dem 1903 angelegten und 15 ha großen Garten, dem Rosarium, der nach Umfang und Systematik der Sammlung in der Welt seinesgleichen sucht.

Größte Tanzlinde

Die Tanzlinde in Effelder, Kreis Sonneberg, wurde 1707 gepflanzt und ist bei einem Stammdurchmesser von 1,30 m 25 m hoch. Im Jahr 1751 wurde sie erstmals als Tanzlinde genutzt. Die Tanzfläche befindet sich allerdings in nur 3 m Höhe und wird von unten gestützt. Eine weitere Tanzlinde steht in Sachsenbrunn (Thüringen).

Tierwelt

Einziges Finkenmanöver

Alljährlich findet in Benneckenstein im Harz am Pfingstsonntag das sogenannte Finkenmanöver statt. Es beginnt am frühen Morgen gegen 5 Uhr in der Waldschneise mit dem Schönheitssingen, bei dem die Reinheit der 60 verschiedenen, nur für den Harz typischen Buchfinkenschläge bewertet wird. Danach folgt das Kampfsingen. Sieger ist der Buchfink, der in der vorgeschriebenen Zeit die meisten Schläge bringt. Zu diesem altgermanischen Brauch, der auch in der DDR gepflegt wurde, kommen stets zwischen 5 000 und 7 000 Schaulustige nach Benneckenstein. Ausrichter ist der Finkenverein, dem etwa 200 Mitglieder angehören.

Biber als Stadtbewohner

Mitten in der Stadt Torgau baute 1988 eine Biberfamilie ihre Burg. Im Kreis Torgau wurden im gleichen Jahr 133 Biber gezählt – das waren mehr, als es 35 Jahre zuvor in der ganzen DDR gab. Der Gesamtbestand betrug 1988 auf dem Gebiet der DDR über 2 000. So viele leben heute allein im Biosphärenreservat mittlere Elbe.

Letzte erlegte Elche

Manfred Wüstenhagen aus Wittbrietzen zwischen Beelitz und Treuenbrietzen (Brandenburg) erlegte am 6. Oktober 1986 in der Gemarkung Elsholz einen Elch von 220 kg. Steffen Roth aus Bad Brambach schoß in der Nacht vom 1. zum 2. Mai 1987 bei Bärendorf einen weiteren Elch.

Erste und einzige Biberfreianlage in Deutschland

In der Region Anhalt-Wittenberg gibt es die einzige Biberfreianlage Deutschlands. Das 6 000 m² große Areal liegt im Biosphärenreservat Flußlandschaft mittlere Elbe, das unter dem Schutz der UNESCO steht. Dort können die einst vom Aussterben bedrohten scheuen Tiere in freier Natur und in ihrem natürlichen Lebensraum von Mai bis Oktober von einem Aussichtsturm beobachtet werden. Inzwischen gibt es in der Region wieder mehr als 2 000 Biber, so daß mehrere Exemplare davon auch in den Niederlanden angesiedelt werden konnten. Biber sind heute auch in anderen Regionen wieder heimisch geworden.

Storchenreichstes Bundesland

Brandenburg ist Deutschlands storchenreichstes Bundesland. Von den insgesamt etwa 4 000 Weißstorchpaaren brüteten hier 1 357 Paare (2001). Mecklenburg-Vorpommern folgte mit 1 157 und Sachsen-Anhalt mit 554 Paaren. In den neuen Bundesländern sind es jährlich etwa 2 800 Paare, die meist in ihren alten Horst zurückkehren.

Rekordfischfänge in der DDR

Wels – 73 kg, 205 cm; gefangen 1973 von Helmut Kitscha aus Sanitz, Kreis Anklam.
Weißer Amur – 24,5 kg, 112 cm; gefangen 1987 von Heinz Bilek aus Cossebaude, Kreis Dresden.
Karpfen – 23,75 kg, 90 cm; gefangen 1965 von Bruno Grund aus Eisenhüttenstadt.
Hecht – 22,12 kg, 135 cm; gefangen von Manfred Buschhardt aus Granschütz, Kreis Weißenfels.
Dorsch – 16,5 kg, 120 cm; gefangen 1987 von Walter Brechlin aus Wismar.
Aal – 3,9 kg, 113 cm; gefangen 1971 von Klaus Kloss aus Cottbus.

Seltener Fang

Am 24. Januar 1989 fingen die Fischer Puhlmann und Mehlhase in der Havel bei Pritzerbe nahe Brandenburg ein 90 cm langes Meerneunauge. Der letzte dieser aalartigen Schmarotzer, deren Heimat eigentlich die atlantischen Küsten Europas sind, war in der DDR 1957 gefangen worden. Das seltene Exemplar ist im Aquarium des Museums Potsdam zu bewundern.

Einzige freilebende Shetland-Ponys

Die einzigen freilebenden Shetland-Ponys in Deutschland sind auf der kleinen Insel Oie im Darßer Bodden zu Hause. Sie waren 1977 vom Rostocker Zoo auf der Insel ausgesetzt worden und haben sich inzwischen auf 45 vermehrt.

»Prinzeßchen«, ein Weltstar

Die Störchin »Prinzeßchen« brütet jährlich seit mehr als einem Jahrzehnt in Loburg bei Wittenberg. Viermal wurde mittels satellitentelemetrischer Aufzeichnungen ihr gesamter Zugweg zu wissenschaftlichen Zwecken dokumentiert, das ist einmalig in der Welt. Der weiteste Weg war von Loburg nach Südafrika und zurück – eine Strecke von über 30 000 km. Die anderen Zugwege führten an den Victoriasee in Tansania. Während »Jonas«, ihr Partner, den Winter 2002 im sonnigen Spanien verbrachte und nur etwa 2500 km bis zum heimatlichen Horst in Loburg zurücklegen mußte, flog »Prinzeßchen« von der Südspitze Südafrikas mehr als das fünffache und kam erst in Loburg an, als »Jonas« sich bereits eine neue Partnerin gewählt hatte. Doch »Prinzeßchen« eroberte sich Mann und Horst zurück.

Größter Fischfang in Ostdeutschland

Am 7. Mai 2000 fing Berko Nowitzki (oben) aus Schönow bei Bernau einen Wels von 2,20 m Länge und 115 Pfund Gewicht. Den Riesenfisch aus dem Großen Glietzensee nahe Rheinsberg ließ er präparieren und stellte ihn in seinem Angelgeschäft in Schönow aus. Nowitzki fing bisher drei über 2 m lange Welse in stehenden Gewässern: außer dem Rekordfisch einen mit 2,11 m Länge und 85 Pfund sowie einen weiteren mit 2,03 m und 73 Pfund. Einen mit 115,6 Pfund noch schwereren Wels von 2,13 m Länge holte am 2. Dezember 2000 Axel Hulitschke (unten) aus Zechin bei Genschmar aus der Oder. Die Maße wurden von einer offiziellen Wiegestelle in Seelow bestätigt.

Einzige Schlangenfarm

Horst Gettel aus Woltersdorf bei Erkner hatte eine gefährliche Leidenschaft. Er betrieb von 1949 bis 1990 eine Schlangenfarm. Es war die einzige in der DDR und bis Anfang der 70er Jahre auch die einzige in Deutschland, in der Gift für pharmazeutische Zwecke gewonnen wurde. Für ein Gramm Gift wurden etwa 200 Kreuzottern benötigt. Später kamen die »ergiebigeren« bulgarischen Sandvipern dazu. Von 2600 Schlangen gewann er jährlich 900 Gramm Gift und deckte damit den gesamten Bedarf der DDR und der UdSSR. Doch Schlangengift aus Woltersdorf wurde auch in die BRD, nach Belgien und Holland exportiert. Man verwendet es hauptsächlich in Rheumamitteln. Das bekannteste in der DDR war Vipratox – für eine Tonne Salbe genügte ein Gramm Gift.

Einziges Storchendorf in Deutschland

Rühstädt an der Elbe bei Wittenberge darf sich als einzige Gemeinde in Deutschland offiziell »Europäisches Storchendorf« nennen. Diese Auszeichnung wurde ihr 1996 von der Stiftung Europäisches Naturerbe verliehen. Seit 1970 werden in Rühstädt die Störche registriert. Es begann mit 7 Paaren, 1983 waren es bereits 20 Paare mit 26 Jungen. Der bisherige Rekord wurde 1996 mit 44 Paaren und 73 Jungen erreicht. Im Jahr 2002 brüteten 40 Paare im Storchendorf, die 72 Junge aufzogen. An jedem Gehöft mit besetzten Horsten ist auf Tafeln der An- und Abflug sowie die Zahl der Jungen für jedes Jahr registriert. In Rühstädt gibt es eine Ständige Weißstorchausstellung und einen Storchenklub. 2002 kamen ins brandenburgische Dorf Linum 13 Paare, die 32 Jungstörche aufzogen.

Einzigartiger Storchenhof

In Loburg, zwischen Magdeburg und Wittenberg gelegen, gibt es eine in Deutschland einzigartige Naturschutzeinrichtung. Sie wurde ab 1979 ehrenamtlich vom Ehepaar Kaatz geleitet und ist seit 1988 eine staatliche Einrichtung. »Storchenvater« Dr. Christoph Kaatz führt in der Forschungsstation in der Chausseestraße 18 eine jährliche Bestandsliste aller in den 16 Bundesländern weilenden Störche. Die Naturschutzeinrichtung ist zugleich auch Krankenhaus und Rehaklinik für kranke oder verletzte Störche. Seit 1979 wurden hier etwa 900 Adebars behandelt und gut über den Winter gebracht.

Einziges Storchennest auf einer Kiefer

Bei Audigast, Kreis Altenburg (Sachsen), nistete seit 1984 ein Storchenpaar auf einer Kiefer. Zwar haben Storchenpaare ihren Horst gelegentlich auch auf Laubbäumen, doch das Nest auf einer Kiefer war in der DDR einmalig.

Störche im Internet

In Vetschau (Spreewald) werden Störche rund um die Uhr von einer Kamera beobachtet. Die Bilder können auf einer Internetseite (www.storchennest.de) abgerufen werden. 2002 wurden eine modernere Kamera und ein Mikrofon am Nest installiert. Allein im April desselben Jahres wurde die Internetseite 4,5millionenmal aufgerufen. Der Tagesrekord lag bei 231 000 Zugriffen.

Größter Taubenflug

Am 9. Mai 1987 starteten in Berlin anläßlich des 42. Jahrestages der Befreiung von verschiedenen Plätzen aus insgesamt 170 000 Sporttauben in alle Teile der DDR.

Schwerster flugfähiger Vogel der Welt

Die Männchen der Großtrappe, die in der DDR vor allem in den Aufzuchtzentren in den Kreisen Buckow und Steckby zu Hause waren, erreichen ein Gewicht bis zu 16 kg und sind damit die schwersten flugfähigen Vögel der Welt.

Größtes Wisentgehege

Auf der 320 ha großen Halbinsel Damerower Werder an der Müritz leben etwa 25 Wisente. Während der Aufzucht in der DDR wurden 94 Kälber geboren, die später in verschiedenen Wildparks lebten.

Ältester Zoo in der DDR

Der Zoo in Dresden öffnete am 9. Mai 1861 erstmals seine Pforten. An seiner Gestaltung war maßgeblich Peter Joseph Lenné beteiligt. Mit dem Kauf einer Schimpansin im Jahr 1873 begann die bis heute erfolgreiche Zucht von Menschenaffen. 1927 gelang die weltweit erste Aufzucht eines Orang-Utans von Menschenhand. Zuchterfolge gibt es auch bei den fast ausgestorbenen Guereza-Affen, von denen bereits 60 aufgezogen wurden. Der Dresdner Zoo beherbergt auf einer Fläche von 13 ha 3 300 Tiere in 460 Arten. Der älteste Zoologische Garten in Deutschland wurde 1841 in Berlin eröffnet, der zugleich mit rund 13 500 Tieren in über 1 460 Arten der artenreichste der Welt ist.

Erster Zoo der Welt mit Freizuchtanlage

Im 1878 eröffneten Leipziger Zoo entstand 1926 die erste Freizuchtanlage der Welt für Dickhäuter hinter Absperrgräben. Dieser Zoo ist weltberühmt für seine Löwenzucht; selbst nach Afrika wurde schon Löwennachwuchs geliefert, was dem Zoo den Beinamen »Leipziger Löwenfabrik« eintrug. In Leipzig wird auch das internationale Zuchtbuch für die vom Aussterben bedrohten Sumatra- und Sibirischen Tiger geführt.

Einer der kleinsten Zoos

Auf 0,30 ha Fläche unterhielt der Kleintier-Zoo in Strehla bei Riesa 25 Tierarten und war damit einer der kleinsten in der DDR.

Seltene Paare: Wanderfalken

Diese Vogelart war in der DDR ausgestorben. Doch seit 1988 gab es wieder fünf Paare. Eins davon nistete im Turm der Berliner Marienkirche unweit des Alexanderplatzes. Weil die Eier jedoch zu dünnschalig waren, wurden sie im Tierpark künstlich ausgebrütet. Die Eltern nahmen das einzige Jungtier an und zogen es groß.

Spezieller Tiergarten für Fauna der UdSSR

Der Tiergarten in Karl-Marx-Stadt war der einzige, der sich auf die Tierwelt der Sowjetunion spezialisiert hatte. 750 Tiere in 135 Arten vermittelten einen Einblick in die Fauna des Landes. Mit der Wende und der Auflösung der UdSSR ging allerdings der spezielle Charakter der Anlage zum großen Teil verloren.

Größter Tierpark

Der Tierpark Berlin gilt als einer der größten der Welt. Am 27. August 1954 faßte der Magistrat den Beschluß, den verwilderten Schloßpark Friedrichsfelde in einen Tierpark umzuwandeln. 1,5 Millionen Mark kamen aus Spenden der Bevöl-

kerung und zahlreicher Institutionen zusammen. Am 2. Juli 1955 wurde der Tierpark in Anwesenheit des Präsidenten der DDR, Wilhelm Pieck, eröffnet. Er umfaßt etwa 160 ha, seine Wege sind 22,7 km lang. Bei der Eröffnung waren 400 Tiere zu sehen, heute sind es weit über 9 000 in 1 037 Arten und Rassen. Jährlich besuchen etwa 1,2 Millionen Gäste den Tierpark.

Berühmtester Tierparkdirektor

Große Verdienste um die Entwicklung des Berliner Tierparks kommen dem Direktor (seit 1955) Prof. Dr. Heinrich Dathe († 1991) zu. Mit seiner Sendung »Zu Gast im Tierpark« brachte er den Fernsehzuschauern die Welt der Tiere näher.

Größtes Tropenhaus der Welt

1963 war im Berliner Tierpark das mit 5300 m² Grundfläche größte kombinierte Tier- und Tropenhaus der Welt eröffnet worden. Es war zugleich das erste Tierhaus im 1955 angelegten Tierpark. Dieses einmalige Gebäude sollte einen Querschnitt durch die Tierwelt zeigen. Um die zentrale gläserne Flughalle, die 1100 m² große Tropenhalle mit tropischer Vegetation und über 100 Vogelarten und Flughunden, gliedern sich auf jeder Seite sieben Käfige für Großkatzen mit Verbindung nach außen, dazwischen bepflanzte Vitrinen mit tropischen Vögeln, Riesenschlangen oder Waranen. Anziehungspunkt sind die beiden Innen-Freianlagen für Großkatzen, die, mit den Außenanlagen direkt verbunden, ein Novum in Tierparks und Zoos waren. An die Rückseite dieses größten Tierhauses lehnt sich eine Greifvogelvoliere, die mit 60 m Länge, 33 m Breite und 9 m Höhe die größte in Deutschland ist. Diesen Superlativ verdient auch das Dickhäuterhaus. Auch die 1957 aus Trümmern errichtete Eisbärenanlage mit 2000 m³ Wasser und Eisschollen aus Plaste sucht ihresgleichen.

Landwirtschaft

Größte Ackerflächen
Die ehemaligen Bezirke Magdeburg und Neubrandenburg verfügten mit 570 785 ha und 508 020 ha Fläche über den größten Anteil an Ackerland in der DDR.

Höchste Bodenwertzahl
Der Acker der Witwe Haberhauffe in Eickendorf bei Haldensleben (Sachsen-Anhalt) wurde 1936 plötzlich zu etwas Besonderem, nämlich zum Ausgangspunkt für die Qualitätsbewertung des Bodens in ganz Deutschland. Er erhielt die höchste Bodenwertzahl 100.

Ferkelreichste Sau
Eine Hybridsau aus der LPG Schweinezucht Niederzimmern, Kreis Weimar, warf insgesamt 252 lebend geborene Ferkel und stellte damit einen »Schweine-Rekord« auf. Bei 21 Würfen erzielte die am 24. Mai 1976 geborene Sau durchschnittlich 12 Ferkel pro Wurf.

Bekanntestes DDR-Geflügel
Broiler wurden ab 1965 für die industrielle Mast verwendet. Ihre Mastzeit betrug nur 50 Tage, so daß innerhalb kürzester Zeit und mit geringem Futtereinsatz schnell hohe Fleischerträge erzielt werden konnten. Diese spezielle Hühnerrasse stammt ursprünglich aus Nordamerika. Ihr Fleisch ist bestens zum Grillen geeignet (engl.: to broil), woraus sich auch der Name ableitete. Gegrillte Broiler galten als Gaumenschmaus und standen in vielen Restaurants als Goldbroiler auf der Speisekarte.

Kleine Felder, viele Raine, damit stehst Du bald alleine!

Erste LPG
Die erste Landwirtschaftliche Produktionsgenossenschaft (LPG) in der DDR wurde am 8. Juni 1952 in Merxleben, Kreis Bad Langensalza, von 23 Neubauern gegründet. Bereits zwei Jahre zuvor hatten sich Merxlebener Neubauern zu einer sogenannten Ablieferungsgemeinschaft zusammengeschlossen. Heute arbeitet in Merxleben keine Genossenschaft mehr.

Erster Traktor nach 1945
Das ehemalige Zwickauer Horchwerk, in der DDR »Sachsenring«, lieferte am 21. Mai 1949 den ersten in der Nachkriegszeit gebauten Traktor vom Typ »Pionier« mit 40 PS an die Landwirtschaft aus. Das Traktorenband war zugleich das 1. Jugendobjekt des Betriebes. Bis 1950 wurden 2250 Traktoren dieses Typs produziert.

DDR-weit bekanntes Markenzeichen
KIM stand als Abkürzung für Kombinat für Industrielle Mastzucht, in denen Schlachtvieh, vor allem Geflügel, für den inländischen Markt und den Export verarbeitet wurde. Bekannt aus der Werbung waren insbesondere die KIM-Eier. Später wurde in der Werbung die Abkürzung KIM in den verbraucherfreundlicheren Slogan »köstlich, immer marktfrisch« umgewandelt.

Leistungsstärkste Kuh-Herde
Im Volkseigenen Gut (VEG) Birkholz, Kreis Beeskow, stand unter Obhut von Melkermeister Jörg Gerlach und seinem Kollektiv die beste Herde Milchkühe der DDR. Die 77 Stammkühe gaben 1986 im Durchschnitt je Kuh 10 550 kg Milch bei 4 % Fettgehalt.

Einzige Dorfgründungen
Freileben, Kreis Herzberg (Elbe), und Neuheide, Kreis Sondershausen, waren die einzigen Dorfneugründungen nach dem 2. Weltkrieg in der DDR. Freileben wurde am 7. Oktober 1948 gegründet. Die Grundsteinlegung für die erste Neubauernsiedlung nach Kriegsende erfolgte in Neuheide am 23. März 1946. Damals entstanden 30 Kleingehöfte in Fachwerk-Lehmbauweise, die unter Denkmalschutz stehen.

Ältestes Pflanzenzüchtungs- institut

Das erste Institut in Deutschland, das die Züchtung von Pflanzen erforschte, wurde 1927 in Müncheberg, Kreis Strausberg, gegründet. Dort gelang unter anderem die Züchtung der Süßlupine durch Selektion.

Größte LPG

In der aus der LPG »Rotes Banner« hervorgegangenen LPG Pflanzenproduktion Trinwillershagen nahe Barth an der Ostsee bewirtschafteten 659 Beschäftigte 7116,9 ha landwirtschaftliche Nutzfläche. In der nach der Spezialisierung eigenständigen LPG Tierproduktion Trinwillershagen arbeiteten 279 Beschäftigte. Zum Bestand gehörten 3400 Rinder, davon 2870 Kühe sowie 20000 Schweine. Beide LPGs haben sich nach der Wende aufgelöst.

Beste Melkerinnen und Melker

In der genossenschaftlichen Landwirtschaft der DDR fanden jährliche Leistungsvergleiche statt. Man wetteiferte um den Titel der besten Melkerinnen, Melker, Pflüger und Mähdrescherfahrer. Die Forstwirtschaft ehrte ihrerseits die besten Holzfäller. Zunächst begannen die Wettbewerbe in den Kreisen, wurden dann in den Bezirken fortgeführt und gipfelten letztendlich im DDR-Ausscheid. An dem Wettstreit im Bezirk Magdeburg waren 1980 beispielsweise 6300 Melkerinnen und Melker beteiligt.

Ältestes Gestüt

Das Gestüt Graditz bei Torgau blickt auf eine über 300jährige Tradition zurück. Es war am 11. Oktober 1686 gegründet worden, ab 1866 wurde englisches Vollblut gezüchtet. Heute zählen zum Bestand etwa 300 Pferde.

Größter Saatguthandel

Seit 1964 gab es in Quedlinburg den Deutschen Saatgutbetrieb (DSG) für gartenbauliches Saat- und Pflanzgut, der auf 11000 ha Anbaufläche etwa 1000 Mitarbeiter beschäftigte. Der DSG war einer der weltgrößten Samenbetriebe. Nach der Wende wurde der Betrieb an eine Schweizer Firma verkauft, die ihn aufteilte und spezialisierte.

Seltenes Kälberquartett

Unter mehr als einer Million Geburten gibt es, statistisch gesehen, bei Rindern nur einmal Vierlinge. Dieses Kunststück brachte im August 1988 eine Kuh aus der Milchviehanlage Herpe der LPG Leppin, Kreis Osterburg, fertig. Sie gebar zwei Färsen und zwei Bullenkälber zwischen 16 und 18 kg.

Erfolgreichster Zuchthengst

Der Hengst »Kolibri« wurde am 23. März 1979 in Trinwillershagen geboren. Als Einjähriger kam er vom Gestüt Ganschow bei Güstrow in das Brandenburger Haupt- und Landesgestüt Neustadt/Dosse. Er deckte mehr als 2200 Stuten, von ihm stammen über 1600 Nachkommen ab. 634 waren oder sind im Springreiten erfolgreich und erkämpften insgesamt rund 1,3 Millionen Mark. 14 seiner Söhne wurden für den Zuchteinsatz gekört, 234 Stuten stehen im Stutbuch für die Herdbuchzüchtung. Im Gestüt Neustadt/Dosse erinnert ein lebensgroßes Denkmal an den außergewöhnlichen Hengst. Der am 12. Februar 1968 geborene Hengst »Disponent«, gezogen im Institut für Tierzuchtforschung Dummerstorf bei Rostock, aus dem Pferdezuchtbetrieb Moritzburg, hat 18 gekörte Söhne und 72 eingetragene Töchter, davon waren 32 Staatsprämienstuten.

Elite-Rekordtier

Der Bulle »Achaz« aus der LPG »Lenin« in Battin, Kreis Jessen (Elster), war der bekannteste Zuchtstier in der DDR. Er wurde 1983, 1984 und 1985 jeweils als Elite-Rekordbulle gekört. Mehr als 60000 Nachkommen stammen von ihm ab. Das Prachtexemplar wurde elf Jahre alt, wog 1040 kg und war 1,51 m groß. 1988 bekam er den Gnadenschuß. Sein Kopf wurde im Militär-Forstbetrieb Zühlsdorf unter Mithilfe eines Präparators aus dem Berliner Tierpark präpariert. Heute hängt er im Geschäftszimmer der Agrargenossenschaft Battin.

Traditionsreiche Hengstparade

Schon 1720 existierte in Redefin ein landesherrschaftliches Gestüt. Die Gründung des Landgestüts Redefin erfolgte 1812 durch Herzog Friedrich Franz I. von Mecklenburg-Schwerin. Ab 1951 war das Landgestüt Stätte der staatlichen Hengsthaltung. In den sechziger Jahren wurde mit der Reitpferdevermarktung begonnen. Einen besonderen Höhepunkt bildete die alljährliche Redefiner Hengstparade, die seit 1935 regelmäßig im September durchgeführt wird und heute Volksfestcharakter hat. 1993 übernahm das Land Mecklenburg-Vorpommern das Gestüt.

Handwerk

Erste Bandweberei

Eingeführt wurde die Bandweberei in Großröhrsdorf in der Oberlausitz bereits im Jahre 1680. Um 1750 folgte der erste Schubstuhl, auf dem mehrere Bänder hergestellt werden konnten, 1779 wurde die erste Bandmanufaktur gegründet, und 1850 begann die Produktion auf Maschinenwebstühlen. Großröhrsdorf war das Zentrum der Bandweberei in der DDR. Textil- und Schmuckbänder sowie Gurte aus diesem Herstellungsort sind auch heute noch gefragte Artikel im In- und Ausland.

Letzter Nonnengärtner in der DDR

Hans Pötschke aus Nedaschütz bei Bautzen war der letzte Nonnengärtner in der DDR. Er arbeitete im Kloster »Marienstern« in Panschwitz-Kuckau von 1977 bis 1991, als er in Rente ging. Der Garten, den er im Kloster pflegte, ist jetzt ein Kräutergarten.

Seltene Ordensverleihung

Reinhard Heinrich wurde im August 1988 offiziell mit Brief und Siegel zum Ritter Heinrich von Aschersleben geschlagen. Der damals 61jährige war Hopfenmeister in der LPG »Florian Geyer« und erhielt das Hopfenordensband, das ihn als Chevalier ausweist, auf Beschluß des XXXVI. Kongresses des Internationalen Hopfenbaubüros auf der australischen Insel Tasmanien. Er ist der letzte von 15 DDR-Bürgern, die diese Auszeichnung erhielten.

Die meisten Qualitätstitel

Die Sektkellerei Freyburg wurde 1988 zum 25. Male in Folge mit dem Titel »Betrieb der ausgezeichneten Qualität« geehrt. Kein anderer DDR-Betrieb konnte auf eine solche Erfolgsserie verweisen.

Dudelsäcke nach sorbischer Art

Karl Tillich aus Hoyerswerda, Musiker im Ruhestand, baut seit Jahren Dudelsäcke, und zwar nach sorbischer Art, mit weißem Ziegenfell. Etwa 30 Stück fertigte er bislang. Mit seinen Instrumenten spielten und spielen das Staatliche Ensemble für sorbische Volkskultur Bautzen (jetzt Sorbisches National-Ensemble), das Folklore-Ensemble Schleife, die Heidekrautmusikanten Spremberg (aufgelöst, aber eine Dudelsackgruppe hat sich wieder gebildet) und das Staatliche Folklore-Ensemble von Neustrelitz.

Ausgefallener Beruf

Frank Müllers zeitweiliger Arbeitsplatz befindet sich im Turm des Französischen Doms in Berlin, in dessen Kuppel 60 Bronzeglocken zwischen 20 kg und 5,7 t wie eine Weintraube angeordnet sind. Er ist Glockenspieler und bringt die Glocken entweder mechanisch mittels eines Stockklaviers oder automatisch zum Klingen. Jeweils am ersten Wochenende des Monats gibt Frank Müller, der in Magdeburg eine Musikschule betreibt, ein handgespieltes Konzert. In der DDR gab es 13 Glockenspiele und neben Frank Müller nur noch einen weiteren Glockenspieler in Rostock.

Bekanntestes Spielzeugmacherdorf

Das bekannteste Spielzeugmacherdorf in Deutschland ist der Kurort Seiffen im Erzgebirge. In zahlreichen Familienbetrieben werden seit vielen Generationen Pyramiden, Nußknacker und Spielzeuge gedrechselt. Vor allem an den Advent-Wochenenden und bei den Bergparaden ist der kleine Ort von Besuchern aus dem In- und Ausland regelrecht überfüllt.

Blattgold aus der ältesten deutschen Schmiede

Der VEB Blattgold in Dresden war der einzige Betrieb der DDR, in dem Blattgold hergestellt wurde. 1830 gegründet, war der Handwerksbetrieb zugleich älteste produzierende Blattgoldschlägerei im deutschsprachigen Raum. Hier wurde u. a. auch das Blattgold hergestellt, mit dem das berühmte Denkmal für August den Starken in Dresden belegt ist. Fünf Blattgoldschmiede trieben das Material per Hand hauchdünn aus. Nach der Wende wurde der Betrieb abgewickelt.

Seltener originaler Blaudruck

Die Blaudruckerei Pulsnitz, Kreis Kamenz, war die einzige in der DDR, die noch den originalen Blaudruck in handwerklich-volkskünstlerischer Art des Handdruckes und der Küpenfärberei herstellte. Von den einst sieben arbeiten heute nur noch zwei Beschäftigte in dem Betrieb. Deutschlandweit gibt es etwa fünf Betriebe, die sich mit originalem Blaudruck beschäftigen.

Größter Bottich

Die Dimension eines Zweifamilienhauses hat der größte in der DDR im VEB Holz- und Kulturwaren Schönebeck/Elbe hergestellte Bottich. Mit den Ausmaßen von 8 m Höhe, und 10 m Durchmesser besitzt er ein Fassungsvermögen von 48 000 l. Benötigt werden solche Riesengefäße aus Nadelholz in der Chemie- und Lebensmittelindustrie.

Einziger Drehorgelbauer im Osten

Dem Club Deutscher Drehorgelfreunde gehören mehr als 1000 Mitglieder an. In Berlin sind es 185 Leierkasten-Enthusiasten, aber nur einer von ihnen baut Drehorgeln selbst. Axel Stüber hat seine Werkstatt in der Biesdorfer Eitelstraße, wo er Drehorgeln nach herkömmlicher Art mit Walze und Lochband baut. Der gelernte Orgelbauer sattelte 1977 ins neue Metier um und bekam 1985 seinen Meisterbrief. In seiner Werkstatt entstehen pro Jahr etwa zehn Drehorgeln, die von Kunden aus 17 Ländern bestellt werden. Auf seinen Leierkästen wird in England, Japan oder Australien georgelt.

Fahrradklingeln nur aus Bad Liebenstein

Der VEB Fahrradteile Bad Liebenstein war der einzige Betrieb in der DDR, der sich auf die Produktion von Fahrradglocken spezialisiert hatte. Jährlich wurden an die 1,5 Millionen normale Fahrradklingeln und weitere 100 000 mit verschiedenen Dekoren hergestellt und auf alle Kontinente exportiert. 1990 wurde das Betriebsgebäude abgerissen und die Produktion ins nahe Barchfeld verlagert. Auf dem einstigen Werkgelände entstand eine medizinische Fachklinik.

Alleiniger Hersteller von Emmentaler

Das Käsewerk in Bad Salzungen (Thüringen) war seit 1973 Alleinhersteller für Emmentaler Käse in der DDR. Jährlich wurden 27 000 t Rohmilch zu 1 850 t Käse verarbeitet. Das Werk wurde nach der Wende geschlossen, das Gelände ist heute ein Gewerbegebiet.

Weltgrößte Friseurgenossenschaft

Die Produktionsgenossenschaft (PGH) des Friseurhandwerks in Schwerin – 1955 gegründet – vereinte 39 Frisier- und Kosmetiksalons mit mehr als 500 Mitgliedern. Sie war damit zugleich die größte PGH im ehemaligen Bezirk Schwerin und weltweit die größte Friseurgenossenschaft. 1990 löste sie sich auf.

Größter Friseurladen in der DDR

Im Friseurladen Weydemeyerstraße 1 in Berlin-Mitte, unweit vom einstigen Hotel «Berolina», arbeiteten 50 Friseusen, Friseure und Kosmetikerinnen. Im Monat verschönten sie außer montags (11 bis 20 Uhr) und sonnabends (6 bis 13 Uhr) von 6 bis 22 Uhr etwa 7 000 Kunden. Das Geschäft gehörte zur PGH «Elegante Mode».

Glocke, erstmaliger Guß

1987 wurde erstmals eine Glocke mit mehr als 1 000 kg Gewicht nach dem Prinzip des steigenden Gusses hergestellt. Ort der Weltpremiere war der VEB Leichtmetallguß Krölpa im damaligen Kreis Pößneck, wo auch die Glocken für den wiederhergestellten Französischen Dom in Berlin gegossen worden waren.

Einzige Glockengießerei in der DDR

Bis 1986 wurden in Apolda Glocken gegossen. Die einzige Glockengießerei der DDR war 1722 gegründet worden. Im Apoldaer Glockenmuseum wird die Geschichte der Glocke über einen Zeitraum von 3 000 Jahren dokumentiert.

Älteste Münzwerkstatt

Bereits 1280 begann in Berlin die im Volksmund »Münze« genannte Werkstatt mit dem Prägen von Münzen und Medaillen. In der »Münze« wurde vom Pfennig bis zum 20-Mark-Stück das gesamte Hartgeld der DDR geprägt. Seit 1966 gab die Staatsbank der DDR hier geprägte Gedenk- und Sondermünzen heraus. Auch der Euro wird in der Berliner »Münze« geprägt.

Handwerk

Älteste Kunstgießerei

Der Ursprung der Kunst- und Glockengießerei Lauchhammer (Südbrandenburg) geht bis auf das Jahr 1725 zurück. 1784 gelang der weltweit erste Guß einer lebensgroßen Skulptur (Bachantin) aus Eisen. Die erste Glocke entstand in Lauchhammer 1834. Sie hing bis 1995 im Dachreiter des Verwaltungsgebäudes und ist seither im nahen Kunstgußmuseum zu sehen. Mehr als 770 Bronzeglocken entstanden bis 1940 in Lauchhammer, hinzu kommen über 500 weniger klangvolle Stahlglocken. Nach einer Pause von über 50 Jahren werden seit 1994 wieder Glokken gegossen. Im November 2002 wurde die 300. Bronzeglocke gefertigt. In zahlreichen Städten gibt es Gußerzeugnisse aus Lauchhammer. Beispiele: Luther-Denkmale in Worms, Leipzig, Washington, Nordhausen; ein Pavillon aus Eisengußteilen auf der Nilinsel Gezirch bei Kairo; 320 Straßenbrunnen für Berlin; die Buchenwald-Gruppe (Foto) und die Plastik »Aufsteigender« von Fritz Cremer als Geschenk der DDR an die UNO; Plastiken im Berliner Tierpark oder der Bronzebrunnen in Frankfurt (Oder). Das Lauchhammer Lager umfaßt etwa 2500 Kunstgußmodelle.

Größter Kunstblumen-Hersteller

Der VEB Kunstblume Sebnitz war der Hauptproduzent für Kunstblumen aus Seide, Textilien, Papier oder Plaste. In dem Betrieb wurden außerdem Weihnachtsartikel, künstliche Früchte, Hohlbälle, Scherzartikel, Lampions u. ä. gefertigt. Aus Sebnitz kamen auch Dekorationen für den Deutschen Fernsehfunk, die DEFA, DEWAG-Werbung, Exquisit-Läden und Warenhäuser. Heute gibt es lediglich noch eine Schauwerkstatt in Sebnitz, die in kleinem Rahmen Kunstblumen herstellt.

Einziger Maulkorbflechter

Robert Martin aus Bad Saarow war der einzige in der DDR, der das Handwerk eines Maulkorbflechters ausübte. Der gelernte Mechaniker – er war Abrichtewart einer Sektion für Dienst- und Gebrauchshundewesen – eignete sich die Fertigkeiten des Flechtens von Maulkörben an, da im Handel keine erhältlich waren. Als zahlreiche private Hundehalter und selbst Polizei und Zoll Beißschutzkörbe aus Draht bei ihm bestellten, wurde ein Gewerbe daraus. Inzwischen kehrte Robert Martin zu seinem Lehrberuf zurück – handgeflochtene Maulkörbe werden heute kaum noch benötigt.

Einzige Pechsiederei

Die Pechsiederei in Eich (Vogtland) war die einzige ihrer Art in der DDR und beschäftigte rund 100 Mitarbeiter. Seit über 200 Jahren werden in Eich aus Kiefernharz bis zu 70 Sorten Pech für die unterschiedlichsten Zwecke gekocht. Die Pechsiederei arbeitet auch heute noch, allerdings in deutlich geringerem Umfang.

Älteste Seifensiederei

Die älteste Seifensiederei wurde 1640 in Neustadt an der Orla von Traugott Wilhelm Götze gegründet. Der 1919 geborene Nachfahre, Meister Fritz Wilhelm, produzierte gemeinsam mit seiner Frau jährlich 25 t Schmier- und Kernseife. Es wurde noch mit einem Großteil der alten Geräte gearbeitet, die inzwischen unter Denkmalschutz stehen. 1990 wurde der Betrieb eingestellt.

Weltweit bekannte Plauener Spitze

Fast 250 Jahre besteht das Stickereigewerbe im Vogtland. Aber den Begriff Plauener Spitze als Markenzeichen für beste Qualität gibt es erst, seit 1881 dem Plauener Kaufmann Theodor Bickel die Herstellung maschinengestickter Tüllspitze als technologische Weltneuheit gelang. 1935 waren in Plauen 277 Stickereifirmen tätig. In der DDR bekam die Branche neuen Schwung. Die Erzeugnisse wurden in über 40 Länder exportiert und auf den Leipziger Messen mit 33 Goldmedaillen ausgezeichnet. Im Vogtland verkörpern heute 60 private Unternehmen das Stickereigewerbe.

Älteste Porzellanmanufaktur der Welt

Die älteste Porzellanmanufaktur der Welt wurde am 6. Juni 1710 in Meißen gegründet, nachdem Johann Friedrich Böttger gemeinsam mit Ehrenfried Walter Graf von Tschirnhaus 1708 die Herstellung von Hartporzellan gelungen war. Kurfürst August II. von Sachsen hatte die Manufaktur aus Sicherheitsgründen auf die Albrechtsburg in Meißen verlegt. Das älteste Versuchsprotokoll stammt vom 15. Januar 1708 und enthält die früheste schriftlich fixierte Rezeptur für weißes Hartporzellan. Die »Blauen Schwerter« als Markenzeichen tauchten erstmals am 8. November 1722 auf. Produkte aus der Meißener Manufaktur sind nach wie vor weltweit bekannt und gefragt. In der DDR galten sie als begehrte Präsente für hohe Gäste und waren oft das »Honorar« für Künstler aus dem westlichen Ausland. 1985 arbeiteten in der Manufaktur 1 650 Beschäftigte, darunter 250 Spezialisten mit über 25jähriger Betriebszugehörigkeit.

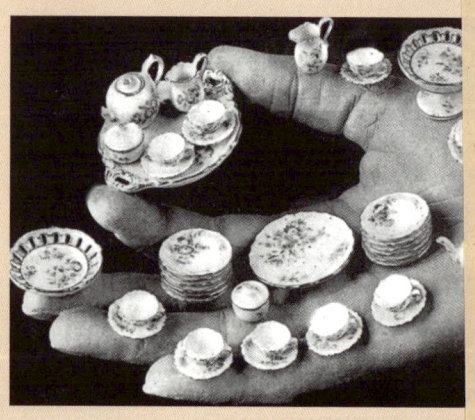

Größter und kleinster Stiefel

Im Museum Leisnig auf Burg Mildenstein bei Döbeln ist der größte Stulpenstiefel der Welt ausgestellt. Er hat eine Schafthöhe von 3,70 m und eine Sohlenlänge von 1,90 m. Zehn Rinderhäute und 92 kg Bodenleder wurden zu diesem 200 kg schweren Stiefel verarbeitet, der 1925 anläßlich des 600jährigen Bestehens der Döbelner Schuhmacherinnung von sechs Meistern in 750 Stunden hergestellt wurde. Der größte Skischuh ist im Heimatmuseum von Oberstdorf im Allgäu zu bewundern. Er ist 3,80 m lang, 1,80 m hoch und wiegt 400 kg.

Zu den kleinsten Stiefeln zählen die zehn Exemplare von Schuhmachermeister Gerhard Berthold aus Döbeln, von denen der winzigste mit seinen 1,7 cm Länge und 3,1 cm Schafthöhe in eine Streichholzschachtel paßt.

Weltweit einmaliges Reifendrehen

Im erzgebirgischen Kurort Seiffen ist das Drechseln von Spielzeug seit 300 Jahren der wichtigste Broterwerb. Die schönsten Pyramiden, Räuchermänner und Nußknacker sind im Spielzeugmuseum ausgestellt. In einem Drehwerk von 1760 und einer Schauwerkstatt wird die Drechselkunst des Reifendrehens vorgeführt, die nur in Seiffen beheimatet ist.

Einzige Schornsteinfegerin

Elke Mühlenhaupt, verheiratete Köpcke, aus Rhinow, Kreis Rathenow, war die einzige Schornsteinfegerin in der DDR. 1985 hatte sie eine Lehre im väterlichen Betrieb aufgenommen und zwei Jahre später ihre Facharbeiterprüfung absolviert. Nach der Heirat mit Schornsteinfeger-Meister Ralf Köpcke ließ sie den Beruf ruhen und kümmert sich vorerst um die Erziehung ihrer beiden Kinder.

Alleiniger Hersteller für Skelette

Der VEB Biologische Lehrmittel Leipzig war in der DDR Alleinhersteller von Skelettpräparaten als Anschauungsmittel für den Schulunterricht. Etwa 30 Skelettarten gehörten zur Angebotspalette. Heute gibt es mehrere Anbieter dafür.

Handwerk

Handgedrechselte Steuerräder

Die Handsteuerräder aller seegehenden Schiffe, die in der DDR gebaut wurden, stammen aus der Werkstatt des einzigen Herstellers, des Schweriner Drechslermeisters Carl Zettler. Jährlich verließen knapp 300 Steuerräder seine Werkstatt. Zettler rüstete zum Beispiel alle Schiffe aus, die in der Volkswerft Stralsund für die Fischereiflotte der UdSSR gebaut wurden, bestückte sämtliche Segelboote aus der Yachtwerft Berlin und fertigte auch neue Steuerräder für Reparaturschiffe. Heute gibt es keine derartigen Aufträge mehr; billige Steuerräder werden aus Taiwan oder Hongkong bezogen.

Größter Teppich der Welt

Er besaß die Abmessungen 110 x 83 m und wog 16 t. Hergestellt worden war er von der Fa. »Synthetex« in Lichtentanne bei Zwickau für das VII. Turn- und Sportfest 1987 in Leipzig, wo er während der Sportschau im Zentralstadion die Rasenfläche des Innenraums abdeckte. Um dem Rasen Luft zu verschaffen, mußte die Riesenmatte zwischen den Veranstaltungen an den Rand gerollt werden. Der Riesenteppich wurde nach dem Turn- und Sportfest in 10 x 10 m große Stücken zerkleinert, die als Turnmatten in Sporthallen Verwendung fanden.

Einziger Wasserradproduzent

In der Firma Schumann in Mulda (Sachsen) werden seit über 100 Jahren Wasserräder hergestellt. Heute sind sie allerdings nur eine Nebenproduktion, die den Bedarf für Wassermühlen, Gaststätten am Fließwasser oder Museen deckt. Zu den jüngsten Produkten zählen die Wasserräder für das Deutsche Museum München und das Technische Museum in Wien.

Einziges Stockmacherdorf in Deutschland

Das Stockmacherhandwerk wird im Dorf Lindewerra bei Heiligenstadt seit 1830 ausgeübt. Bis zum 2. Weltkrieg gab es 30 Handwerksbetriebe, in der DDR waren es noch 18, die pro Jahr zwischen zwei und drei Millionen verschiedener Stockarten produzierten: Wanderstöcke, Krankenstöcke, Jagdsitzstöcke oder orthopädische Stöcke. In dem Ort mit 250 Einwohnern, der sich Lindewerra, einziges Stockmacherdorf Deutschlands, nennt, sind heute noch fünf Meisterbetriebe tätig.

Größter Tisch in einem Stück

In der PGH des Tischlerhandwerks Schwerin wurde 1986 eine Festtafel für 34 Personen gebaut. Sie besaß eine Länge von 9 m und wurde für das Sanatorium »Blauer Sewan« in Jerewan (UdSSR) konstruiert.

Taktstockhersteller in Europa konkurrenzlos

Der Familienbetrieb Hellinger in Markneukirchen ist der einzige Taktstockhersteller in Europa. Bis zur Wende leitete Drechslermeister Armin Hellinger das Unternehmen, das 1988 sein 100jähriges Bestehen feierte. Damals wurden jährlich 15 000 Taktstöcke nach Grundmodellen oder in Sonderausführung hergestellt. Aus der Hellinger-Werkstatt kamen und kommen darüber hinaus Trommelstöcke, Rumbakugeln, Zitherfüße, Instrumente – alles in allem etwa 300 verschiedene Artikel an gedrechselten Musikinstrumenten oder Bestandteilen. Heute leiten die beiden Söhne Andreas und Matthias das Familienunternehmen. Der Bedarf an Taktstöcken hat sich inzwischen auf 70 000 Stück pro Jahr erhöht, die in 40 Länder exportiert werden.

Einzige Windmüllerin

Seit dem 1. Januar 1984 war Heidemarie Blohm die einzige Windmüllerin in der DDR. Sie hatte die Galerie-Holländerwindmühle in Neubukow, Kreis Bad Doberan, von ihrem Vater übernommen und arbeitete mit ihrem Betrieb vollgewerblich. Inzwischen hat sie ihren Beruf aufgegeben und ist heute Besitzerin der Gaststätte »Zur Windmühle«.

Älteste produzierende Firma für Strandkörbe

Die Korb GmbH in Heringsdorf ist die älteste Strandkörbe produzierende Firma Deutschlands. Sie wurde 1925 gegründet und entwickelte sich in der DDR zum größten Korbwaren-Hersteller Deutschlands, der unter anderem auch Rattanmöbel für den Palast der Republik in Berlin herstellte. Pro Jahr verlassen heute über 5 000 Strandkörbe unterschiedlichster Art den Betrieb. »Erfunden« wurde der Strandkorb von Wilhelm Bartelmann 1882 in Graal-Müritz. Dort verweist auf der Attika des Hauses in der Straße Zur Seebrücke 6 (Seniorentreff der Volkssolidarität) der Schriftzug »W. Bartelmann« noch heute auf den einstigen Besitzer.

Seltenes Handwerk: Turmuhrbauer

Matthias Knipping aus Oepfershausen nahe Meiningen, an der thüringischen Grenze zu Bayern gelegen, ist seit über zwei Jahrzehnten Turmuhrbauer. Als gelernter Elektromechaniker reparierte er einst die Turmuhr von Schloß Wilhelmsburg in Schmalkalden und fand soviel Gefallen daran, daß er seinen eigenen Betrieb eröffnete und der jüngste Handwerksmeister im Bezirk Suhl wurde. Nebenbei richtete Matthias Knipping in seinem Anwesen, dem Amönenhof, die »Turmuhrenklause« ein. Diese Ausstellung ist weit über die Region hinaus die einzige ihrer Art, die alte funktionierende Turmuhren zeigt.

Flinkeste Kassiererin

Beim 5. Kassierer-Wettbewerb in der DDR-Hauptstadt 1986 fertigte Petra Hildebrandt, Kassiererin in der Lichtenberger Kaufhalle Langhansstraße als Siegerin zehn unterschiedlich gefüllte Einkaufskörbe in 4:09 Minuten ab.

Weihnachtsmannlarven mit 12 Gesichtern

Die Maskenwerkstatt Neuwürschnitz des VEB Erzgebirgische Festartikel Karl-Marx-Stadt war der einzige Hersteller von Weihnachtsmannlarven in der DDR. Jährlich wurden 12 verschiedene Gesichter hergestellt. Mit der Wende stand der Betrieb zum Verkauf, die Produktion wurde nach Oberdorf bei Stollberg ausgelagert. Dort werden weiterhin neben Faschingsartikeln auch Larven für Weihnachtsmänner in der Firma »Taxi und Festartikel« hergestellt. Sie sind aus Stoff, also atmungsaktiv und umweltfreundlich und einzigartig in Deutschland.

Größte Weihnachtspyramiden

Die höchsten Pyramiden zur Weihnachtszeit kamen aus dem VEB Raum- und Tafelschmuck Gahlenz bei Freiberg (Sachsen). Die größte in der DDR stand mit 10 m Höhe auf dem Berliner Weihnachtsmarkt. Aus dem Betrieb in Gahlenz – jetzt Erzgebirgische Holzkunst GmbH – stammt auch die größte Weihnachtspyramide der Welt. Sie ist 14,62 m hoch und steht seit 1997 auf dem Striezelmarkt in Dresden.

Einziger Zylinderhersteller

Die PGH Hut- und Putzmacher in Altenburg (Thüringen) war der einzige Herstellerbetrieb in der DDR, der Zylinder anfertigte. Jährlich verließen etwa 1 500 Stück die Werkstatt von Meister Wolfgang Raasch. Abnehmer waren in erster Linie Schornsteinfeger, Dressurreiter, Jongleure, Tanzgruppen oder Karnevalsvereine. Die Firma wechselte den Besitzer, nennt sich heute Altenburger Hut & Putz GmbH und produziert noch immer Zylinder, allerdings in einer wesentlich geringeren Stückzahl.

Erste und älteste Schwibbogen

Bis vor etwa 50 Jahren gab es diese inzwischen überall zur Weihnachtszeit gebräuchlichen bergmännischen Fensterleuchter nur in Johanngeorgenstadt. Bergschmiede schufen sie als Geschenk und nannten sie in Anlehnung an die Bezeichnung für das Bogenmauerwerk am Stollen-Mundloch »Schwibbogen«. Die ältesten erhaltenen Bogen aus Eisenblech tragen die Jahreszahl 1778 und stammen von dem Bergschmied Teller.

Längste Wurst

25,70 m maß die längste jemals in der DDR hergestellte Wurst. Sie war von Fleischermeister Herbert Nischik aus Berlin für ein Stadtbezirksfest am 26. und 27. September 1987 im Ernst-Thälmann-Park produziert worden. Die Riesen-Zervelatwurst wurde von 25 Schülern getragen und portionsweise verkauft. Zur Herstellung mußte die Füllmaschine in einer Turnhalle aufgestellt werden.

Schnellste Stenografen der DDR

Mit je 520 Silben pro Minute stellten Dr. Dietrich Lepski und Helmut Gehmert aus Dresden sowie Manfred Kehrer aus Leipzig beim 13. Stenografentag 1975 in Karl-Marx-Stadt einen nie übertroffenen DDR-Rekord auf.

Erster Stenografie-Weltmeister

Manfred Kehrer aus Leipzig gewann am 21./22. Juli 1989 bei den Intersteno-Wettbewerben die Weltmeistertitel im Handsteno und im Mehrsprachenwettbewerb. Der freiberufliche Verhandlungsstenograf verdankte den Titel im Mehrsprachenwettbewerb, der erstmals vergeben werden konnte, der sicheren Beherrschung von acht Sprachen. Die neunte – Italienisch – erlernte er damals gerade.

Ungewöhnliche Informationsübermittlung

Werner Stedter übermittelte als Mitarbeiter des Rates der 1 600-Einwohnerstadt Radegast bei Köthen aktuelle Informationen des Rates per Megaphon. Früher kündigte er sie sogar mit Trommelwirbel an. 1986 feierte Herr Stedter sein 25jähriges Dienstjubiläum, mußte jedoch drei Jahre später seinen Dienst quittieren.

Industrieriesen & -zwerge

Größtes Motorradwerk weltweit

Die Motorenwerke Zschopau (Sachsen) wurden am 6. Juni 1907 gegründet. Baute man zunächst Fahrzeuge der Marke DKW – 1928 wurde mit einer Stückzahl von 43 316 die höchste Jahresproduktion der Welt erreicht –, folgte 1919 der erste deutsche Motorroller »Golem-Sesselrad« und ab 1924 die Produktion der Motorräder Marke ZM (Zschopauer Modell), die die preiswertesten in Deutschland waren. 1949 wurde die Motorradproduktion wieder aufgenommen und 1956 erstmals das Markenzeichen MZ verwendet, das fortan auch für Erfolge der DDR bei den Six Days (Internationale Sechs-Tage-Fahrt) stand. Mit 85 000 Maschinen pro Jahr galt MZ als größter Motorradhersteller der Welt, dessen robuste und zuverlässige Zweiräder in rund 100 Länder geliefert wurden. Das Werk wurde zwar von der Treuhand liquidiert, doch Optimisten gründeten die neue Produktionsstätte Motorrad- und Zweiradwerk (MuZ), die später wieder unter MZ firmierte. Das Werk, inzwischen Tochter eines malaysischen Industrieunternehmens, kehrte mit der »RT 125«, die schon in den 50er Jahren in der DDR ein Renner war, zu seinen Wurzeln zurück.

Erster Niederschachtofen der Welt

In Calbe an der Saale wurde der erste Niederschachtofen der Welt mit dem ersten Abstich am 15. Oktober 1951 in Betrieb genommen. Ein neues Verhüttungsprinzip ermöglichte die Nutzung einheimischer Eisenerzvorkommen, die wegen ihres geringen Eisengehaltes nicht in Hochöfen verhüttet werden konnten. Eigens für den neuen Ofen wurde ein Braunkohle-Hochtemperaturkoks entwickelt. Das Werk in Calbe deckte lange Zeit den gesamten Gießereibedarf der DDR und produzierte fast 20 Jahre lang.

Einzige Marmorbrüche

In Fischersdorf und Tegau im Thüringer Raum existierten die einzigen Abbaustätten für Marmor in der DDR. Die tonnenschweren Blöcke wurden im Saalburger Marmorwerk weiterverarbeitet.

Erstes Kavernenkraftwerk der Welt

1915 wurde im Dreibrüderschacht (Unterwerk) und 1924 im Constantinschacht (Oberwerk) bei Zug nahe Freiberg das erste Kavernenkraftwerk der Welt eingerichtet, das bis 1968 Strom erzeugte.

Älteste Fabrik des Kraftfahrzeugbaus in der DDR

Der Bau von Automobilen in Eisenach wurde 1898 aufgenommen. Die ersten Autos hießen »Wartburg«, danach firmierten sie als »Dixi«. 1928 kaufte BMW München das Eisenacher Werk und stieg erstmals in den PKW-Bau ein. Paradestück war der 1938 präsentierte BMW 335. Erst Ende 1945 wurden in Eisenach mit dem BMW 321 wieder Autos gebaut, und ab 18. Oktober 1955 rollten die ersten »Wartburgs« neuer Bauart.

Einmalige Aktion: »Max braucht Wasser«

Im Gründungsjahr der DDR mußte eine Druckwasserleitung über 5 km Länge gebaut werden, damit das dringend benötigte Kühlwasser aus der Saale zur Maxhütte Unterwellenborn gelangen konnte. Rund 3 000 junge Arbeiter und Studenten bauten die Leitung unter der Devise »Max braucht Wasser« als Zentrales Jugendobjekt der FDJ in nur 85 Tagen.

Am Vorabend des 1. Mai 1950 fand in der Mahütte eine große Maikundgebung statt. Ministerpräsident Grotewohl zeichnet den Aktivisten Albert Petzer mit der Aktivistennadel aus.

Erstes Hüttenwerk der DDR

Die Maxhütte in Unterwellenborn, gegründet 1872, lieferte mit dem Anstich des ersten Hochofens am 4. Februar 1946 zum ersten Mal Roheisen. Sie war zugleich der einzige Betrieb der DDR, der den vollen metallurgischen Zyklus vom Roheisen bis zu Halbzeugen und Profilstählen repräsentierte. Nach der Wende mußte die Produktion eingestellt werden. Der luxemburgische Konzern Arbet sicherte sich ein Filetstück und baute daraus ein neues Stahlwerk.

DDR-spezifische Sammelart: »Sero«

Die Sekundärrohstofferfassung der Haushalte erfolgte über Sero-Sammelstellen. Allein in Berlin gab es rund 150 Annahmestellen, außerdem über 1 500 Behälter an 900 Standorten für Altpapier und 680 für Thermoplaste. In den Annahmestellen wurde 1 kg Zeitungspapier mit 0,30 Mark angekauft, für Flaschen gab es zwischen 0,10 bis 0,30 Mark pro Stück. Jährlich verzeichnete die Hauptstadt folgende Sammelbilanz: 45 000 t Papier und Pappe, 70 Millionen Flaschen und Gläser, 4 000 t Alttextilien, 350 t Thermoplaste. Das entsprach etwa 10-15 % des gesamten DDR-Aufkommens. Das größte Aufbereitungszentrum des VEB Sekundärrohstofferfassung befand sich in Berlin-Hellersdorf. Es wurde 1990 zur AG umgewandelt und erzielte 1996 mit 344 Millionen Mark einen Rekordumsatz, der als »Sieg der DDR-Idee« gefeiert wurde.

Die größten Abraumförderbrücken

In den Braunkohle-Tagebauen Welzow-Süd, Nochten und Jänschwalde, alle im ehemaligen Bezirk Cottbus gelegen, arbeiteten die drei größten Abraumförderbrücken der DDR mit einer Abtragshöhe von je 60 m und Förderbrücken bis zu 600 m. Bis 1990 waren insgesamt 17 Brücken in Braunkohlerevieren in Betrieb, 12 davon allein im Cottbuser Raum. Fünf ehemalige Großgeräte stehen als Technische Denkmale in Ferropolis, die größte Abraumförderbrücke ist seit Mai 2002 in Lichterfeld-Schacksdorf im ehemaligen Revier Klettwitz als Touristenattraktion zu sehen. Vier Abraumförderbrücken des Typs F 60 sind als die größten der Welt im Lausitzer Braunkohlerevier noch im Einsatz.

Gigantische Abraumförder-brücke

In der Gemeinde Lichterfeld-Schacksdorf bei Finsterwalde hat am Rande des ehemaligen Tagebaues Klettwitz-Nord die Förderbrücke F 60 ihren Ruheplatz gefunden. Der Stahlkoloß, der mit einem Investitionsaufwand von vier Milliarden DDR-Mark 1989/90 entstand, aber nur noch 13 Monate in der Braunkohle arbeitete, ist 13500 t schwer, 502 m lang und 74 m hoch und damit der größte der Welt. Er wurde nach aufwendiger Restauration als Technisches Denkmal und Besucher-Bergwerk am 4. Mai 2002 von Bundespräsident Johannes Rau eingeweiht. Bei klarem Wetter reicht die Sicht von der Brücke bis zum Völkerschlacht-Denkmal in Leipzig.

Größter Bleiglas-Betrieb der DDR

Die Glashütte Döbern im Brandenburger Spree-Neiße-Kreis war mit 1 700 Beschäftigten der größte Hersteller von Bleiglas. Sie produzierte geschliffene Kristallvasen, Römer und anderes Tafelglas als begehrte Markenware überwiegend für den Export. Die Glashütte ist nach vielem Auf und Ab während der Nachwendezeit einer von den zwei Betrieben (neben Weißwasser), die als einzige der vielen Lausitzer Glashütten überlebt haben. Im Juli 2002 wurde das Werk von einem russischen Investor gekauft.

Einzigartige Hammerschmieden

Über 400 Jahre lang, bis 1969, war der Kupferhammer am Rande des Dorfes Thießen nahe Dessau (Foto) in Betrieb und produzierte Waschkessel, Kochtöpfe, Bratpfannen u. ä. als Halbfabrikate. 1987 wurde die seit 1958 unter Denkmalschutz stehende Hammerschmiede als funktionstüchtige Schauanlage eingerichtet. Noch größer und bekannter ist der 1621 aus einer Getreidemühle umgebaute Frohnauer Hammer (bei Annaberg Buchholz) mit seinen drei Hammerwerken. Der größte Hammer wiegt 300 kg und bringt eine Leistung von bis zu 40 Schlägen pro Minute, der kleine Hammer wiegt 100 kg und schafft 120 Schläge. Das Eisenhammerwerk, das 1951 auf die Zentrale Denkmalliste der DDR gesetzt wurde, ist noch voll funktionstüchtig und wird für Schauvorführungen in Betrieb gesetzt.

Erste und einzige Braunkohlekokerei der Welt

Am 14. Juni 1952 nahm in Lauchhammer die erste und einzige Braunkohle-Großkokerei der Welt ihren Betrieb auf. Prof. Erich Rammler und Dr. Georg Bilkenroth entwickelten das Verfahren für die Herstellung von Hochtemperaturkoks aus heimischer Braunkohle für das Hüttenwesen. Dadurch wurde die DDR von der Einfuhr teuren, hüttenfähigen Kokses unabhängig. Später entstanden in 24 Ofeneinheiten täglich 2 100 t Koks, 210 t Teer und 1,8 Millionen m^3 Stadtgas. Im Braunkohlekombinat arbeiteten 15 000 Menschen. 1991 wurde die Kokerei stillgelegt.

Industrieriesen & -zwerge

Größte Energiebasis

Elf Braunkohle-Großkraftwerke lieferten 68,5 % der Elektroenergie der DDR. Zusammen mit den Industrie-Kraftwerken wurden fast 83 % der Elektroenergie des Landes auf der Basis einheimischer Rohbraunkohle erzeugt.

Letzter Förderturm für Kohle in der DDR

Der 1922/23 gebaute Förderturm vom ehemaligen Karl-Liebknecht-Schacht Oelsnitz im Erzgebirge gehörte zu seiner Zeit zu den modernsten Förderanlagen im Steinkohlebergbau. Der Schacht erreichte bereits 1899 eine Tiefe von 416 m und wurde bis 1934 auf 595 m abgeteuft. Förderturm und Schacht sind heute Technisches Denkmal.

Letzter noch produzierender Ringofen

Als ein produzierendes Denkmal blieb bis heute der öffentlich zugängliche Ringofen in Glindow bei Werder erhalten. Die Erfindung von Friedrich Eduard Hoffmann (1818-1900) revolutionierte die Ziegelproduktion. 1870 produzierten 331 Ringöfen allein in Preußen. Hoffmanns Grabanlage auf dem Dorotheenstädtischen Friedhof/Berlin ist mit Ziegeln und Terrakotten aus einer seiner Fabriken gestaltet.

Älteste Ölmühle

In Pockau bei Aue steht als Technisches Denkmal eine wasserkraftgetriebene Mühle für Ölfrüchte wie Lein, Raps, Mohn, Rüben und Sonnenblumen, die von 1783 bis 1945 ständig in Betrieb war.

Einzige erhaltene Papiermühle

Bis 1973 produzierte die mit Wasserkraft gespeiste Papiermühle in Zwönitz (bei Aue) Pappe. Die funktionstüchtige Anlage ist als Technisches Denkmal noch vollständig erhalten. Erstmals erwähnt wurde die Mühle 1568. Das jetzige Fachwerkgebäude stammt aus den Jahren 1625-1630. Ursprünglich schöpfte man in der Mühle feinstes Büttenpapier.

Erste deutsche Dampfmaschine

Die originalgetreue, funktionsfähige Nachbildung der ersten deutschen Dampfmaschine ist im Mansfeld-Museum in Hettstedt zu besichtigen. Die Dampfmaschine Watt´scher Bauart war 1785 bei Hettstedt im König-Friedrich-Schacht eingesetzt. Ihr Bau gilt – bezüglich der Beschaffung der Unterlagen in England – als einer der ersten Fälle von Industriespionage. Die Dampfmaschine war bis 1794 in Hettstedt, danach bis 1848 im Hoffnungsschacht in Löbejün bei Halle in Betrieb. Der originale 2500 kg schwere gußeiserne Zylinder steht als Technisches Denkmal in Löbejün.

Einer der größten Chemiebetriebe Europas

Die Leuna-Werke, ehemals ein Betrieb des IG Farben-Konzerns, entwickelten sich nach dem Aufbau von Leuna II zu einem der größten Chemiebetriebe Europas. Hier produzierten etwa 30000 Beschäftigte rund 400 Verkaufsprodukte, u. a. Diesel- und Vergaserkraftstoffe, Stick-stoffprodukte und Plaststoffe. An dem Chemie-Standort siedelten sich nach der Stillegung und Demontage des alten Werkes zahlreiche in- und ausländische Unternehmen an.

Älteste erhaltene Kolbendampfmaschine

Die älteste im Original erhaltene Kolbendampfmaschine ist die Bock-Dampfmaschine mit dem Baujahr 1833. Sie stand in Gera, im Hof der Betriebsberufsschule »Willi Strobelt«, später Volkshochschule. Seit 1999 ist sie in der Am-Thor-Passage im Zentrum Geras zu bewundern. Die Maschine war bis 1885 in einer Spinnerei in Betrieb und hatte 8 PS. Sie diente dem Antrieb von bis zu sechs Spinnmaschinen mit je 200 Spindeln.

Älteste Brikettfabrik der Welt

Die Brikettfabrik »Herrmannschacht« in Zeitz ist die älteste der Welt. 1889 wurde die Fabrik mit zwei Dampftellertrocknern und zwei Pressen in Betrieb genommen. Nach 70 Jahren erfolgte am 31. Dezember 1959 die Stillegung. Seither steht das historische Bauwerk unter Denkmalschutz und ist ein Technisches Museum.

Erdöl aus dem Oderbruch

Seit 1984 wird in Kietz im Oderbruch Erdöl gefördert. Jährlich sind es 60 t Öl und 20 000 m³ Gas. Im Juli 2002 wurde die einmillionste Tonne gefeiert. Weitere Förderstätten in Ostdeutschland sind in der Altmark (Sachsen-Anhalt) und auf der Insel Usedom.

Ältester Förderturm in Europa

Der Förderturm des Röhrigschachtes in Wettelrode bei Sangerhausen steht seit 1874 und ist der älteste erhaltene in Europa. Der Schacht gehört zum Kupferschieferbergbau, der 1991 eingestellt wurde. Der Röhrigschacht besitzt seit 1987 ein Bergbaumuseum, das nach der Stillegung um eine Attraktion erweitert wurde: Mit einer originalen Schachtförderanlage kann 300 m tief eingefahren werden, und mit einer Grubenbahn gelangt man direkt bis vor Ort.

Zeitgeschehen

Erster Aktivist

Der Bergmann Adolf Hennecke († 1975) begründete am 13. Oktober 1948 in der Steinkohlegrube »Karl Liebknecht« in Oelsnitz (Vogtland) mit einer Normerfüllung von 387 % die Aktivistenbewegung. Sie wurde zur Grundlage für den Wettbewerb um hohe Produktionsleistungen in allen Betrieben. Hennecke erhielt eine Prämie von 50 Mark, eine Flasche Trink-Branntwein, 1/2 kg Fett, drei Schachteln Zigaretten und Anzugstoff. Am 15. August 1949 wurde er von Wilhelm Pieck mit dem Nationalpreis I. Klasse geehrt.

Die erste Schicht beim NAW

Am 2. Januar 1952 fanden sich am zerstörten Strausberger Platz in Berlin 45 000 Einwohner, unter ihnen Otto Grotewohl und Walter Ulbricht, zum Auftakt für ein Nationales Aufbauwerk – bekannt geworden als NAW – zusammen. In der gesamten DDR setzte danach eine Volksbewegung ein, um die Trümmer des Krieges zu beseitigen und Neues aufzubauen. In den Folgejahren entstanden in Berlin im NAW u. a. die Eisenbahn im Pionierpark, das Freibad Pankow, die Radrennbahn Weißensee und das Friesen-Schwimmstadion.

Folgenschwerste beiläufige Bemerkung

Auf einer Pressekonferenz zum Verlauf des 10. Plenums des ZK der SED am 9. November 1989 teilte Günter Schabowski auf eine Frage beiläufig mit, daß für DDR-Bürger die Reisefreiheit beschlossen wurde. Auf die Nachfrage »Ab wann?« antwortete er exakt um 18.57 Uhr: »Ab sofort.« Noch am gleichen Abend begann in Berlin ein regelrechter Sturm auf die Grenzübergangsstellen, die darauf nicht vorbereitet waren, weil der Beschluß erst am 10. November offiziell verkündet werden sollte.

Größter periodischer Basar

Der Solidaritäts-Basar der Journalisten lockte jährlich am letzten August-Wochenende mehrere 100 000 Besucher auf den Berliner Alexanderplatz. 1986 waren es 300 000, zum 20. Basar kamen am 26. August 1989 mehr als 200 000 Menschen. 165 Redaktionen von Presse, Funk und Fernsehen verkauften zu diesem Anlaß originelle, oft selbst produzierte oder aus dem Ausland mitgebrachte, begehrte Dinge. Die Erlöse flossen auf das Konto des Solidaritätskomitees der DDR. Die Tradition der Solibasare auf dem Alex fand nach der Wende in wesentlich kleinerer Form ihre Fortsetzung.

Verkündung der Bodenreform

In Kyritz verkündete am 2. September 1945 in der Gaststätte »Zum Prignitzer« (seit der Wende dem Verfall preisgegeben) der spätere Präsident der DDR, Wilhelm Pieck, die demokratische Bodenreform.

Die erste »Brigade der sozialistischen Arbeit«

Am 3. Januar 1959 beschloß die Jugendbrigade »Nikolai Mamai« aus dem VEB Elektrochemisches Kombinat Bitterfeld, um den Titel »Brigade der sozialistischen Arbeit« (später »Kollektiv der sozialistischen Arbeit«) zu kämpfen. Ihr Aufruf löste eine DDR-weite Bewegung in allen Betrieben und Institutionen aus. 1982 arbeiteten 265 114 Kollektive im Wettbewerb um diesen Titel. Insgesamt waren 4,7 Millionen Werktätige an diesem Wettstreit beteiligt.

Erstes Deutschlandtreffen

Das 1. Deutschlandtreffen der Jugend wurde am 30. Mai 1950 in Berlin mit 700 000 Teilnehmern aus aller Welt eröffnet. Fünf Tage vor Beginn des Treffens war die Pionierrepublik »Ernst Thälmann« in der Wuhlheide eingeweiht worden. Mit dem 2. Deutschlandtreffen vom 16.-18. Mai 1964 sollte eine Phase der offenen DDR-Jugendpolitik eingeleitet und demonstriert werden. Über eine halbe Million Teilnehmer, darunter 25 000 aus der BRD und Westberlin, kamen zu diesem Anlaß in die Hauptstadt der DDR.

»Dienst für Deutschland« von kurzer Dauer

Den »Dienst für Deutschland« gab es in den Jahren 1952/53. FDJler und andere Jugendliche waren bei Großbauprojekten oder bei der Einbringung der Ernte als Helfer eingesetzt. Der Arbeitsdienst in Uniform war ein Experiment und wurde nach acht Monaten abgebrochen.

Spektakuläre Flucht im Ballon

Am 16. September 1979 gelang zwei Familien aus Thüringen die Flucht aus der DDR in die BRD mit einem selbstgebauten Ballon. Die acht Personen starteten in der Nähe von Oberlemnitz nördlich von Lobenstein und landeten nahe Naila im bayrischen Frankenwald. Die spektakuläre Flucht lieferte das Sujet für den in den USA gedrehten Film »Mit dem Wind nach Westen«.

Einzige Flucht eines Schwimmers über die Ostsee

In der Nacht vom 17. zum 18. August 1969 gelang dem Schwimmer vom SC DHfK Leipzig, Axel Mitbauer, die Flucht über die Ostsee in die BRD. Von Boltenhagen aus schwamm der DDR-Meister (400 m Freistil) in drei Stunden rund 22 km bis in die Lübecker Bucht, wo er sich an eine Leuchtboje klammerte, um sich zu wärmen. Dort wurde er von dem nach Kiel fahrenden Fährschiff »Nordland« aufgenommen.

Beginn der Fünf-Tage-Woche

Ab April 1966 wurde die Fünf-Tage-Woche zunächst in jeder zweiten Woche, ab September 1967 generell eingeführt. Gleichzeitig fielen Ostermontag, 8. Mai (Tag der Befreiung), Himmelfahrts- und Bußtag als gesetzliche Feiertage weg. Karfreitag und Pfingstmontag mußten an den folgenden Sonnabenden nachgearbeitet werden.

Erste Jugendweihe in der DDR

Ostern 1954 fand auf Initiative des späteren Kulturministers Hans Bentzien im Volkshaus Jena die erste Jugendweihe der DDR statt. Am 8. November 1954 konstituierte sich der »Zentrale Ausschuß für Jugendweihe«, der am 20. März 1955 in Berlin die ersten Jugendweihefeiern organisiert. Bei diesem Anlaß werden die Jugendlichen in den Kreis der Erwachsenen aufgenommen. 1889 fanden in Deutschland die ersten Jugendweihen mit proletarischem Charakter statt.

Letzte Lebensmittelkarten

Am 8. Oktober 1951 wurde die bis dahin in der DDR gültige Rationierung der Lebensmittel durch Kartenabschnitte aufgehoben. Bereits am 22. Februar des gleichen Jahres war die Zuteilung von Textilien weggefallen. Ab 1958 gab es generell keine Rationierungen mehr.

Größte Jugendtreffen in Deutschland

Die III. Weltfestspiele der Jugend und Studenten vom 5. bis 19. August 1951 in Berlin waren das bis dahin größte Jugendtreffen in der DDR. Es nahmen 26 000 Jugendliche aus 104 Ländern, mehr als 2 Millionen Jugendliche und Pioniere aus der DDR sowie 3 500 jugendliche Besucher der BRD und aus Westberlin teil. Zahlreiche Objekte für dieses weltweite Fest entstanden in Sondereinsätzen. Dazu zählten u. a. die Sporthalle in der damaligen Stalinallee (Karl-Marx-Allee), die 1971 abgerissen wurde, und das Friesen-Schwimmstadion (1993 abgerissen). Eine Teilnehmerkarte kostete 15 Mark und beinhaltete Unterbringung, Verpflegung, freie Fahrt und freien Eintritt bei allen Veranstaltungen. Vom 28. Juli bis 5. August 1973 trafen sich 25 000 Delegierte und Gäste von 1 700 nationalen und internationalen Organisationen aus 140 Ländern zu den X. Weltfestspielen in Berlin.

Zeitgeschehen

Erste Jugendobjekte

Der ehemalige Ort Adelsdorf bei Großenhain war das erste zentrale Jugendobjekt. Die Gemeinde war kurz vor Kriegsende im Mai 1945 total zerstört worden. Bis 1950 wurde sie von Jugendbrigaden wieder aufgebaut und in »Dorf der Jugend« umbenannt. Seither war die Stelle des Bürgermeisters von einem FDJ-Mitglied besetzt. 1990 nahm der Ort wieder den ursprünglichen Namen Adelsdorf an. Nächste zentrale Jugendobjekte der FDJ waren 1948 der Bau der Eisenbahnstrecke Rostock – Schwaan sowie 1949 der Bau der Fernwasserleitung zur Maxhütte in Unterwellenborn – bekannt geworden unter dem Namen »Max braucht Wasser«. Am 19. Dezember 1951 übernahm die FDJ den Bau der Talsperre Sosa als zentrales Jugendobjekt. Auch der Bau des Erdölverarbeitungswerkes Schwedt (Oder) – Grundsteinlegung war am 11. November 1960 – am Endpunkt der Erdölfernleitung »Freundschaft« gehörte zu den zentralen Jugendobjekten.

Bedeutendstes Jugendobjekt

Die im Rat für Gegenseitige Wirtschaftshilfe (RGW) vereinbarte Kooperation zwischen sieben Staaten für den Bau einer Erdgasleitung von Orenburg bis zur Westgrenze der UdSSR wurde in der DDR im Februar 1982 der FDJ als »Zentrales Jugendobjekt Freundschaftstrasse« übergeben. 1984 kam der Abschnitt im Permer Gebiet am Ural dazu. Die jungen Monteure aus der DDR – insgesamt waren es fast 15 000 – verlegten rund 1 750 km Pipeline, bauten 19 Verdichterstationen, 16 Schulen und Kindereinrichtungen, hunderte Kilometer befestigte Straßen sowie mehrere Industrieobjekte und über 4 500 Wohnungen entlang der Trassenführung. Ein Verein »Erdgastrasse e. V.« ehemaliger Trassenarbeiter organisiert jährliche Treffen der Pipeliner; 2002 fand es in Deutzen bei Leipzig statt.

Kapelle als Namensgeber

Gut Liebenberg im Löwenberger Land nordwestlich von Berlin steht in enger Beziehung zur antifaschistischen Widerstandsbewegung. Hier, auf dem Familienbesitz der Eulenburgs, heirateten Tochter Libertas und Harro Schulze-Boysen. Die Trauung fand in der Kapelle statt, die später Name für die bedeutendste Widerstandsgruppe gegen die Nazis wurde – den Beinamen »rote« fügten die Nazis als Diffamierung hinzu. Das Paar wurde im Dezember 1942 in Plötzensee hingerichtet. Auf Gut Liebenberg wurde eine Gedenkstätte eingerichtet.

Größte Montagsdemo

Am 9. Oktober 1989 fand in Leipzig die mit 70 000 Teilnehmern größte Montagsdemonstration als Ausdruck der friedlichen Revolution für eine bessere DDR statt. Diese Demonstrationen im Anschluß an die montäglichen Friedensgebete in der Nikolaikirche hatten im Herbst begonnen und waren bald in der gesamten DDR verbreitet.

Dreifache Symbolik

Das offizielle Staatswappen der DDR vom 26. September 1955 symbolisierte die führende Kraft der Arbeiterklasse (Hammer), das Bündnis mit den Genossenschaftsbauern (Ährenkranz) und mit der Schicht der Intelligenz (Zirkel).

Subbotnik als Massenbewegung

Dieser Begriff für den freiwilligen, sonnabendlichen Arbeitseinsatz leitet sich aus dem russischen Subbota (Sonnabend) und Rabotnik (Arbeiter) ab. Es gab ihn vor allem für Aktionen in Wohngebieten, in denen die Bürger unter dem Motto »Schöner unsere Städte und Gemeinden – mach mit!« den jährlichen Frühjahrs- und Herbstputz durchführten.

Erstmalige Verwendung des Staatsemblems

Erstmals wurde das Emblem der DDR öffentlich am 8. November 1950 gezeigt – und zwar an der Stirnseite des Versammlungsraumes der erstmals tagenden Volkskammer der DDR. Der 1. Entwurf stammte von Ministerpräsident Otto Grotewohl, der als gelernter Buchdrucker auch ein guter Zeichner war. Sein Emblem zeigte einen vom gelben Ährenkranz umgebenen Hammer in Schwarz auf rotem Untergrund. Hammer und Zirkel im Staatswappen tauchten erstmals in einer Fassung vom 28. Mai 1953 auf.

Ungewöhnlichster Transitkonvoi

Am 2. Juni 1967 wurde der Student Benno Ohnesorg bei einer Demonstration anläßlich des Besuches des Schahs von Persien gegen den Vietnam-Krieg vor der Deutschen Oper in West-Berlin erschossen. Der Täter, Polizei-Obermeister Karl-Heinz Kurras, blieb straffrei. Trauermärsche und Demonstrationen hatte der Senat verboten. Von Seiten der DDR gab es das Angebot, den Trauerzug am 8. Juni die Transitstrecke nach Hannover unkontrolliert passieren zu lassen. Der Konvoi wurde von der FDJ begleitet, und der Liedermacher Hartmut König sang das Lied »Wie starb Benno Ohnesorg?«

Erster und einziger Präsident der DDR

Wilhelm Pieck wurde am 11. Oktober 1949 von der provisorischen Volkskammer einstimmig zum ersten Präsidenten der DDR gewählt. Blumen erhielt er vom jüngsten Mitglied der Volkskammer, Margot Feist, der späteren Margot Honecker. Er übte diese Funktion bis 1959 aus.

Schrittweise Einführung des Babyjahrs

Am 1. Januar 1964 trat die Verordnung über die Verlängerung des Schwangerschafts- und Wochenurlaubs für berufstätige Frauen auf 14 Wochen in Kraft. Am 28. April 1972 wurde der Urlaub auf 26 Wochen erhöht. Für Frauen mit zwei und mehr Kindern gab es ab 1976 die 40-Stunden-Woche. Das sogenannte Babyjahr wurde ab 24. Mai 1984 zunächst für berufstätige Frauen mit drei Kindern (eineinhalb Jahre bezahlte Freistellung), ab 17. April 1986 auch für das erste und zweite Kind eingeführt.

Trinkmilch für alle

1949 wurde die Schulspeisung zunächst mit einem Brötchen pro Tag eingeführt. Ab 15. April 1950 gab es täglich eine warme Mahlzeit für 0,55 Mark und Trinkvollmilch für alle Kinder. Schüler aus kinderreichen Familien (ab vier, später ab drei Kindern) waren von den Kosten befreit.

Niedrigste Fahrpreise

Der Fahrpreis für die Straßenbahn war in Magdeburg mit 15 Pfennig am niedrigsten. Dieser Preis konnte durch den Erwerb von Fahrscheinblöcken noch unterschritten werden, beispielsweise gab es in Görlitz ein 50-Fahrten-Heft für 6 Mark, also 12 Pfennig für eine Fahrt. Der Normalpreis für eine Fahrt betrug 20 Pfennig.

Bekannteste unbekannteste Wohnsiedlung

Die Waldsiedlung in Wandlitz war der Wohnsitz der Mitglieder des Politbüros des ZK der SED und als solcher hermetisch von der Außenwelt abgeriegelt. Die 23 komfortablen Bungalows standen zerstreut in einem Wald- und Parkgelände. Im Haus Nummer 11 wohnte Erich Honecker, das Haus 4 gehörte seinem Nachfolger als Generalsekretär, Egon Krenz. Heute zählen die Gebäude zum Bestand der Brandenburg-Klinik.

Karibikinsel mit »DDR«-Strand

Die »Bild«-Zeitung forderte in ihrer Ausgabe vom 14. Februar 2001 eine Karibikinsel von Kuba ein, die Fidel Castro angeblich der DDR geschenkt hatte. Die Insel, südlich der Provinz Matanzas, war der DDR allerdings nicht geschenkt worden, sondern man hatte ihr lediglich laut Präsidentenerlaß Nr. 3676 im Jahr 1972 den Namen »Ernst Thälmann« verliehen. Anlaß war der 28. Todestag des auch in Kuba geschätzten deutschen Kommunisten. Der Strand erhielt den Namen »Deutsche Demokratische Republik«.

Gekappte soziale Errungenschaft

Ab dem 29. Juli 1961 wurde monatlich ein bezahlter Hausarbeitstag (Haushaltstag) für berufstätige Frauen eingeführt, wenn sie verheiratet waren bzw. Kinder bis zu 18 Jahren oder pflegebedürftige Angehörige zum Haushalt zählten. Auch alleinstehende Frauen, die das 40. Lebensjahr vollendet hatten, kamen in diesen Genuß. Mit dem Ende der DDR ging auch diese Errungenschaft verloren.

Zinsloser Ehekredit

Zur Anhebung der Geburtenrate wurde ab 28. April 1972 für junge Paare ein zinsloser Ehekredit von 5 000 Mark gewährt. Ab 1976 gab es für junge Ehen zinslose Kredite bis 5 000 Mark für Wohnraumbeschaffung sowie 5 000 Mark für die Ausstattung bei einer Rückzahlung innerhalb von acht Jahren. Dabei wurden nach der Geburt des ersten Kindes 1000 Mark, beim zweiten Kind 1 500 und beim dritten 2 500 Mark erlassen. Ab 1986 erhöhte sich der Ehekredit auf 7 000 Mark.

Letztes »offizielles« Erklingen der Nationalhymne der DDR

Das war am 23. November 1995. Fünf Jahre nach dem Ableben der DDR. Wie das? Bundespräsident Roman Herzog wurde in der südbrasilianischen Stadt Porto Alegre im Bundesstaat Rio Grande empfangen. Schmissig intonierte die prächtig uniformierte Kapelle der Polizeiakademie zur Begrüßung die Hymne. »Auferstanden aus Ruinen« – die Hymne der DDR.

Gesundheit

Einzige Augenheilstätte

Die Augenheilstätte in Masserberg am Rennsteig war die einzige in der DDR. Wegen des günstigen Klimas werden hier nach wie vor hauptsächlich Entzündungen der Netz- und Aderhaut geheilt. Die Heilstätte wird von der Universitäts-Augenklinik Jena betreut.

Einziges Höhensanatorium

Die »Sachsenbaude« in Oberwiesenthal unterhalb des Fichtelbergs war das einzige Höhensanatorium in der DDR. Dank der besonderen klimatischen Bedingungen können dort Hautkrankheiten geheilt oder zumindest gelindert werden.

Erster Krankenhausneubau

In Bad Berka (Thüringen) entstand 1950 der erste Krankenhausneubau großen Stils in der DDR. Er diente als Tuberkulose-Heilstätte und später der Behandlung von Herz- und Kreislauf-Erkrankungen.

Erste Poliklinik

1948 wurde in Chemnitz in einem Gebäude des Krankenhauses an der Zschopauer Straße (Juri-Gagarin-Straße) die erste Poliklinik der DDR eröffnet.

Einzigartiger Heilschlamm

Aus dem Schollener See in Schollene bei Havelberg wird der Naturheilschlamm »Pelose« gefördert. Mit einem in der DDR eigens dafür entwickelten Förderfloß wurde der Schlamm aus 7 bis 10 m Tiefe gewonnen und zur Heilbehandlung rheumatischer und Gelenkerkrankungen in alle Welt versendet. Diese Art der Schlammförderung ist einmalig in Europa.

Stärkste Radonquelle in Europa

Mit 2 267 Mache-Einheiten pro Liter ist die Radonquelle von Bad Brambach die stärkste des Kontinents, auf dem insgesamt nur in 14 Bädern Radonquellen sprudeln.

Weltrekordler im Blutspenden

Fred Loose aus Schenkenhorst bei Potsdam spendet seit 1968 regelmäßig Blut – und zwar kostenlos. Am 7. März 2002 erfolgte die 800. Spende des Agrar-Ingenieurs, was insgesamt einer Menge von 480 Litern entspricht.

Erste Fluoridierung in Europa

1959 begann die Trinkwasser-Aufbereitungsanlage der Talsperre Einsiedel bei Karl-Marx-Stadt (Chemnitz) als erste in Europa mit der Fluoridierung des Trinkwassers. Weitere Wasserwerke des Bezirkes gingen später ebenfalls dazu über. Das automatisch zugegebene und genau dosierte Fluorid war völlig geschmacklos, bewirkte härteren Zahnschmelz und diente damit der Kariesvorsorge. Untersuchungen ergaben einen Rückgang der Karies von bis zu 40 %. 1990 mußte das Verfahren nach der bundesdeutschen Gesetzgebung eingestellt werden.

Größter Krankenhausbau der DDR

König Friedrich I. in Preußen ließ 1710 vor den Toren der Spandauer Vorstadt ein Pesthaus errichten. Es wurde bald darauf in ein allgemeines Krankenhaus umgewandelt, das seit 1727 den Namen Charité trägt und damit die älteste medizinische Einrichtung der Hauptstadt ist. 1829 wurde an der Charité die erste deutsche Kinderklinik gegründet. Von 1831 bis 1835 wurde die sogenannte Neue Charité gebaut und immer wieder durch Neubauten erweitert. Als sich die mit wildem Wein bewachsenen Backsteingebäude für einen modernen Klinikbetrieb und als Stätte medizinischer Forschung zunehmend als unzureichend erwiesen, faßte das Politbüro der SED und die Regierung der DDR 1975 den Beschluß, der Charité durch Neubauten und umfassende Rekonstruktion vorhandener Gebäude ein modernes Antlitz zu geben. Damit wurde das größte Bauvorhaben in der 265jährigen Geschichte der Charité und gleichzeitig des Gesundheitswesens der DDR überhaupt gestartet. Im ersten Bauabschnitt wurde eine moderne Chirurgische Klinik als Hochhaus östlich errichtet. Der zweite Bauabschnitt war 1988 fertig.

Größte Kureinrichtung

1966 schlossen sich Bad Elster (rund 2000 Betten) und Bad Brambach (800 Betten) im Vogtland zum einzigen Staatsbad der DDR zusammen, das zugleich die größte Kureinrichtung des Landes war. Pro Jahr gab es 33 000 bis 35 000 verordnete, kostenlose Kuren, das entsprach etwa 20 % aller Heilkuren für Erwachsene in der DDR. Beide Bäder beschäftigten 1 200 Mitarbeiter. 1991 wurden die sieben Kurkliniken privatisiert, im gleichen Jahr gründete sich die Sächsische Staatsbäder GmbH. Der Kurbetrieb in Bad Elster begann 1848, die Heilwirkung des »Säuerlings«, wie die bekannteste der 16 Trink- und sieben weiterer Mineralquellen heißt, war aber nachweislich schon seit 1538 bekannt. Nebenan in Bad Brambach wird seit 1912 gekurt; die Quellen enthalten als Besonderheit einen hohen Anteil des seltenen Edelgases Radon.

Die meisten Sanatorien

Im Bezirk Karl-Marx-Stadt gab es mit 32 die meisten Sanatorien. Insgesamt verfügte die DDR 1988 über 75 Sanatorien, 16 Genesungsheime sowie 76 Kurheime, 13 für Erwachsene und 63 für Kinder.

Erstes Landambulatorium

Das Landambulatorium »Dr. Herbert Baer« wurde am 14. November 1948 in den Räumen des Golßener Schlosses bei Luckau eingerichtet. Dazu gehörte auch eine Entbindungsstation – damals eine einzigartige Neuerung für Ambulatorien. 1989 gab es insgesamt 435 Landambulatorien in der DDR, die mit der Wende als staatliche Einrichtungen geschlossen worden sind.

Größte Zahl von Knieoperationen in Europa

Prof. Dr. sc. med. Kurt Franke, von 1964 bis Oktober 1991 Chef der Chirurgischen Klinik des Krankenhauses Berlin-Pankow, ist mit über 1 300 Knieoperationen (plastischer Ersatz des Kreuzbandes) in 20 Jahren deutschland- und europaweit unübertroffen. Der Chirurg operierte als Kniespezialist auch zahlreiche Spitzensportler. Als anerkannte Kapazität war er ein gefragter Referent und hielt 350 Vorträge auf internationalen Kongressen und Kolloquien in aller Welt. Zur Wende wurde der Mediziner mit dem Spitznamen »Kniefranke« aus seinem Amt entlassen.

Einmalige Eheschule

Am 27. September 1972 öffnete in der Kreisbildungsstätte des Gesundheits- und Sozialwesens in der Magdeburger Harnackstraße 2 die erste Eheschule der DDR. Bei kostenloser Teilnahme wurden die Besucher mit Themen wie »Ehe und Familie in der sozialistischen Gesellschaft«, »Partnerschaft von Mann und Frau«, »Intimsphäre und Sexualität« oder »Schwangerschafts-Unterbrechung und Familienplanung« vertraut gemacht.

Urlaub & Erholung

Größter Kulturpark der DDR

1969 entstand auf einer Fläche von 29 ha der Kulturpark im Berliner Plänterwald mit zahlreichen Vergnügungsattraktionen, 25 Fahrgeschäften, einem Westerndorf und vier Aktionsbühnen. Herausragend ist das 45 m hohe Riesenrad. Jährlich besuchten über eine Million Berliner und Gäste der Hauptstadt den Kulturpark, der 1992 von Norbert Witte übernommen wurde. Der Hamburger brachte zwei Karussells ein und erhielt später statt des einfachen Pachtvertrages einen Erbbaurechtsvertrag. Unbemerkt setzte er sich wegen permanenter Zahlungsunfähigkeit 2001 nach Peru ab und nahm Karussells und Fahrgeschäfte mit.

Größtes Riesenrad in der DDR

Das mit 45 m Höhe weithin sichtbare Riesenrad im Kulturpark des Berliner Plänterwaldes war das größte in der DDR. Die 36 Gondeln bieten 216 Personen Platz. Das größte transportable Riesenrad in Deutschland, das einem Betreiber in Bad Oyenhausen gehört, ist 61 m hoch und hat 42 Gondeln für 420 Fahrgäste.

Erste FKK-Strände

Ab 1951 entwickelte sich in den Dünen von Prerow auf dem Darß der erste FKK-Zeltplatz der DDR, der schnell zum größten an der Ostseeküste wurde und es auch heute noch ist. Es folgten FKK-Badestrände auf Hiddensee, bei Ahlbeck, Koserow und Ückeritz (alle Usedom) sowie Ahrenshoop (Darß), die auf der Grundlage des Gesetzes vom 6. Juni 1958, welches das »Baden ohne Badebekleidung« offiziell regelte, als erste FKK-Strände der DDR eingerichtet wurden.

Seebad, ältestes deutsches

Heiligendamm, nordwestlich von Rostock, wurde 1793 als Kur- und Badeort von Herzog Friedrich Franz von Mecklenburg gegründet. Man badete damals nicht in der Wanne, sondern in Badekarren, die von Pferden ins Wasser gezogen wurden. Die Kureinrichtungen des Ostseebades empfehlen sich besonders für Gäste mit Hauterkrankungen und Rheuma. In Mecklenburg-Vorpommern gibt es inzwischen 49 anerkannte Kur- und Erholungsorte mit 63 Rehabilitations- und Kurkliniken, von denen die meisten direkt an der Küste liegen.

Meistbesuchter Urlaubsort

Binz auf Rügen war das Urlauberzentrum der DDR mit den meisten Gästen. Das Ostseebad verfügte über 12 000 Gästebetten und verzeichnete in der Hochsaison bis zu 15 000 Besucher pro Tag. Attraktionen von Binz sind neben dem Kurhaus die Seebrücke, die 4 km lange Strandpromenade mit zahlreichen Häusern in typischer Bäderarchitektur und der breite Sandstrand am Prorer Wiek.

Beliebteste Urlaubsregion

Der Bezirk Rostock war die beliebteste Urlaubsregion der DDR. 1988 reisten 3 463 000 Urlauber vor allem an die Ostseeküste; fast die Hälfte davon (42,6 %) hatte einen FDGB-Ferienplatz, 26,7 % verbrachten ihre Ferien auf einem Zeltplatz, nur 15,5 % in privaten Unterkünften oder Hotels.

Ältestes Wellenbad der Welt

Das Bilz-Luftbad in Radebeul bei Dresden ist das älteste, noch originalgetreu funktionierende Wellenbad der Welt. Es wurde 1905 von Friedrich Eduard Bilz (1842-1922) erbaut. Das Herzstück bildet die Wellenmaschine aus dem Jahr 1912, die mit über 50 PS alle 60 bis 90 Minuten die Wogen für die Badegäste produziert.

Größtes Erholungszentrum für die Jugend

Am Scharmützelsee, östlich von Berlin gelegen, befand sich das größte Jugenderholungszentrum der DDR. Es umfaßte ein 40 ha großes Gelände und bot in Bungalows und zwei Bettenhäusern Platz für über 1 000 Gäste. Nach der Wende wurde sein Schicksal besiegelt und der gesamte Komplex abgerissen. Derzeit entstehen auf dem Gelände 100 Häuser für Familienurlauber.

Einzigartiger Feriendienst

Der Feriendienst der Gewerkschaft (FDGB) begann 1951 mit der Urlauberbetreuung vor allem in den Ferienzentren an der Ostsee, im Thüringer Wald und im Erzgebirge. Rügen zählte jedes Jahr fast eine Million Urlauber. Der Urlauber zahlte dank der Zuschußregelungen in der Gewerkschaft durchschnittlich nur 30 % der tatsächlichen Kosten eines 14tägigen Ferienaufenthaltes, einschließlich Unterkunft und Vollverpflegung. Abhängig von Lohn oder Gehalt kostete ein Platz für Gewerkschaftsmitglieder zwischen 30 und 100 Mark, in neuen, komfortablen Heimen zwischen 40 und 210 Mark. Pro Kind bis 16 Jahre waren 30 Mark zu entrichten. Bei der Anreise mit der Bahn gab es ein Drittel Ermäßigung auf den Fahrpreis. 1986 wurden vom FDGB 5,1 Millionen Ferienreisen vergeben. Der FDGB-Feriendienst wurde 1990 aufgelöst.

Einzige schwimmende Jugendherberge der Welt

Am 13. April 2002 wurde auf der »Georg Büchner« im Rostocker Stadthafen eine neue schwimmende Jugendherberge eröffnet. Es ist weltweit die einzige ihrer Art auf einem Stahlschiff. Sie verfügt über 46 Betten in Vierer- und Sechserkabinen. Die 1951 in Antwerpen gebaute »Georg Büchner« brachte ursprünglich als Frachter Kaffee, Kakao und Tabak aus dem Kongo in die DDR und wurde 1977 in den Ruhestand versetzt. Danach wurde das Schiff für die Aus- und Weiterbildung in der Warnowwerft genutzt.

Zentrale Pionierlager – Paradies für Kinder

In der DDR gab es insgesamt 49 zentrale Pionierlager, in denen 1988 exakt 110 980 Kinder betreut wurden. Darüber hinaus verfügten die meisten Betriebe über eigene Kinderferieneinrichtungen – 3500 insgesamt – in denen jährlich etwa 2,4 Millionen Kinder ihre Ferien genießen konnten.

Die meisten FDGB-Ferienheime

959 FDGB-Ferienheime mit 168 842 Betten besaß der Bezirk Rostock und hatte damit die meisten in der DDR. Insgesamt verfügte der FDGB über 3 695 Erholungseinrichtungen, von denen der überwiegende Teil in den Betrieben zur Verfügung stand.

Florierendes Reisebüro der FDJ

In den 260 Erholungseinrichtungen, Herbergen und Touristenhotels von Jugendtourist kostete eine Übernachtung seit Jahren unverändert 25 Pfennig für Kinder, Schüler, Lehrlinge und Studenten. Jugendtourist organisierte jährlich mehr als eine Million Reisen.

Die meisten Campingplätze

Die größte Anzahl hatte der Bezirk Potsdam mit 94 Plätzen aufzuweisen. Allerdings konnte der Bezirk Rostock mit seinen 54 Plätzen 93 000 Personen aufnehmen und verfügte damit über die größte Tageskapazität. 1999 gab es im Land Brandenburg (ehemalige Bezirke Potsdam, Frankfurt/Oder und Cottbus) 170 und in Mecklenburg-Vorpommern (Bezirke Rostock, Schwerin und Neubrandenburg) 167 Campingplätze. Die größten nach ihrer Fläche waren und sind Prerow mit 35 ha, Markgrafenheide mit 26 ha und Graal-Müritz mit 25 ha.

Pionierrepublik, die größte Kindereinrichtung Deutschlands

Die zentrale Einrichtung der Pionierorganisation wurde am 16. Juli 1952 als Internationale Pionierrepublik vom Präsidenten der DDR, Wilhelm Pieck, am Werbellinsee, nördlich von Berlin, eröffnet. Sie diente neben der Erholung auch der Festigung des Pionieraktivs und vermittelte vielfältige Anregungen für die Beschäftigung in der Pionierorganisation. In der Pionierrepublik »Wilhelm Pieck« (1 250 Betten) fanden repräsentative internationale Sommerlager unter dem Patronat der Kinder-Weltorganisation CIMEA statt. Nach der Wende wurde aus der Einrichtung eine Europäische Jugend- und Begegnungsstätte. Das 150 ha große Areal im Biosphärenreservat Schorfheide-Chorin stand 2002 zum Verkauf.

Feste & Märkte

Ältester Weihnachtsmarkt

Die Anfänge des Dresdner Striezelmarktes gehen bis auf das Jahr 1434 zurück, als die Sachsenherzöge Friedrich und Sigismund den Bäckern das Recht einräumten, vor dem Fest ihre Striezel – Vorläufer der weltbekannten Dresdner Weihnachtsstollen – feilzubieten. Der Striezelmarkt ist zugleich der größte Weihnachtsmarkt in der DDR gewesen.

Uralter Osterbrauch

Das Osterreiten in der Lausitz ist ein uralter Brauch, der aus Flurumritten nach dem Winter entstand. Jedes Jahr versammeln sich die Reiter am Ostersonntag um 12.30 Uhr im Hof des Klosters St. Marienstern in Panschwitz-Kuckau. Die Pferde sind festlich geschmückt, Schweif und Mähne geflochten, die Sättel sind silber- oder muschelverziert, die roten Satteldecken haben ein aufgesticktes Ordenslamm. Die Reiter sind ausstaffiert mit Gehrock, weißen Handschuhen und Zylinder; sie tragen Kirchenfahnen, Kreuz und die Statue des Auferstandenen mit sich. Die Prozession trägt auf diese Weise die Botschaft der Auferstehung in die Nachbargemeinden. Insgesamt gibt es in der sorbischen Lausitz neun Prozessionen mit über 1 000 Teilnehmern.

Fest nach der Heuernte: Grasedanz

In den Harzorten Rübeland und Hüttenrode wird alljährlich nach der Heuernte das »Grasedanzfest« mit zahlreichen Gästen gefeiert. Das 1885 erstmals erwähnte Volksfest wird vorwiegend von den Frauen der Dörfer ausgestaltet, die an diesem Tag das »Frauenrecht« ausüben. Höhepunkt ist beim abendlichen Tanz die Krönung der Grasekönigin, die ein Jahr lang residieren darf.

Traditionsreiches Baumblütenfest

Das Baumblütenfest in Werder/Havel wird seit 1879 gefeiert. Damals hatte der Obstbauverein beschlossen, jährlich ein Blütenfest zu veranstalten. Seither gibt es traditionell einen Umzug mit reichlich Obstwein, geschmückten Wagen, Ausstellungen von Obstbauern und die Wahl der Blütenkönigin. Zum 123. Blütenfest 2002 kamen rund 700 000 Besucher.

Längste Karneval-Tradition

In Wasungen, Kreis Meiningen, besteht die längste Karnevalstradition. Sie geht bis auf das Jahr 1524 zurück, so daß 2003 bereits die 480. Karnevalssaison eröffnet wurde.

Einzigartige Hochzeit

Die sorbische Vogelhochzeit wird nach uraltem Brauch alljährlich am 25. Januar in den zweisprachigen Kreisen der Lausitz gefeiert. Zu diesem Anlaß backen und verkaufen die Bäcker Vogelfiguren und Nester aus Teig, und die Kinder verkleiden sich als Vögel. In den Dörfern und Kleinstädten finden Volksfeste zur Vogelhochzeit statt.

Königin der Gurken

Jährlich wird am 3. Juli-Wochenende im Spreewald-Ort Lehde die Gurkenkönigin gewählt. Das kann nicht jeder werden, denn die Kandidatinnen müssen verschiedene Bedingungen erfüllen: eine Spreewaldtracht besitzen, aus der Region stammen, die Geschichte der Gurke kennen, Gurkenkräuter bestimmen und Gurken schälen können.

Zwiebelmarkt seit dem Mittelalter

Der Weimarer Zwiebelmarkt ist der einzige Markt in Deutschland, der sich als typisches Volksfest mit örtlicher Eigenart seit dem Mittelalter erhalten hat. Erwähnt wurde er erstmals am 4. Oktober 1653 als »Viehe- und Zwippelmarkt«. Seither findet er auf dem Frauenplan und in der Schillerstraße, der früheren Esplanade, regelmäßig im Oktober statt; seit 1949 jeweils am 2. Wochenende des Monats. Symbol des Marktes ist der Zwiebelzopf, für dessen kunstvolle Gestaltung die Zwiebelbauern aus Heldrungen bekannt sind. Bei jedem Markt gibt es einen Wettbewerb um den längsten Zwiebelzopf.

Einzige Schifferfastnacht

Seit 1612 wird im Elbedorf Postelwitz, einem Ortsteil von Bad Schandau, Schifferfastnacht gefeiert. Sobald die ersten Frühlingsboten die baldige Schiffahrt verheißen, ziehen die »Fleckelhanswürste« in Kostümen aus Streifen und Flicken und mit Schellen besetzt in Begleitung von Neptun durch den Ort, um den Winter zu vertreiben.

Ältester und größter Pferdemarkt

Die Tradition des Havelberger Pferdemarktes reicht bis ins 16. Jahrhundert zurück. Mit wenigen Unterbrechungen wegen Kriegen oder Seuchen findet er seither alljährlich statt. Bei diesem Kauf- und Tauschmarkt im Mühlenholz am Rande der Stadt waren in der DDR stets 300 bis 400 Pferde im Angebot. Heute hat dieser Jahrmarkt internationalen Charakter angenommen.

Meistbesuchter Töpfermarkt

1971 fand zum ersten Mal der »Bürgeler Töpfermarkt« statt. Damit wurde eine Tradition begründet, die nach der Wende neuen Aufschwung erhielt und alljährlich Töpfer und Keramiker des In- und Auslandes sowie rund 25 000 Besucher nach Bürgel lockt. 1994 wurde erstmals ein Keramikpreis ausgelobt. Die prämierten Keramiken werden für das Keramikmuseum Bürgel angekauft.

Ältester Pflaumenkuchenmarkt

Seit 1725 richten die Bürger der Saale-Stadt Plötzkau alljährlich im September den Pflaumenkuchenmarkt aus.

Deutschlands größtes Frühlingsfest

1897 bewegte sich aus Anlaß der vielerorten gefeierten Frühlingsfeste erstmalig ein Festzug durch die Stadt Eisenach zum Marktplatz. Dort wird der Winter, symbolisiert durch eine Strohpuppe, verbrannt. Heute ist der »Eisenacher Sommergewinn« das größte Frühlingsfest in Deutschland. Zehntausende besuchen alljährlich, drei Wochen vor Ostern, dieses Volksfest. Zum Brauch gehört, daß die Eisenacher ihre Häuser festlich schmücken.

Bildung

ABF – Spezifische Studienvorbereitung

1949 wurden an den Hochschulen und Universitäten in der DDR Arbeiter- und-Bauern-Fakultäten (ABF) zu Vorbereitung junger Arbeiter und Bauern auf ein Studium eingerichtet. Die Erlangung des Abiturs, zumeist nach der Lehre, mit nachfolgendem Studium war ein Schritt zur Heranbildung einer neuen, sozialistischen Intelligenz. Ab 1961 wurde die Anzahl der ABF schrittweise verringert. Hermann Kant, selbst Absolvent und Dozent an der ABF Greifswald, setzte in seinem Roman »Die Aula« diesem DDR-spezifischen Bildungsweg ein literarisches Denkmal.

Größte Akademie der DDR

Die Akademie der Wissenschaften der DDR (AdW) war als größte Forschungsakademie des Landes die Nachfolgerin der von G. W. Leibniz am 1. Juli 1700 in Berlin gegründeten »Kurfürstlich Brandenburgischen Sozietät der Wissenschaften«, der späteren »Preußischen Akademie der Wissenschaften«. Nach dem Krieg hatte sie am 1. April 1946 ihre Tore wieder geöffnet und beschäftigte in den 80er Jahren rund 20 000 Mitarbeiter. Die Akademie zählte 150 Ordentliche Mitglieder, 76 Korrespondierende Mitglieder sowie 131 Gelehrte aus 24 Ländern als auswärtige Mitglieder.

Jüngste Akademie der DDR

Am 21. Dezember 1976 wurde das Institut für Gesellschaftswissenschaften beim ZK der SED (ggr. 21. Dezember 1951) in den Rang einer Akademie erhoben.

Älteste Bergakademie der Welt

Auf Veranlassung von Friedrich Anton von Heynitz und Friedrich Wilhelm von Oppel wurde am 13. November 1765 die Bergakademie Freiberg (Sachsen) als erste montanwissenschaftliche Bildungsanstalt der Welt gegründet.

Erste deutsche Bergschule

Bereits im 18. Jahrhundert (1710) wurde in Eisleben die erste deutsche Bergschule gegründet, an der Bergbaufachleute ihre Ausbildung erhielten.

Berufsausbildung als Bestandteil der Verfassung

In der Verfassung der DDR, Artikel 25, Absatz 4, waren das Recht und die Pflicht zur Berufsausbildung verankert. Ab 1970 gab es 318 verschiedene Ausbildungsberufe in 28 Grundberufen.

Größte Bücherei für Blinde

In der Leipziger Gustav-Adolf-Straße befindet sich die Deutsche Zentralbücherei für Blinde, die 1894 als erste deutsche Blindenbibliothek gegründet wurde. Die Bücherei ist Herausgeber von 12 Zeitschriften in Blindenschrift. Das »Tonstudio für sprechende Bücher« verleiht jährlich 300 000 Tonbänder.

Einziges Institut für tropische Landwirtschaft

Bei Liebertwolkwitz vor den Toren Leipzigs lag das Forschungsfeld des einzigen Instituts für tropische Landwirtschaft in der DDR. Neben Papayas, Ananas, Kaffee oder Zuckerrohr wurden auch Bananen gezüchtet. In dieser Einrichtung studierten und arbeiteten seit 1960 vor allem Studenten und Doktoranden aus Afrika, Asien und Lateinamerika. 1996 wurde das Institut geschlossen.

Der erste Kindergarten

1840 richtete der Pädagoge Friedrich Wilhelm August Fröbel (1782-1852) in Blankenburg/Thüringen den ersten Kindergarten ein, den er in einem Brief als »eine Anstalt zur Pflege des Tätigkeitstriebes und des gesamten Lebens der Kindheit durch Spiel und Beschäftigung« charakterisierte.

Einzige Bundesschule der Gewerkschaft

Am 4. Mai 1930 eröffnete nahe Bernau bei Berlin die erste und einzige Bundesschule des Allgemeinen Deutschen Gewerkschaftsbundes (ADGB). Das Gebäude-Ensemble gilt als der bedeutendste Bauhaus-Komplex außerhalb von Dessau und zählt außerdem zu den wichtigsten Baudenkmalen der Moderne in Europa. Drei Jahre nach der Eröffnung wurde das Objekt Reichsführerschule der NSDAP und ab 4. Mai 1947 wieder Bundesschule der Gewerkschaft. 1952 erhielt sie den Status als Hochschule »Fritz Heckert«, in der bis zur Auflösung des FDGB 1990 über 15 000 Gewerkschafter und etwa 4 400 Ausländer aus 93 Staaten studierten.

Eine der bedeutendsten Sporthochschulen der Welt

Seit der Gründung am 22. Oktober 1950 sind an der Deutschen Hochschule für Körperkultur und Sport (DHfK) in Leipzig mehr als 16 000 Diplom-Sportlehrer, Trainer und Sportwissenschaftler sowie über 600 Sportmediziner ausgebildet worden. Hinzu kommen rund 2 500 Sportler und Trainer aus 92 Ländern Asiens, Afrikas und Lateinamerikas. Am 11. Dezember 1990 wurde die DHfK als eine der bedeutendsten Sport-Hochschulen der Welt von der Sächsischen Landesregierung aufgelöst und als Sportwissenschaftliche Fakultät der Universität Leipzig angegliedert.

Erster Doktortitel für eine Frau

Einer Ausnahmegenehmigung des preußischen Königs Friedrich II. war es zu verdanken, daß Dorothea Erxleben (1715-1762) aus Quedlinburg ein Studium aufnehmen durfte. Am 6. Mai 1754 legte die Studentin ihre Doktorprüfung an der Universität Halle mit Auszeichnung ab. Das Thema: »Von der gar zu geschwundenen, aber deswegen öfters unsicheren Heilung von Krankheiten«. Die feierliche Promotion der ersten deutschen Ärztin erfolgte am 12. Juni 1754 in Halle.

Bildung

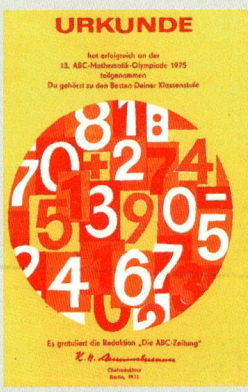

Bestes Abschneiden der DDR Mathe-Olympiade

Bei der Internationalen Mathematik-Olympiade am 23. Juli 1989 in Braunschweig gab es drei Goldmedaillen für die DDR-Schüler Frank Göring, Andreas Siebert und Gérard Zenker. Besser unter den 300 Teilnehmern schnitt nur China mit vier ersten Plätzen ab. In der Mannschaftswertung kamen die DDR-Schüler unter 51 Mannschaften hinter China, Rumänien und der UdSSR auf den vierten Rang. Es war das beste Abschneiden von Teilnehmern aus der DDR. Bei der gleichzeitig ausgetragenen Physik-Olympiade in Warschau gewannen DDR-Teilnehmer unter 150 Schülern und Schülerinnen aus 30 Ländern zwei Silber- und drei Bronzemedaillen.

Erste Universität nach 1945

Die Friedrich-Schiller-Universität in Jena war die erste, die nach dem Krieg am 15. Oktober 1945 ihre Lehrtätigkeit wieder aufnahm.

Erste Erziehungsanstalt als Sprachheilschule

In Keilhau bei Rudolstadt wird die erste deutsche, von Friedrich Wilhelm August Fröbel 1817 gegründete Erziehungsanstalt seit 1956 als Sprachheilschule genutzt. Sie hatte bis in die 70er Jahre überregionale Bedeutung, beschränkte sich aber dann auf den Thüringer Raum. Heute besuchen 290 Schüler das Sprachheilpädagogische Zentrum in Keilhau, von denen etwa 100 im Wohnheim leben. In Halle feierte die Sprach- und Hörgeschädigten-Schule, die nach ihrem Gründer Albert Klotz benannt ist, 1984 ihren 150. Geburtstag.

MMM – erste Leistungsschau der Jugend

Die Abkürzung MMM (Messe der Meister von Morgen) stand erstmals vom 16.-26. Oktober 1958 innerhalb der Leipziger Messe über einer separaten Ausstellung. Schüler und Jugendliche präsentierten ihre Erfindungen und Neuerungen oder zeigten wissenschaftlich-technische Modelle und Lösungen. In den Folgejahren gab es MMM-Wettbewerbe in den Schulen, den Kreisen und Bezirken, deren Beste ihre Arbeiten bei der Zentralen MMM in Leipzig ausstellten. Jährlich beteiligten sich etwa 2,5 Millionen junge Neuerer an der MMM. 1980 erbrachten ihre Forschungs- und Neuererergebnisse einen Nutzen von 4,5 Milliarden Mark. Im vereinigten Deutschland heißt die weniger auf Wettbewerb ausgerichtete und anders organisierte Bewegung »Jugend forscht«.

Erste Schule der sozialistischen Arbeit

Am 22. März 1972 beschloß die Brigade »Völkerfreundschaft« aus dem Chemiekombinat Bitterfeld als erstes Kollektiv, eine Schule der sozialistischen Arbeit als Gesprächsrunde zur bildungspolitischen Arbeit der Gewerkschaften zu bilden. Derartige Einrichtungen gab es danach in allen Großbetrieben.

Einheitliches zehnklassiges Schulsystem

1959 wurde mit der Einführung der zehnklassigen allgemeinbildenden Polytechnischen Oberschule (POS) die Einheitsschule zur obligatorischen Schule erklärt. Besonderes Kennzeichen war die enge Verbindung von Schule und Arbeitswelt mit dem polytechnischen Unterricht ab der 7. Klasse als vorbereitende Maßnahme für die Berufsausbildung. Die zweijährige Erweiterte Oberschule (EOS) war die Fortführung der POS als Vorbereitung auf ein Hochschulstudium.

Größtes Schulzentrum für Behinderte in Deutschland

Die Carl-von-Linné-Schule im Berliner Stadtbezirk Lichtenberg an der Paul-Junius-Straße ist das größte Förderzentrum für Körperbehinderte in Deutschland und eines der größten in Europa. In der im Dezember 1977 eingeweihten Einrichtung betreuen 81 Lehrer und 60 Erzieher 51 Klassen. In diesem sonderpädagogischen Zentrum gibt es außer den Schuleinrichtungen eine Keramikwerkstatt, die Lehrküche, eine Schwimm- und Sporthalle, Internetcafé und ein Computer-Kabinett.

Erste Ausbildungsstätte für den Buchhandel in Deutschland

1853 wurde in Leipzig die Buchhändler-Lehranstalt gegründet. Sie war die erste Lehrstätte für Buchhändler und zählt zu den ältesten Ausbildungsstätten für Lehrlinge überhaupt. Von 1972-1990 hieß sie »Betriebsberufsschule des Volksbuchhandels der DDR«.

Älteste Universitäten in der DDR

Die Universität zu Leipzig (Foto), in der DDR Karl-Marx-Universität, existiert bereits seit 1409. Zehn Jahre später (1419) wurde im Norden der Republik die Universität Rostock (Wilhelm-Pieck-Universität) gegründet. Die Ernst-Moritz-Arndt-Universität Greifswald trägt das Gründungsdatum 1456. 1502 kam die Martin-Luther-Universität Halle-Wittenberg hinzu, 1548 folgte die Friedrich-Schiller-Universität Jena. Geburtsjahr der Berliner Humboldt-Universität (Foto S. 131) ist 1810. Älteste deutsche Universität ist die 1386 gegründete Ruprecht-Karl-Universität in Heidelberg.

Jüngste Universität

Die Technische Universität »Otto von Guericke« Magdeburg trägt als jüngste in der DDR seit dem 23. März 1987 diesen Status. Die Forschungs- und Bildungsstätte wurde 1953 als Hochschule für Schwermaschinenbau gegründet. 1961 wurde sie Technische Hochschule. Mehr als 4 000 Studenten aus dem In- und Ausland waren zu DDR-Zeiten in neun Sektionen immatrikuliert. 2001 zählte die Universität 8 547, davon 841 ausländische Studenten.

Älteste Schule

Die 48. Oberschule in Dresden, Seminarstraße 11, feierte 1987 ihr 200jähriges Jubiläum. Sie war die erste Armenschule in Sachsen. Später diente sie als Lehrerseminar und wurde danach wieder als Schule genutzt. Studienrat Proelß leitete die Oberschule von 1945 bis 1985 als Direktor und trat anschließend in den Ruhestand.

Große Auswahl an Studienstätten

In der DDR wurden 38 neue Hochschulen gegründet und aufgebaut, darunter allein 1969 zehn Ingenieurhochschulen. Insgesamt bestanden 54 Universitäten und Hochschulen: 6 Universitäten, 18 Technische Universitäten und Hochschulen, 3 Medizinische Akademien, 2 Land- und Forstwirtschaftliche Hochschulen, 3 Ökonomische und Juristische Hochschulen, 9 Pädagogische Hochschulen, 1 Sporthochschule, 12 Künstlerische Hochschulen. Hinzu kamen 240 Ingenieur- und Fachschulen.

Kosmisches

Einzige originale astronomische Uhr

Die astronomische Uhr mit Apostelumgang und stündlichem Glockenspiel in der St.-Marien-Kirche von Rostock wird als einzige noch original erhaltene Uhr dieser Art in Europa geschätzt. Unter den 12 astronomischen Uhren, die es in der DDR gab, ist sie zugleich die größte und repräsentativste. Das 12 m hohe, beeindruckende Kunstwerk im Rücken des Hauptaltars ist mit fünf präzise arbeitenden Uhrwerken ausgestattet. An der 1472 fertiggestellten Uhr des Meisters Hans Düringer sind Informationen über Sonnen- und Mondwanderungen, Tierkreise, kirchliche Feiertage, Tage und Stunden abzulesen.

Größtes Refraktorteleskop in Deutschland

Mit einem Linsendurchmesser von 80 cm ist das 1899 in Potsdam im Astrophysikalischen Institut installierte Refraktorteleskop (Fernrohr mit Objektivlinse) das größte in Deutschland.

Einziger gefundener Meteorit

Der einzige Meteorit, der in der DDR gefunden wurde, ging am 14. November 1985 um 18.17 Uhr bei der Ortslage Hohenlangenbeck der Gemeinde Kuhfelde im Kreis Salzwedel nieder. Der beim Eintritt in die Atmosphäre nicht verdampfte oder verglühte kosmische Kleinkörper hat eine Masse von 43 g. Der größte auf dem Gebiet der DDR gefundene Meteorit war 1833 bei Rittersgrün (Sachsen) entdeckt worden. Er wog 75 kg und befindet sich in der geowissenschaftlichen Sammlung der Bergakademie Freiberg.

Erster Deutscher im Weltall

Sigmund Jähn, geboren am 13. Februar 1937 in Morgenröthe-Rautenkranz (Vogtland), nahm an Bord des Raumkomplexes Sojus 31/Salut 6 am Raumflug der dritten Interkosmos-Besatzung zusammen mit Waleri Bykowski teil. Der Flug dauerte vom 26. August bis 3. September 1978. Sigmund Jähn promovierte 1983 zum Dr. rer. nat.; er arbeitet in der deutschen Forschungsanstalt für Luft- und Raumfahrt in Köln sowie als freiberuflicher Wissenschaftler im Projektbüro Euromir der europäischen Raumfahrtorganisation. In seinem Heimatort wurde im ehemaligen Bahnhof ein Museum eingerichtet, das den historischen Flug dokumentiert.

Höchstgelegene Sternwarte

Sonneberg hatte in 638 m Höhe die höchstgelegene Sternwarte der DDR. Deutschlands höchste astronomische Beobachtungsstation ist die Sonnenwarte auf dem Wendelstein (Bayern) in 1 845 m Höhe.

Längstes Fernrohr der Welt

Das längste Linsenfernrohr der Welt ist der Refraktor in der Archenhold-Sternwarte in Berlin-Treptow. Das Fernrohr ist 21 m lang, hat einen Objektiv-Durchmesser von 68 cm und ist 130 t schwer. Es wurde am 26. Juli 1896 zur Gewerbeausstellung im Treptower Park eingeweiht. Seit 1970 ist in der Sternwarte eine Forschungsabteilung für Geschichte der Astronomie eingerichtet.

Ältestes Planetarium in Deutschland

Das Zeiss-Planetarium in Jena hat eine lange Tradition. Es wurde am 18. Juli 1926 eröffnet und ist das älteste noch existierende in Deutschland. Ein Jahr früher war das Planetarium in München in Betrieb genommen worden, doch an seiner Stelle steht heute ein Neubau. Das Zeiss-Planetarium hat einen Kuppeldurchmesser von 23 m und eine Besucherkapazität von heute 236, früher 290 Plätzen. Die dünnwandige Stahlbetonkuppel war seinerzeit eine völlig neuartige Bauweise.

Größte private Sternwarte

Hobbyastronom Uwe Wohlrab baute sich in Schönebeck an der Elbe eine Sternwarte und erfüllte sich damit einen Jugendtraum. Er begann mit seinen Freunden 1987 im Garten seiner Eltern aus Schrott, ausgemusterten Geräten und Abrißteilen des VEB Sprengstoffwerkes in Schönebeck, die heute größte private Sternwarte in Deutschland zu errichten. Auch das 3 m lange Linsenfernrohr ist ein Eigenbau. Für die Astrofotografie, sein Spezialgebiet, benutzt er einen ausgemusterten Computer (KC 85/2) aus dem Büromaschinenwerk Robotron Sömmerda. Mit dem computergesteuerten Refraktor konnte er Lichtsignale bei einer Belichtungszeit bis zu 5 Stunden von 35 000 Lichtjahren entfernten Himmelskörpern einfangen.

Älteste Sternwarte in Deutschland

In Remplin bei Teterow ließ Graf Friedrich von Hahn auf seinem Landgut 1783 eine Sternwarte bauen. Das im 2. Weltkrieg zerstörte Gebäude wurde 1986 von Mitgliedern der Arbeitsgemeinschaft Astronomiegeschichte der Archenhold-Sternwarte in Berlin-Treptow als Schulsternwarte wieder aufgebaut.

Die größten Volks- und Schulsternwarten

Die Archenhold-Sternwarte in Berlin-Treptow ist die größte Volkssternwarte in Deutschland, die Schulsternwarte in Bautzen und die Sternwarte »Fliegerkosmonaut Sigmund Jähn« in Rodewisch zählen zu den größten ihrer Art.

Größtes Planetarium in Deutschland

Das Zeiss-Großplanetarium im Berliner Stadtbezirk Prenzlauer Berg ist das größte in Deutschland. Seine Außenkuppel hat einen Durchmesser von 30 m, die Projektionskuppel von 23 m, und der Saal bietet Platz für 292 Besucher. Im Foyer des Rundbaus sind optische Geräte und Instrumente zur Himmelsbeobachtung aus den Zeiss-Werken in Jena ausgestellt. Im Kino- und Vortragssaal werden regelmäßig wechselnde Programme zu astronomischen Themen vorgeführt. Das Planetarium wurde von 1985-1987 gebaut und zählt zu den technisch am besten ausgestatteten Europas.

Weltgrößtes Weitwinkel-Teleskop

Im Karl-Schwarzschild-Observatorium in Tautenberg bei Jena steht ein 2-m-Spiegelteleskop als größtes Weitwinkel-Teleskop der Welt. Der Astrophysiker Bernhard Schmidt († 1935) hatte dieses erste Teleskop konstruiert, mit dem große Himmelsfelder bis an den Rand scharf abgebildet werden können.

Forschung & Wissenschaft

Erste Antarktisstation der DDR

Am 28. Oktober 1987 wurde in der Schirmacher-Oase die erste und einzige Antarktisstation der DDR »Georg Forster« eröffnet.

Die meisten Patente

Der Physiker Prof. Dr. h. c. mult. Baron Manfred von Ardenne († 1997) war mit über 500 Anmeldungen der DDR-Bürger mit den meisten Patenten. Das erste ließ er bereits als 15jähriger eintragen. Nach seiner Tätigkeit als Leiter eines Forschungsinstitutes in der Sowjetunion gründete er 1955 ein Institut in Dresden, das er bis 1990 ebenfalls leitete (danach Von Ardenne Institut für Angewandte Medizinforschung GmbH).

Erste künstliche Niere

Seit Ende der 50er Jahre wurde an der Medizinischen Universitätsklinik Rostock unter Leitung von Prof. Dr. Horst Klinkmann an der Entwicklung einer künstlichen Niere gearbeitet. 1960 erfolgte die erste klinische Anwendung einer aus Westdeutschland importierten Niere. Wenig später gelang in Zusammenarbeit mit der Urologischen Klinik im Krankenhaus Aue die Entwicklung einer eigenen, verbesserten künstlichen Niere als Grundlage einer anwendbaren Dialysetechnik. 1988 wurden im VEB Meßgerätewerk Zwönitz, Betriebsteil Thalheim, Dialysemaschinen in großen Stückzahlen produziert, so daß in den 60 Dialysezentren der DDR nierenkranke Patienten behandelt werden konnten.

Tiefste erzeugte Temperatur

Die tiefste Temperatur in der DDR wurde im November 1988 mit 11 Millikelvin (minus 273,16 °C) im Tieftemperaturlabor der Physik der Berliner Humboldt-Universität erzeugt. Die eisige Kälte diente der Erforschung von Festkörpereigenschaften bei extrem tiefen Temperaturen.

Erste Geburt nach Transplantation

Am 30. Juni 1979 wurde erstmals in der DDR ein Kalb nach der Transplantation eines kältekonservierten Embryos geboren. Der Embryo war im Institut für Zootechnik Balice (Polen) sieben Tage nach der Befruchtung von einem Spenderrind gewonnen worden, auf minus 196 °C heruntergekühlt und im Forschungszentrum Dummerstorf bei Rostock in flüssigem Stickstoff über drei Monate gelagert. Am 27. September wurde er – aufgetaut – einer Färse übertragen. Das gesunde Bullenkälbchen »Balic« hatte ein Geburtsgewicht von 37 kg.

Bedeutendes Forschungszentrum auf kleiner Insel

Abgeschirmt auf der Insel Riems im Greifswalder Bodden war die Forschungsanstalt für Tierseuchen, das Institut »Friedrich Löffler«. Es war die bedeutendste Produktionsstätte für Impfstoffe gegen Virusseuchen der Tiere wie Maul- und Klauenseuche oder Schweinepest. Das Institut wird nach wie vor betrieben und ist wichtiger Standort für die Erforschung der BSE-Erkrankung bei Rindern.

Knotenlose Netze

1973/74 wurde im Institut für Hochseefischerei und Fischverarbeitung in Rostock Marienehe die Herstellung von knotenlosen Netzen in einer neuartigen Flecht-Technik entwickelt. Auf sieben Trawlern wurden die neuen Netze im praktischen Einsatz getestet. Das Ergebnis – 40 % Materialeinsparung, 45 % höhere Reißfestigkeit – sorgte für weltweites Interesse. Da die DDR jedoch nicht über die erforderlichen Spezialmaschinen verfügte und deren Anschaffung zu teuer war, wurde das Patent an ein BRD-Unternehmen verkauft. Danach fanden die knotenlosen Netze aus Rostock weltweite Verbreitung.

Erster deutscher Atomreaktor

In Rossendorf bei Dresden wurde 1956 das Zentralinstitut für Kernforschung gegründet. Am 16. Dezember 1957 nahm dort der erste große Atomreaktor auf deutschem Boden seinen Betrieb auf. Er diente ausschließlich Test- und Forschungszwecken sowie der Ausbildung von Fachpersonal. Der erste Atomreaktor, der für wirtschaftliche Nutzung gebaut wurde, entstand 1965/66 bei Rheinsberg.

Einziges privates Forschungs-institut in der DDR

Prof. Dr. Manfred von Ardenne war 1955 Gründer und bis 1990 Direktor des nach ihm benannten einzigen Privat-Instituts in der DDR. Unter seiner Leitung wurden in dem Dresdner Institut Forschungsergebnisse erzielt, die, wie die Entwicklung der Krebs-Mehrschritt- und der Sauerstoff-Mehrschritt-Therapie, weltweite Beachtung und Anwendung finden. Ardennes Forschungs- und Arbeitsgebiete waren vor allem die Elektronik und Elektronenphysik. Auf diesen Gebieten gelangen ihm bahnbrechende Erfindungen.

Bekanntestes DDR-Weltraum-projekt

Die Multispektralkamera MKF-6 war eines der bekanntesten Weltraumprojekte der DDR. Sie war in einigen Salutstationen sowie auf der MIR zur Erderkundung eingesetzt. Die Kamera wurde von Carl-Zeiss Jena entwickelt. Heute arbeiten die Väter der MKF-6 in der Jena-Optronik-GmbH und schickten in den letzten Jahren schon ganze Satelliten ins All – meist Wetter- und Erderkundungssatelliten. Außerdem bauen die Jenenser Navigationstechnik, mit der Raumschiffe an Forschungsstationen andocken können.

Museen & Ausstellungen

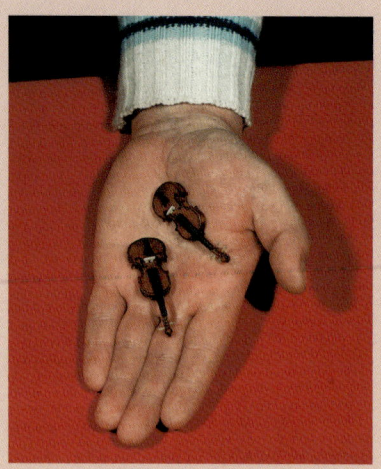

Die kleinste Geige

Im Musikinstrumenten-Museum Markneukirchen sind mehrere Miniaturgeigen zu bewundern. Obwohl die kleinste nur 2 cm lang ist, kann man ihr Töne entlocken.

Größtes Akkordeon der Welt

Der Riese unter den Akkordeons befindet sich im Besitz des bekannten Musikinstrumenten-Museums Markneukirchen im Vogtland. Das »Schifferklavier« hat 123 Drucktasten, 360 Bässe, ist dreichorig und muß von sechs Personen gespielt werden.

Einzigartige Miniaturenschau

1982 wurde als Gegenstück zu den großen Kunstausstellungen der DDR die erste Ausstellung »Miniatur in der bildenden Kunst« ins Leben gerufen. Sie findet seither alle vier Jahre im Alten Rathaus von Fürstenwalde statt. Für die 6. Miniaturenschau 2002 bewarben sich 620 Künstler aus ganz Europa mit etwa 1 000 Mini-Kunstwerken. 141 Miniaturen-Schöpfer wurden ausgewählt und stellten 350 Winzlinge im Rathaus aus.

Größte Brillensammlung

Das Optische Museum in Jena besitzt mit rund 4 000 Brillen die größte Sammlung der Welt.

Größte DDR-Ausstellung im Ausland

»DDR-UdSSR – Partner zum Wohle des Volkes« war das Motto der größten DDR-Auslands-Ausstellung vom 16. September bis 9. Oktober 1988 in Moskau. Es wurden 3 500 unterschiedlichste Exponate gezeigt, die die Wirtschaftskraft der DDR repräsentierten.

Weltberühmte Kunstwerke

Raffaels Gemälde »Sixtinische Madonna« zählt ebenso wie Tizians »Zinsgroschen«, Rembrandts »Selbstbildnis mit Saskia« oder das »Schokoladenmädchen« von Liotard zu den kostbarsten Kunstwerken in der Dresdner Gemäldegalerie Alte Meister im Semperbau des Zwingers. Die Galerie gehört zu den bedeutendsten Kunstmuseen der Welt. Die während des Krieges ausgelagerten Kunstschätze wurden von sowjetischen Spezialisten vor der Vernichtung gerettet und in Museen der UdSSR restauriert und aufbewahrt. Sie wurden im November 1950 erstmals wieder bei einer Ausstellung im vorläufig restaurierten Haus der Berliner Nationalgalerie gezeigt. Ab 3. Juni 1956 sind die 136 Meisterwerke im wiederhergestellten angestammten Dresdner Semperbau wieder zu bewundern.

Ältester Hammerflügel der Welt

Im Musikinstrumenten-Museum von Leipzig steht der älteste intakte Hammerflügel der Welt. Er ist nur eines von 5 000 Exponaten aus fünf Jahrhunderten. Darunter befinden sich zahlreiche Kostbarkeiten und Kuriositäten des europäischen Musikinstrumentenbaus. Das Museum zählt zu den bedeutendsten seiner Art in der Welt.

Einziges offizielles Bernsteinmuseum

Es befindet sich im ehemaligen Klarissinnenkloster von Ribnitz-Damgarten. Zum Bestand gehören zahlreiche Schmuckstücke, die im größten bernsteinverarbeitenden Schmuckwarenbetrieb der DDR, dem VEB Ostsee-Schmuck, hergestellt wurden. Der größte Bernstein des Museums wiegt 750 Gramm. Im Jahr 2000 erhielt das Museum den offiziellen Status als »Deutsches Bernsteinmuseum«.

Einzigartige Exponate

Das Eisenbahn & Technik-Museum Rügen in Prora hat eine neue, großräumige Heimstatt gefunden. Auf 10 000 m² überdachter Ausstellungsfläche kann man eine beeindruckende Sammlung von historischen Lokomotiven, PKW, LKW und Feuerwehren bestaunen. Zu den Prachtstücken zählen die größte Lokomotive Europas, die 250 t schwere russische Schnellzug-Lok P 36-0123, und der einzigartige Feuerwehrwagen »Dennis Pumper« aus Sheffield. Die Ausstellung in den 120 m langen Hallen bietet einen repräsentativen Einblick in die Eisenbahngeschichte.

Ältestes Fahrrad

Das älteste Fahrrad auf dem Gebiet der DDR steht im Agrarhistorischen Museum Kloster Veßra, Kreis Hildburghausen. Es wurde 1845 vom Mechanikus Heinrich Mylius aus Themar als Tretkurbelrad gebaut und ist noch funktionstüchtig.

Fahrzeugmuseum mit DDR-Erzeugnissen

Einen Streifzug durch die Fahrzeug-Geschichte der DDR bietet das Technik- und Fahrzeugmuseum Dargardt auf der Insel Usedom. Vom Krankenwagen »Garant K 30« bis zum Volkspolizei-Motorrad AWO ist nahezu alles ausgestellt, was auf den Straßen der DDR rollte. Zur Ausstellung gehört außerdem ein rollender »KONSUM-Laden« mit Waren des täglichen Bedarfs

Ungewöhnliches Familienmuseum

In einem alten Ackerbürgerhaus in der Straße Zu den Wiesen ist in der mecklenburgischen Stadt Güstrow das Familienmuseum des ältesten deutschen Zirkusunternehmens Kolter-Malmström untergebracht. 1725 war der Zirkus von Seiltänzern gegründet worden, von denen Wilhelm Kolter der berühmteste war. Er überquerte die Niagarafälle auf einem Seil in 11 m Höhe. Herbert Malmström, der von 1936 bis 1965 das »Varieté der Brüder Malmström« leitete, betreut heute das Museum, in dem Requisiten der Zirkusgeschichte ausgestellt sind.

Jubiläum der Gartenzwerge

Im Deutschen Gartenbaumuseum Erfurt gab es im Mai/Juni 2002 anläßlich des 130. Geburtstages der Gartenzwerge eine Sonderausstellung der putzigen Gesellen, die auch in der DDR geboren wurden und hier ein beschauliches Dasein führten. In deutschen Gärten stehen, hocken, sitzen oder liegen etwa 25 Millionen der »zipfelbemützten« Burschen. Vom 21. Februar bis 2. März 2002 fand in Chemnitz der 1. Deutsche Zwergenkongreß statt, an dem 1 500 Gäste und 1 200 Gartenzwerge teilnahmen.

Einziges deutsch-russisches Museum

Das Haus in Berlin-Karlshorst, Zwieseler Straße 4, in dem in der Nacht vom 8. zum 9. Mai 1945 mit der Unterzeichnung der Kapitulation der 2. Weltkrieg beendet wurde, ist seit 1967 eine Gedenkstätte. Bis zum Abzug der GUS-Streitkräfte 1993 war es das Sowjetische Museum der Kapitulation und wurde danach geschlossen. Ein Verein, der die historische Stätte erhalten wollte, erwirkte 1995 die Wiedereröffnung als Deutsch-russisches Museum. Seitdem finden alljährlich am 8. Mai zum Tag der Befreiung Sonderprogramme statt. Die Kapitulationsurkunde trägt die Unterschrift von Generaloberst Wilhelm Keitel, der 1946 vom Internationalen Militärtribunal in Nürnberg als Kriegsverbrecher zum Tode verurteilt worden war. Marschall G. K. Schukow hatte sie entgegengenommen.

Museen & Ausstellungen

Weltweit erster Farbfilm

In Wolfen, einem bedeutenden Standort der deutschen Fotoindustrie, werden die Erinnerungen an 80 Jahre Filmherstellung wachgehalten. Der denkmalgeschützte Teil der ehemaligen Filmfabrik dokumentiert Entwicklung und Produktion des ersten praktikablen Farbfilms an Originalmaschinen. Hier wurde 1936 der weltweit erste Farbfilm auf den Markt gebracht. Fünf Jahre später entstand auf Filmmaterial aus Wolfen mit »Münchhausen« und Hans Albers in der Hauptrolle der erste Kinofilm in Farbe. In der DDR gehörte das 1964 eingeführte Warenzeichen »Orwo« zu den Warenzeichen mit internationalen Reputationen. 1994 wurde in Wolfen der letzte Farbfilm produziert.

Bedeutendstes Filmmuseum in Deutschland

Es befindet sich in Potsdam, im ehemaligen Marstall. Von 1977 bis 1981 wurde es restauriert und lädt zu einem Streifzug durch die Geschichte der Filmproduktion von den Anfängen bis heute und der Entwicklung von Babelsberg als berühmter Filmstadt und Produktionsstätte der UFA, ab 1951 der DEFA, ein.

Größtes Heimatmuseum

1874 gegründet, entstand der jetzige Bau des Märkischen Museums in Berlin 1901-1907 unter Verwendung von stilistischen Motiven aus der Mark Brandenburg. Aufbewahrt wird hier unter anderem der Nachlaß von Heinrich Zille. Das Märkische Museum besitzt in der »documenta artistica« mit den verschiedensten Kostümen, Plakaten, Fotos und zahlreichen anderen Utensilien aus der Welt des Zirkus die größte Spezialsammlung Europas.

Bedeutendes Keramikmuseum

Das einzige Museum mit einer geschlossenen Keramik-Mustersammlung der berühmten blauen Bürgeler Töpferei befindet sich in Bürgel bei Eisenberg (Sachsen).

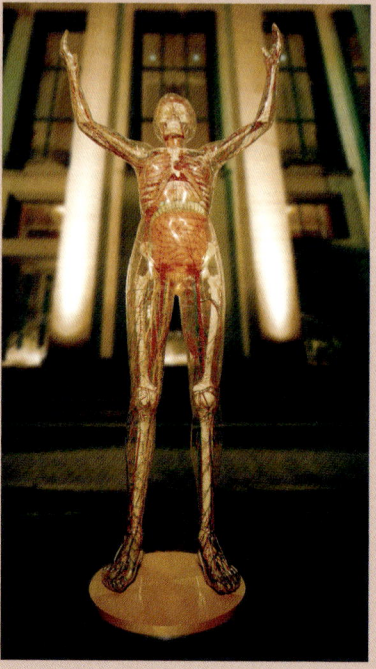

Weltberühmte gläserne Frau

Sie ist im Dresdner Hygiene-Museum zu bewundern. Ihre Nerven und Blutgefäße sind mit 13 km langen Drähten dargestellt, 60 Lämpchen beleuchten ihre einzelnen Organe. Die erste Gläserne Frau von 1934 wurde an die USA verkauft. Obwohl das Hygienemuseum im Krieg ausbrannte, war es noch im Jahr 1945 auf Befehl der Sowjetischen Militäradministration aus gesundheitspolitischen Gründen zum Teil wiedereröffnet und bis 1961 in Etappen wiederaufgebaut worden. Der Nachbau der Gläsernen Frau zählt seitdem zu den meistbewunderten Exponaten. Der Gläserne Mann wartet bislang noch im Depot auf seine Bestimmung. 1956 wurden außerdem fünf Pferde aus Glas gebaut und ins Ausland verkauft. Von den neun Kühen, die 1959 angefertigt wurden, ist eine ausgestellt.

Einziges Hundemuseum

In Berlin-Blankenburg existiert das einzige Hundemuseum der DDR. Margarete und Gerhard Laske leiteten zu DDR-Zeiten die jährliche Rassehunde-Ausstellung in Berlin. Aus Liebe zu den Vierbeinern initiierten sie 1982 den Umbau eines ehemaligen Gemeindehaus und gründeten das tierische Museum.

Größtes deutsches Museum für Schmalspurbahnen

Am Endpunkt der 1971 stillgelegten Strecke Grünstädtel – Oberrittersgrün im Erzgebirge richteten eisenbahnbegeisterte Einwohner von Rittersgrün ein Fachmuseum der sächsischen Schmalspurbahnen ein, das inzwischen das größte seiner Art in Deutschland ist. Im Juni 1977 wurde der stillgelegte Bahnhof als technische Schauanlage freigegeben. 30 verschiedene Wagen, darunter ein Personen- und Postwagen von 1886, zeigen, wie man in vergangenen Jahrhunderten zu reisen pflegte.

Größte Globensammlung

Erd- und Himmelsgloben aus dem 13. bis 19. Jahrhundert sind im Staatlichen Mathematisch-Physikalischen Salon des Dresdner Zwingers ausgestellt. Das wertvollste Exemplar ist der weltberühmte Arabische Himmelsglobus aus der persischen Sternwarte Merágha von 1279 – ein außergewöhnliches Prachtstück persisch-arabischer Instrumenten-Baukunst.

Erstes Glockenmuseum der Welt

Das Apoldaer Glockenmuseum wurde 1952 als erstes seiner Art in der Welt eingerichtet. Hier werden 3 000 Jahre Glockengeschichte dargestellt. Besonderes Schaustück in der kulturgeschichtlichen Sammlung ist eine Bronzeglocke mit Ebenholzträgern aus China, die aus der ersten Hälfte des 15. Jahrhunderts stammt. Die Apoldaer Glockengießerei wurde seit 1722 betrieben.

Einzige original erhaltene Glocken-Schauwerkstatt

In Laucha nahe Naumburg befindet sich in einer original erhaltenen Glockengießer-Werkstatt von 1790 eine einmalige Schauanlage. Über 5 000 Bronzeglocken wurden hier von den Glockengießerfamilien Ullrich gegossen. In der Ausstellung ist auch die älteste datierte Glocke der Region aus Balgstädt zu sehen, die 1311 von Mönchen gegossen wurde.

Karl-May-Museum, einzigartig in der Welt

Die Sammlung des 1928 eröffneten Karl-May-Museums in Radebeul bei Dresden umfaßt etwa 850 Objekte alter Indianerkulturen und verbindet exotischen Reiz mit wissenschaftlich fundierter Bildung. Die Exponate sind in der »Villa Bärenfett«, einem originalen Blockhaus, zu besichtigen, das im Garten der »Villa Shatterhand« errichtet wurde. Ein weiteres Karl-May-Museum findet sich in Hohenstein-Ernstthal, dem Geburtsort des Schriftstellers.

Einziges kartographisches Museum in Europa

Es wurde anläßlich des 200jährigen Geburtstages der Geographisch-Kartographischen Anstalten »Hermann Haack« Gotha am 20. August 1985 im Schloß Friedenstein eröffnet. Zu sehen sind über 250 000 wertvolle Originalkarten aus vergangenen Jahrhunderten, Wandkarten, Atlanten, Globen und weitere Erzeugnisse des Traditionsverlages.

Einziges Leica-Museum

Seit 1995 besitzt der kleine Ort Lynow bei Teltow ein Museum, das dem Erfinder der Kleinbildkamera, Otto Barnack (1878 bis 1936), gewidmet ist. Barnack, der hier geboren wurde und seine Kindheit verbrachte, entwickelte die legendäre Leica, die 1925 erstmals auf der Leipziger Messe vorgestellt wurde. Jede Kamera dieses Typs ist mit einer durchgehenden Seriennummer versehen; markante Nummern erhalten Weltpersönlichkeiten als Geschenk. So bekam im Jahr 2000 der tschechische Präsident Vaclav Havel die Leica mit der Nummer 2 500 000. Weil die Leica jedoch in den Leitz-Werken – daher der Name Lei(tz)ca(mera) – Wetzlar (heute Leica Camera AG) hergestellt wurde, bestand in der DDR wenig Interesse an einer Würdigung des Erfinders, der heute im Otto-Barnack-Haus in Lynow geehrt wird.

Abtransportierte rollende Leningedenkstätte

Seit 1977 wurde in Saßnitz ein Oberlichtwaggon, mit dem Lenin 1917 auf dem Weg von Zürich nach St. Petersburg durch Deutschland fuhr, als Gedenkstätte gepflegt. Lenin war mit einer Gruppe Bolschewiki am 11. April 1917 mit dem »exterritorialen« Waggon in der Hafenstadt eingetroffen und mit dem schwedischen Fährschiff »Drottning Victoria« nach Trelleborg weitergefahren. Zum 60. Jahrestag der Oktoberrevolution war ein Eisenbahnwaggon der Königlich Preußischen Eisenbahn-Verwaltung mit Abteilen der 1., 2. und 3. Klasse rekonstruiert und als Lenin-Museum auf einem Nebengleis des Saßnitzer Bahnhofs aufgestellt worden. Nach 1990 wurde der Wagen nach Nürnberg gebracht, wo er im Deutschen Verkehrsmuseum eher als historisches Fahrzeug denn als Zeugnis der Geschichte gezeigt wird.

Einziges Klein- und Privatbahnmuseum in Deutschland

Im nordbrandenburgischen Gramzow lockt das einzige Klein- und Privatbahnmuseum Deutschlands die Besucher an. Unter den Exponaten sind zahlreiche Raritäten zu finden wie die 1899 gebaute Dampflok der Bauart Preußische T 3 oder die Kleinbahnlok 99 45 03 der einstigen Westprignitzer Kreisbahn als einzige ihrer Art. Für Draisinen- und Kurzstreckenfahrten wurde extra ein 1,5 km langer Streckenabschnitt in Betrieb genommen.

Erste Milchmuseen in Deutschland

Als erster Ort verfügte die Gemeinde Weißensee bei Sömmerda über ein Museum, das sich ausschließlich der Milchwirtschaft widmet. Initiator war Paul Blank, der 30 Jahre in der Molkerei Weißensee tätig war und über 1 400 Geräte und Zeugnisse der Milchwirtschaft zusammentrug. Im thüringischen Hildburghausen hat Werner Trütschler alles rund um die Molkerei gesammelt. Da der Milchhof, in dem er sein Museum eingerichtet hatte, die Wende nicht überlebte, kaufte er ein altes Brauereigebäude, in dem alles über die Milchwirtschaft, angefangen von Thüringens ältesten Kuhglocken, bis hin zum Agrargenossenschaftswesen in der DDR oder Briefmarken mit Kuhmotiven zu sehen ist.

Größte Mineraliensammlung in Europa

Die Bergakademie der alten Bergmann-Stadt Freiberg besitzt die größte und attraktivste Sammlung von Mineralien in Europa. Die geowissenschaftliche Sammlung umfaßt 66 000 Schaustücke.

Die größten Münzkabinette

Das größte Münzkabinett befindet sich im Berliner Bodemuseum auf der Museumsinsel. Es wurde 1906 gegründet und hat einen Bestand von über einer halben Million Münzen und Medaillen. Der Umfang der Staatlichen Münzsammlung München bewegt sich in der gleichen Dimension. An zweiter Stelle stand in der DDR das Münzkabinett Dresden mit seiner Sammlung von mehr als 180 000 Münzen, Medaillen und Banknoten.

Einziges Obstbaumuseum in Deutschland

Deutschlands einziges Obstbaumuseum steht in Werder/Havel am jetzigen Plantagenplatz, dem früheren Karl-Marx-Platz. Das Museum zeigt die Entwicklung des havelländischen Obstanbaus, dessen Zentrum Werder jährlich Tausende Besucher zum Baumblütenfest lockt.

Einziges Museum für Gurken

Im Spreewald existiert das einzige Gurkenmuseum Deutschlands. Karl-Heinz Starick richtete es in Lehde in einem alten Gurken-Verarbeitungsbetrieb ein. Hier erfährt der Besucher alles rund um die Gurke und ihre Verarbeitung. Attraktion sind die vielen bis zu 100 Jahre alten hölzernen Gurkenfässer.

Einziges Museum des 30jährigen Krieges

Wittstock an der Dosse besitzt das weltweit einzige Museum des 30jährigen Krieges (1618-1648). Die Stadt war im Jahre 1636 Schauplatz einer der furchtbarsten Schlachten dieses Krieges.

Einmaliger Museumspark der Baustoffindustrie

Rüdersdorf, östlich von Berlin gelegen, besitzt als etwas Einzigartiges in der Welt den Museumspark Baustoffindustrie. Grundstock des Ausstellungsgeländes sind die ehemaligen denkmalgeschützten Produktionsstätten, die größten der DDR, in denen Zement und Betonfertigteile hergestellt wurden. Seit über 750 Jahren wird in Rüdersdorf Kalkstein abgebaut, der u. a. den Grundstoff für das Brandenburger Tor und Schloß Sanssouci lieferte. Das Ensemble des Museumsparks zählt zu den bedeutendsten Industriedenkmalen in Deutschland.

Museen & Ausstellungen

Bedeutendstes regionales Musikinstrumenten-Museum

Das Musikinstrumenten-Museum in Markneukirchen wurde am 23. Februar 1883 eröffnet. In seinem heutigen Domizil, dem 200 Jahre alten spätbarocken Paulus-Schlößchen, sind mehr als 3 000 Instrumente aus aller Welt ausgestellt. Einmalig ist der Fundus an Instrumenten aus dem vogtländischen Musikwinkel. Zu den Kostbarkeiten zählen ein von Orgelbauer Gottfried Silbermann konstruiertes Klavichord, ein 1,90 m großes Pianoakkordeon oder spielbare Minigeigen. Hinzu kommen fast 2 000 museale Exponate wie Dokumente über die Entwicklung des Instrumentenbaus.

Wiege des Rundfunks

Der 22. Dezember 1920 gilt als Geburtsstunde des deutschen Rundfunks. An diesem Tag wurde von der Hauptfunkstelle der Deutschen Reichspost auf dem Funkerberg in Königs Wusterhausen erstmals die Live-Übertragung eines Instrumentalstückes gesendet. 1949 nahm der Berliner Rundfunk mit dem 1929/30 erbauten Sender 21 den Betrieb auf, der bis zur Wende tätig war. Enthusiasten des Fördervereins »Sender Königs Wusterhausen« retteten die Einrichtung auf dem Funkerberg vor dem Verfall und gestalteten eine einzigartige Museumsstätte.

Einziges Reuter-Literaturmuseum

Die Stadt Stavenhagen nahe Neubrandenburg hat ihrem großen Dichter Fritz Reuter (1810-1874), dem bedeutendsten der niederdeutschen Sprache, mit dem Literaturmuseum ein Denkmal gesetzt. Es befindet sich im Rathaus, wo Reuters Vater als Bürgermeister residierte. Das Fritz-Reuter-Literaturmuseum war 1960 zum 150. Geburtstag des Dichters eröffnet worden und zählt jährlich etwa 20 000 Besucher. Sein Fortbestand ist wegen ausbleibender finanzieller Unterstützung des Landkreises Demmin in Frage gestellt.

Einmaliges Puppenmuseum

Im Schloßmuseum Arnstadt befindet sich die Puppenstadt »Mon Plaisir« mit 450 Puppen-Ensembles in 82 Stuben. Dargestellt wird das Leben in der ersten Hälfte des 18. Jahrhunderts an einem kleinen thüringischen Fürstenhof. Neben den Puppen wurden auch Tausende Gebrauchsgegenstände der damaligen Zeit von kunstgeübten Handwerkern en miniature angefertigt.

Einziges produzierendes Salzmuseum ein Europa

Im Technischen Halloren- und Salinemuseum in Halle wird einmal monatlich ein Schausieden veranstaltet, bei dem die Salzgewinnung von der Sole bis zur Verpackung nach der Arbeitsweise im frühen 19. Jahrhundert verfolgt werden kann. Das Museum ist das einzige salzproduzierende in Europa.

Bedeutendste Schatzkammer Europas

Das Grüne Gewölbe in Dresden, Europas erstes Schatzkammermuseum, das August der Starke einrichten ließ, beherbergt die bedeutendste Pretiosensammlung mit über 3 000 Kostbarkeiten. Darunter sind Gefäße, Geräte, Schmuck und Plastiken aus Gold, Silber, Edelsteinen und Elfenbein, die im 14. bis 18. Jahrhundert entstanden und außer ihrem unschätzbaren Materialwert höchsten künstlerischen Wert besitzen. Glanzstück der Sammlung ist der berühmte »Hofstaat von Dehli am Geburtstag des Großmoguls Aureng Zeb« mit 137 goldenen, farbig emaillierten Figuren und über 5 000 Diamanten, Smaragden, Rubinen und Perlen. Die grüngestrichenen oder gewölbten Räume des im Krieg zerstörten Residenzschlosses gaben der Sammlung ihren Namen. Das Grüne Gewölbe ist bis zum Wiederaufbau des Schlosses im Albertinum untergebracht.

Originelles Schildbürgermuseum

Schildau in Sachsen ist die Stadt der Schildbürger, die zum Beispiel ein dreieckiges Rathaus ohne Fenster bauten und das Tageslicht in Säcken und Körben hineinbringen wollten. Diese und viele andere Geschichten sind im Schildbürgermuseum in über 100 Büchern bewahrt und dargestellt.

Erstes Schulmuseum

An der Friedrich-Schiller-Oberschule Ronneburg bei Gera gab es das erste und größte Schulmuseum, das in der DDR entstand. Über 4 000 Gegenstände wurden von den Schülern gesammelt oder gebastelt. 1990 feierte die Schule ihr 100jähriges Bestehen.

Einzigartiger Silberschatz

Einmal monatlich wird beim traditionellen Schausieden im Salinemuseum Halle der 80 Becher umfassende Silberschatz der Salzwirker-Brüderschaft gezeigt. Den ersten dieser Pokale stifteten die Bürger 1671 den Halloren für ihre Hilfe bei einer Feuersnot. Zu den Spendern filigraner Silberarbeiten zählte auch August der Starke.

Erstes Sportmuseum in Deutschland nach 1945

Das Sportmuseum im Leipziger Zentralstadion wurde 1977 anläßlich des VI. Deutschen Turn- und Sportfestes eröffnet. Es war das erste Sportmuseum nach 1945 in Deutschland, das sich der überregionalen Turn- und Sportgeschichte widmete. Später entstanden das »Sammlungszentrum Zentrales Sportmuseum« in der DDR-Hauptstadt und ein Sportmuseum in Köln. Das Leipziger Museum besitzt eine außergewöhnliche Sammlung von über 80 000 verschiedenen Zeugnissen der Sportgeschichte, vor allem des DDR-Sports, wie Unikate an Medaillen, Geräten, Bekleidung, Dokumenten, Trophäen und Urkunden.

Museen & Ausstellungen

Größtes Spielkartenmuseum der Welt

Das Spielkartenmuseum im Altenburger Schloß ist das größte seiner Art weltweit. Es zeigt Spielkarten aus sechs Jahrhunderten in Originalen und Nachdrucken. Ein Raum widmet sich nur dem Skatspiel, das zwischen 1810 und 1818 in Altenburg aus Elementen verschiedener Spiele entwickelt worden ist. In Altenburg werden schon seit über 400 Jahren Spielkarten hergestellt.

Erstes Strumpfmuseum in Deutschland

1981 wurde in der Erzgebirgsgemeinde Gelenau ein Strumpfmuseum eröffnet. Mehr als 50 Maschinen aus der Geschichte der Strumpfherstellung vermitteln ein Bild davon, wie sich diese Branche in Gelenau seit 1740 entwickelte. Das Strumpfmuseum existiert nach wie vor, die Strumpfindustrie gibt es seit der Wende nicht mehr.

Einmalige Darstellung der Tropenwelt

Im Geiseltalmuseum von Halle ist die Tropenwelt in Mitteldeutschland vor 40 Millionen Jahren dargestellt. Wegen ihrer Einmaligkeit ist die Sammlung für Naturwissenschaftler aus aller Welt von großem Interesse und enormer Bedeutung.

Einziges Spitzenmuseum in Deutschland

Allein das Gebäude des Plauener Spitzenmuseums, das Alte Rathaus, ist ein Schmuckstück für sich. Es beherbergt wahre Kostbarkeiten an historischen Spitzen und Stickereien sowie Erzeugnisse aus aktuellen Kollektionen. Das einzige Museum dieser Art in Deutschland erklärt die Entwicklung des weltbekannten textilen Erzeugnisses aus Plauen und seine Bedeutung für die vogtländische Region.

Größte stenographische Sammlung

Die größte stenographische Sammlung der Welt befindet sich in der Sächsischen Landesbibliothek in Dresden. Sie wurde 1839 gegründet und umfaßt 45 000 bibliographische Einheiten. Darunter finden sich Beiträge zur Geschichte der Stenographie, Lehr- und Lesebücher, Sonderstenographen, Zeitschriften, Jahrbücher, Handschriften u.v.m.. Diese außergewöhnliche Sammlung ist öffentlich zugänglich.

Ältestes Tierkundemuseum

Das Tierkundemuseum in Dresden besitzt über 5,5 Millionen Tierpräparate. Es ist eines der ältesten in der Welt und das größte tierische in Deutschland.

Bedeutendste Vogelsammlung in Europa

Das Heineanum in Halberstadt ist das bedeutendste Museum für Ornithologie in Europa. Es wurde von dem Privatgelehrten Ferdinand Heine gegründet. Einen Großteil der Exponate, darunter vor allem Vogelbälge, Skelette und Gelege trug er auf seinem Gut zusammen und fertigte wissenschaftliche Studien an. Zur naturkundlichen Fachbibliothek gehören 14 000 Bände. Der Bestand an Präparaten wuchs in der DDR auf über 17 000 an. Dazu zählen auch solche von Urvögeln, denn Halberstadt gilt als eine der bedeutendsten Fundstätten dieser Tiere. Im Dezember 2000 feierte die Einrichtung ihr 150jähriges Bestehen.

Einzigartiges Pfefferkuchenmuseum

Die »Alte Pfefferküchlerei« in Weißenberg bei Bautzen ist der älteste und einzige in seiner ursprünglichen Form museal genutzte Handwerksbetrieb eines Pfefferküchlers in Europa. Sie wurde 1643 erbaut. Nach fast 300jähriger ununterbrochener Nutzung als Pfefferküchlerei ging das gesamte Anwesen mit allem Inventar 1937 in den Besitz der Stadt Weißenberg über.

Einziges Waagenmuseum

1982 wurde in Oschatz das einzige Waagenmuseum der DDR eingerichtet. In der Stadt gab es seit 1845 eine der ersten Waagenfabriken Deutschlands.

Museen & Ausstellungen

Einzigartiges Waffenmuseum

Das Suhler Waffenmuseum – es wurde 1971 eingerichtet – besitzt eine einzigartige, komplette Sammlung von Handfeuerwaffen aus fünf Jahrhunderten. Außerdem gehört zum Museum eine historische Büchsenmacher-Werkstatt. Die alte Tradition des Büchsenmacher-Handwerks wird in Suhl auch heute noch betrieben. Suhler Jagdwaffen wurden in über 50 Länder exportiert.

Größtes Skelett eines Sauriers

Zum Bestand des Berliner Museums für Naturkunde in der Invalidenstraße gehören über 50 Millionen Naturobjekte aus aller Welt, darunter 80 000 präparierte Säugetiere. Besondere Schaustücke sind acht vollständige Skelette von Sauriern, darunter das 22,65 m lange und 11,87 m hohe Skelett des Branchiosaurus brancai. Das Skelett des vor 140 Millionen Jahren lebenden größten Landwirbeltieres wurde in Tansania gefunden. Zu den besonderen Sehenswürdigkeiten zählt die Gesteinsplatte mit dem Abdruck des Skeletts vom Urvogel Archaeopteryx lithographica.

Einziges vollständiges Mammutskelett

Das einzige, vollständig erhaltene Mammutskelett befindet sich im Spenglermuseum in Sangerhausen. Das Alter wird mit etwa 500 000 Jahren angegeben.

Einziges Gründerzeitmuseum der DDR

Charlotte von Mahlsdorf, mit bürgerlichem Namen Lothar Berfelde, war Deutschlands bekanntester Transvestit. Sie siedelte 1997 ins schwedische Porla Brunn über, wo sie ein kleines Museum betrieb. Bekannt und geehrt wurde sie für ihre denkmalschützerischen Leistungen in der DDR. Dank ihrer Bemühungen blieben die Schlösser Berlin-Friedrichsfelde und Dahlwitz vom Abriß verschont. Im Gutshaus von Mahlsdorf, das sie ebenfalls vor dem drohenden Abriß rettete, richtete sie ein privates Gründerzeitmuseum ein, das zu den bedeutendsten in Europa zählt. Für ihre Verdienste wurde sie als Lothar Berfelde mit dem Bundesverdienstkreuz am Bande geehrt. Charlotte von Mahlsdorf stiftete 2002 für das Schloß Altranft in Bad Freienwalde die komplette Ausstattung für den Gelben Damensalon. 74jährig starb sie am 30. April 2002, als sie zu einer Lesung im Schloß Altranft eingeladen war, und wurde in Berlin-Mahlsdorf neben dem Grab ihrer Mutter beigesetzt.

Einmalige Ausstellung historischer Fluggeräte

Das Otto-Lilienthal-Museum in der Ellbogenstraße von Anklam zeigt alle von dem Flugpionier konstruierten Fluggeräte. Ein solcher Überblick ist einmalig in der Welt. In einem neuen gläsernen Anbau stehen acht in Originalgröße nachgebaute Fluggeräte Lilienthals.

Einziges Artistenmuseum

Das Artistenmuseum in Klosterfelde bei Berlin gab es in der DDR noch nicht, wohl aber das bedeutendste deutsche »Archiv Internationaler Artistik«, das der Ostberliner Journalist und Artistenfreund Roland Weise bereits 1954 gegründet hatte. Für seinen Fundus mit rund 13 000 Plakaten, 9000 Fachbüchern und Belletristik zu Artistik, Magie, Varieté, Zirkus und artverwandten Gebieten, 6 000 Fotos, 36 000 Programmen und Requisiten fand er in Klosterfelde ein Domizil und eröffnete am 5. September 1997 das Internationale Artistenmuseum. Es widmet sich der Geschichte dieses Kunstgenres vom Mittelalter bis heute. In diesem Museum zum Anfassen sind zahlreiche Requisiten und Techniken berühmter Artisten zu erleben.

Größte regelmäßige Kunstausstellung Europas

Die I. Kunstausstellung der DDR fand bereits 1946 statt, die X. beschloß 1987 in Dresden die Geschichte der bedeutendsten, regelmäßig stattfindenden Kunstschauen (anfangs alle zwei, später alle vier Jahre) des Kontinents. An der X. Kunstausstellung nahmen 1800 Künstler mit 2700 Werken aus den Bereichen Malerei, Skulptur, Grafik, Bühnenbild, Karikatur, Fotografie, architekturbezogener und angewandter Kunst teil.

Malerei

Am meisten reproduziertes Gemälde

Das Gemälde mit dem Motiv »Am Strand« von Walter Womacka (entstanden 1962/63) war das am meisten reproduzierte Bild in der DDR. Die erste Auflage der Reproduktion von 3 000 Stück ging komplett nach England, in die USA und nach Belgien. Von Womacka gibt es mehr als 1 000 Ölbilder. Von ihm stammen auch die Glasfenster für die Trinkhalle der Marienquelle in Bad Elster (1958/59) und für die KZ-Gedenkstätte Sachsenhausen (1960-63) sowie der Mosaikfries am Berliner »Haus des Lehrers« und der Brunnen auf dem Alexanderplatz.

Größtes Ölgemälde der Welt

In der Rotunde der Bauernkriegs-Gedenkstätte in Bad Frankenhausen ist das größte Ölgemälde der Welt (Foto Ausschnitt) zu bewundern. Der Leipziger Maler Werner Tübke schuf das 1 722 m² große Bauernkriegs-Panorama, auf dem mehr als 3 000 Lebewesen abgebildet sind. Es wurde am 16. Oktober 1986 mit dem Titel »Frühbürgerliche Revolution in Deutschland« feierlich übergeben.

Längste Gemäldegalerie der Welt

Die East Side Gallery in der Berliner Mühlenstraße zwischen Oberbaumbrücke und Ostbahnhof ist nicht nur ein beliebtes Fotomotiv, sondern mit ihrer Länge von 1 300 m auch die längste Freiluft-Gemäldegalerie der Welt. Die Ostseite des Mauerstreifens entlang der Spree wurde nach der Grenzöffnung von Künstlern und Laien mit 107 zum Teil spektakulären Malereien gestaltet und 1992 unter Denkmalschutz gestellt. Dieser Reststreifen gehörte zu den 43,1 km innerstädtischer Mauer zwischen Ost- und Westberlin. Die Länge der Mauer zwischen Westberlin und den angrenzenden DDR-Bezirk Potsdam betrug 111,9 km. Die Mauer war in der Nacht vom 12. zum 13. Mai 1961 gebaut und am 9. November 1989 wieder geöffnet worden.

Größtes Deckengemälde Europas

Das Gemälde von Sighard Gille »Das Lied von der Erde« (auch »Das Lied vom Leben«) erstreckt sich über eine Fläche von 720 m² an der Decke des Nordfoyers im Gewandhaus Leipzig und ist damit das größte Deckengemälde in ganz Europa.

Ungewöhnlicher Beruf: Stadtzeichner

Berlins erster und einziger Stadtzeichner heißt Gerd Wessel. Er hatte als Architekt an der Planung des jüngsten Berliner Stadtbezirkes Hellersdorf mitgewirkt. Als Maler und Zeichner hielt er nun im Auftrag der Wohnungsbaugesellschaft das Leben im Plattenbau-Bezirk auf rund 300 Bildern fest. Dabei kreierte er eine spezielle Hellersdorfer Farbenlehre: Blau für die frische Luft, Grün für die naturnahe Umgebung, Rot für den politisch roten Bezirk. Seine Werke waren mehrfach in Ausstellungen wie z. B. am Fernsehturm zu sehen.

Besondere DDR-Kunstsammlung

Die Kunstsammlung MAXHÜTTE mit ihren etwa 250 Werken der Malerei und Grafik ist seit 1995 im Besitz des Freistaates Thüringen. Sie ist eine der wenigen geschlossenen Kunstsammlungen eines volkseigenen Großbetriebes und widerspiegelt auf nahezu einzigartige Weise die Darstellung der Arbeitswelt in der DDR-Kunst. Von 1945 bis 1989 waren in der Maxhütte 66 Maler und Grafiker künstlerisch tätig gewesen. Wichtig für das Zustandekommen der Sammlung war die Galerie im Kulturpalast der Maxhütte in Unterwellenborn. In 120 Ausstellungen wurden dort zwischen 1972 und 1990 an die 270 Künstler mit 7000 Werken vorgestellt. Die STAHLWERK THÜRINGEN GmbH verwaltet die Sammlung als Dauerleihgabe und bereichert sie durch weitere Werke.

Größtes Porzellangemälde der Welt

Der berühmte »Fürstenzug« an der Außenseite des Langen Ganges vom Stallhof des Dresdner Schlosses in der Augustusstraße wurde von Adolf Wilhelm Walther in den Jahren 1872 bis 1876 in Sgraffitotechnik gestaltet. Nachdem es bereits um 1900 Schäden zeigte, wurde das Wandbild in der Porzellanmanufaktur Meißen auf 25 000 maßgeschneiderte Porzellanfliesen übertragen und 1907 fugenlos an der 957 m² großen Fläche angebracht. Es grenzt an ein Wunder, daß dieses größte Porzellangemälde der Welt die verheerenden Bombenangriffe unbeschadet überstand. 1979/80 wurde der 102 m lange »Fürstenzug« mit der Darstellung aller Herrscher des Hauses Wettin (nur der letzte Sachsenkönig, Friedrich August III., fand keinen Platz mehr) in 35 Reiterfiguren gründlich restauriert.

Theater

Einziges bäuerliches Laientheater

Südlich von Meiningen liegt der kleine Ort Bauerbach mit dem Naturtheater »Friedrich Schiller«. In der DDR gehörten dem Theaterkollektiv bis zu 160 der 380 Einwohner an. Für seine Verdienste wurde das Naturtheater mit dem Vaterländischen Verdienstorden und dem Preis für Künstlerisches Volksschaffen ausgezeichnet. Im Sommer 2002 stand auf der Freilichtbühne Shakespeares »Viel Lärm um nichts« auf dem Programm.

Ältestes deutsches Kindertheater

Das »Theater der Jungen Welt« in Leipzig wurde 1946 als erstes deutschsprachiges Kinder- und Jugendtheater gegründet. Drei Jahre später folgte das »Theater der jungen Generation« in Dresden. 1950 kam das »Theater der Freundschaft« in Berlin als zentrales Kinder- und Jugendtheater der DDR hinzu. In Halle hob sich 1952 zum ersten Mal der Vorhang im »Theater der jungen Garde«, und 1968 wurde in Magdeburg das Kinder- und Jugendtheater eröffnet. Die Städtischen Bühnen Erfurt und das Volkstheater Rostock hatten eigene Abteilungen für Kindertheater.

Einziges Nationalitätentheater der DDR

Das Deutsch-Sorbische Volkstheater in Bautzen war das einzige Nationalitätentheater in der DDR. Seit der Eröffnung 1948 wurden bis zum Ende der DDR 120 Werke in sorbischer Sprache inszeniert.

Älteste Naturbühne

Die Naturbühne des Bergtheaters Thale wurde am 8. Juli 1903 mit dem Festspiel »Walpurgis« eröffnet. Das Theater liegt 425 m hoch und bietet 1 400 Zuschauern Platz.

Größte Naturbühne Europas

Die Naturbühne in Ralswiek am Jasmunder Bodden auf der Insel Rügen ist mit ihren knapp 10 000 Plätzen die größte und schönste Freilichtbühne in Europa. Dort finden alljährlich die Störtebeker-Festspiele mit unterschiedlichen Themen statt. Von Mitte Juni bis Ende August gibt es 60 Vorstellungen mit über 130 Schauspielern. Zwischen 1993 und 2001 erlebten mehr als zwei Millionen Zuschauer die Störtebeker-Festspiele. In den 70er bis Anfang der 80er Jahre gab es Inszenierungen von KuBa (Kurt Bartel) als Chefdramaturg und von Hanns Anselm Perten als General-Intendant des Volkstheaters Rostock.

Ältestes eigenständiges Puppentheater

Das älteste eigenständige Puppentheater der DDR entstand 1951 in Karl-Marx-Stadt. Es folgten mit eigenen Häusern: 1952 die Puppentheater in Dresden und Zwickau, 1953 in Berlin und Halle, 1954 in Dessau, 1958 in Naumburg, Gera und Magdeburg, 1961 das deutsch-sorbische Puppentheater in Bautzen, 1972 das staatliche Puppentheater in Wittenberg und 1977 das Puppentheater in Frankfurt/ Oder. Hinzu kamen weitere 15 private Puppenbühnen.

Ältestes erhaltenes Theater der Welt

Der »Vater der deutschen Schauspielkunst« Conrad Ekhof (1720-1778) wurde 1774 mit der Leitung des Gothaer Hoftheaters beauftragt, das heute seinen Namen trägt und als ältestes ortsfestes Theater der Welt mit original erhaltener Bühneneinrichtung von 1683 gilt. Im Ekhof-Theater weisen Zuschauerraum und Bühne die gleiche Größe auf – 12 m lang, 6 m breit, 8 m hoch. Es entstand 1683 als erstes thüringisches Schloßtheater. Aus dieser Zeit stammt auch noch die Bühnenausstattung mit Kulissen sowie eine hölzerne Maschinerie. Unter Ekhofs Leitung erfolgte der Umbau zum »Gothaer Hoftheater« Alljährlich ist es Schauplatz des Ekhof-Festivals.

Erstes separates Theater

1742 eingeweiht war die Deutsche Staatsoper Unter den Linden in Berlin das erste freistehende, nicht zu einer Schloßanlage gehörende Theater in Deutschland und zählte zu den modernsten und am meisten bewunderten Bauten seiner Zeit. Das Opernhaus wurde bei Bombenangriffen im 2. Weltkrieg völlig zerstört. Beim Wiederaufbau – Eröffnung war 1955 mit Wagners »Meistersinger von Nürnberg« – wurde die klassische Gestaltung beibehalten.

Einziges Theater mit Goethes Wirken

Das Lauchstädter Sommertheater ist der einzige original erhaltene Theaterbau, in dem Goethe direkt gewirkt hat. 1802 entstand er nach den Vorgaben des berühmten Dichters. Der Zuschauerraum wurde, Goethes Farbenlehre entsprechend, in gelb, rot und grau gehalten. Die Gassen- oder Guckkastenbühne erhielt eine hölzerne Maschinerie, die durch ein noch immer funktionierendes System von Wellen, Rollen und Seilen den Dekorationswechsel bei offener Bühne in nur 15 s ermöglicht. Von Mai bis Oktober gibt es im Goethe-Theater von Bad Lauchstädt den »Theatersommer«.

Größte Bühne

Das 1960 eröffnete Opernhaus in Leipzig verdrängte mit seinen 1 425 Plätzen die Deutsche Staatsoper Unter den Linden in Berlin (1 396 Plätze) auf Rang 2 der größten Bühnentheater in der DDR. Das Landestheater Dessau, im Krieg zerstört und 1949 wiedereröffnet, zählte mit seinen 1 250 Zuschauerplätzen ebenfalls zu den größten des Landes. Größte deutsche Theater sind das Nationaltheater München mit 2 100 und die Deutsche Oper (West)Berlin mit 1 885 Plätzen.

Vielzahl an Theatern

Gemessen an der Einwohnerzahl waren für die DDR 72 Theater (fünf für Kinder- und Jugendliche) und 12 Puppentheater sehr viel. Sie verfügten über 48 Schauspiel-Ensembles, 42 Musik-Theater-Ensembles samt Orchester sowie 40 Ballettgruppen und ein Pantomime-Ensemble, die in 170 Theaterhäusern und 348 weiteren Spielstätten regelmäßig Gastspiele gaben.

Längster Premierenapplaus

Die Uraufführung von Peter Hacks' »Der Frieden« (nach Aristophanes) am 14. Oktober 1962 im Deutschen Theater zu Berlin bekam einen Premierenapplaus von 45 Minuten Dauer.

Erster Theaterneubau in der DDR

Das Opernhaus in Leipzig wurde von 1956 bis 1960 gebaut. Es entstand an der Stelle des im Krieg zerstörten »Neuen Theaters« als Einrang-Spielstätte mit 1 425 Plätzen und zwei Seitenbühnen.

Längste Serie einer Hauptrolle

Der Berliner Schauspieler Horst Drinda, am 1. Mai 2002 75 Jahre alt geworden, spielte in 15 Jahren am Deutschen Theater 700mal den schizophrenen Bürgermeister in »Der Drache« von Jewgeni Schwarz. Drinda wirkte in mehr als 70 Filmen mit. Sein Filmdebüt gab er 1955 in »Einmal ist keinmal«, herausragende Filmrollen besetzte er in »Ich – Axel Cäsar Springer« (1970) und als Kapitän Karsten in der neunteiligen TV-Serie »Zur See«.

Größtes Varietétheater Europas: der Friedrichstadtpalast

1865 wurde am Ufer der Spree der Grundstein für Berlins erste große Markthalle gelegt, aus der 1873 eine imposante Zirkusarena entstand. 24 Jahre später baute man sie in das »Neue Olympia-Riesentheater« um. 1919 wurde das »Deutsche Schauspielhaus« daraus, das 1933 von den Nazis zum »Theater des Volkes« umfunktioniert wurde. Am 17. August 1945 gab es im »Palast-Varieté« die erste Nachkriegs-Vorstellung. Zwei Jahre später kam mit dem neuen Direktor, Nicola Lupo (Italien), ein neuer Name für das Haus – »Friedrichstadtpalast«. Ab März 1980 fanden wegen Baufälligkeit keine Veranstaltungen mehr statt. Am 26. Juni 1981 wurde auf dem Gelände Friedrichstraße 107 der Grundstein für den neuen Friedrichstadtpalast gelegt, der am 27. April 1984 mit der Revue »Premiere: Friedrichstraße 107« eröffnet wurde. Mit den knapp 1300 Zuschauerplätzen sowie der Bühnen-Portalbreite von 24 m und einer Bühnentiefe von 52 m ist er das größte Varietétheater Europas, in dem Weltstars wie Clown Oleg Popow, Juliette Greco, Ella Fitzgerald, Gilbert Bécaud, Louis Armstrong oder Josephine Baker gastierten.

Film

Erster Kinderfilm

»Und wenn's nur einer wär« (Regie: Wolfgang Schleif) hieß der erste Kinderfilm der DEFA. Er erlebte am 18. März 1949 seine Premiere.

Einzige Nominierung für einen Oscar

»Jakob der Lügner« von Frank Beyer, 1975 im Berliner Kino »Kosmos« uraufgeführt, war der einzige Film der DEFA, der je für einen Oscar nominiert wurde. Als Vorlage diente Jurek Beckers gleichnamiger Roman. Für die Rolle des Jakob war Heinz Rühmann vorgesehen, der auch zugesagt hatte. Doch Erich Honecker bat Regisseur Frank Beyer, auf diese Besetzung zu verzichten. Die Rolle wurde mit Vlastimil Brodsky besetzt.

Erster DEFA-Film

»Die Mörder sind unter uns« unter der Regie von Wolfgang Staudte mit Hildegard Knef in der Hauptrolle war der erste Film der am 17. Mai 1946 gegründeten DEFA. Er erlebte am 15. Oktober 1946 in Berlin seine Premiere.

Das einzige Drehbuch von Manfred Krug

»Der Kinnhaken«, ein 1962 uraufgeführter Film zum Mauerbau, war die einzige Drehbucharbeit für einen DEFA-Film von Manfred Krug (mit Horst Bastian). Er spielte selbst auch die Hauptrolle.

Größtes Kino

Das Filmtheater in der Dresdner Prager Straße wurde 1972 als Rundkino eröffnet. Es war mit 1 017 Plätzen das größte der DDR und gehörte nach der Installation neuer Wiedergabetechnik zu den modernsten in Europa. Es wird auch heute noch als Kino genutzt.

Bestausgerüstetes Filmarchiv der Welt

Im Oktober 1955 wurde das Staatliche Filmarchiv der DDR in Potsdam-Babelsberg gegründet und das von der Sowjetarmee vor der Zerstörung gerettete deutsche Reichsfilmarchiv eingegliedert. Es entwickelte sich zur größten und am besten ausgerüsteten Filmothek der Welt. Zum Bestand zählen etwa 9 000 Spielfilme, 35 000 Dokumentarfilme, Wochenschauen, wissenschaftliche Filme, die auf rund 500 000 Rollen festgehalten sind. Außerdem verfügt das Archiv über Dokumentationen (Fotos, Plakate, Programme usw.) zu über 10 000 Filmen. Nach der Wende wurde das Staatliche Filmarchiv vom Bundesfilmarchiv übernommen. Seit Anfang der 80er Jahre gehörte das Filmmuseum in Potsdam zum Archiv.

Bekanntester verbotener Film

Der Film »Spur der Steine« nach dem Roman von Erik Neutsch errang den traurigen Ruhm, bekanntester verbotener Film der DEFA zu sein. In der Inszenierung von Frank Beyer glänzen Manfred Krug und Eberhard Esche in den Hauptrollen. Der Film wurde am 1. Juli 1966 uraufgeführt, verschwand aber schon nach drei Tagen aus den Kinos. Erst 23 Jahre später wurde »Spur der Steine«, allerdings in völlig veränderter gesellschaftlicher Situation, mit großem Erfolg wieder aufgeführt. Neben »Spur der Steine« waren neun weitere DEFA-Filme in der DDR verboten worden.

Längste Dreharbeiten

Die Dreharbeiten für den Dokumentarfilm »Kinder von Golzow – Lebensläufe« von Regisseur Winfried Junge begannen am 28. August 1961. Das Projekt schildert die Entwicklung von Kindern einer Schulklasse im Dorf Golzow bei Seelow. Als Film mit der längsten Drehzeit fand er Eingang ins Guinness Buch der Rekorde. In bisher 17 Filmen ist die Entwicklung einer Generation dokumentarisch festgehalten. Filme aus Golzow wurden in New York ebenso wie in Peking gezeigt und ausgezeichnet. Der jüngste Streifen »Jochen – ein Golzower aus Philadelphia« feierte bei der Berlinale 2002 Premiere.

Größtes Filmstudio Europas

Am 17. Mai 1946 übergab Oberst Tulpanow von der Sowjetischen Militäradministration die Lizenz für die Deutsche Film AG (DEFA), die ihre Arbeit in den ehemaligen UFA-Studios in Babelsberg aufnahm. Erster Nachkriegsfilm war »Die Mörder sind unter uns«, erster Farbfilm »Das kalte Herz«. Insgesamt produzierte die DEFA im größten europäischen Filmstudio Babelsberg 680 Filme und jährlich etwa 20 Fernsehproduktionen. Im Januar 1994 wurde der Name DEFA aus dem Handelsregister gelöscht.

Der erste »Goldene Spatz«

Das erste Nationale Festival »Goldener Spatz« für Kinderfilme der DDR in Kino und Fernsehen fand 1979 in Gera statt. Danach gab es das Festival bis 1989 alle zwei Jahre. Ab 1991 wurden Produktionen aus ganz Deutschland gezeigt. 1993 folgte die Stiftung »Goldener Spatz«, die seitdem das Deutsche Kinder-Film & Fernseh-Festival gleichen Namens veranstaltet.

Ein Herz für Kinder

Ein Viertel aller Spiel- und Kurzfilme der DEFA und 70 % der Animationsfilme wurden speziell für Kinder gedreht. Damit belegte die DDR zusammen mit der UdSSR und der ČSSR einen Spitzenplatz in der Welt.

Die meisten Filmrollen

Fred Delmare ist der Schauspieler mit den meisten Rollen in DEFA-Spielfilmen. Er hatte seine ersten Nebenrollen bereits Mitte der 50er Jahre und brachte es bis zur Auflösung der DEFA auf über 90 Filmrollen. In seiner ersten Rolle spielte er 1955 in »Der Teufelskreis« den van der Lubbe. Bei den Schauspielerinnen hält Helga Göring mit etwa 50 Kinorollen die Spitze vor Marianne Wünscher mit 45.

Erster DEFA-Farbfilm

1950 erlebte der erste DEFA-Farbfilm, »Das kalte Herz«, nach dem Märchen von Wilhelm Hauff in Berlin seine Premiere. Es war der erste Märchen-Tonfilm für Erwachsene. Bei den Internationalen Filmfestspielen in Karlovy Vary wurde er 1951 als bester Farbfilm ausgezeichnet. Es war der einzige DEFA-Film unter der Regie des Münchners Paul Verhoeven.

Produktivster Regisseur

Kurt Mactzig war der Regisseur mit den meisten DEFA-Filmen. Zu den herausragenden seiner 21 Filme zählen »Ehe im Schatten«, die beiden »Ernst Thälmann«-Filme, »Der Rat der Götter«, die beiden Teile »Schlösser und Katen« oder »Das Kaninchen bin ich«, der verboten wurde und erst 25 Jahre nach der Produktion 1990 seine Premiere erlebte.

Die besten Indianerfilme

Die DEFA war in der Qualität ihrer Indianerfilme unübertroffen in Europa. Großen Anteil daran hatte der Hauptdarsteller »Indianer-Häuptling« Gojko Mitic. Zwar wurden in Italien mehr Filme dieses Genres produziert, doch waren die Italo-Western Massenproduktionen, in denen stets die Westernhelden im Mittelpunkt standen.

Kinobesuch auf Scheck

Im Bezirk Dresden gab es Kinoschecks für Kinder. Die Schecks kosteten 10 Mark, waren gültig ab Verkaufstag für ein Jahr und berechtigten zum Besuch aller Kinder-Vorstellungen in allen Kinos des Bezirkes. Erhältlich waren die Schecks an den Kinokassen. Ab 1979 gab es für kinderreiche Familien in der DDR Freikarten für den Besuch von Kinderfilmen.

Bedeutendstes Festival des Dokumentarfilms

1955 wurde in Leipzig ein Dokumentarfilm-Festival ins Leben gerufen, das sich mit den Kurzfilmtagen in Oberhausen abwechselte. Daraus entwickelte sich die eigenständige internationale Leipziger Dokumentarfilm-Woche für Kino und Fernsehen, die unter dem Motte »Filme der Welt – für den Frieden der Welt« zur bedeutendsten Veranstaltung dieses Genres wurde. Dieses Festival bot vor allem dem Dokumentarfilm aus der dritten Welt ein Podium. Alle wichtigen Dokumentaristen der Welt waren in Leipzig zu Gast. Mitbegründer der Dokumentarfilm-Woche war der Nestor des DDR-Dokumentarfilms Karl Gass, zu dessen Lebenswerk 121 Filme, Reportagen, Porträts und Dokumentationen zählen. Die Leipziger Dokfilmwoche wird – unter anderem Motto – auch im vereinten Deutschland weitergeführt; 2002 fand sie zum 45. Male statt.

Einzigartiger Bruchtest

Der dienstälteste Kaskadeur der DEFA, Peter Piper, durchschlug 1988 mit einem einzigen Handkantenschlag 32 Biberschwänze (Dachziegelart). Jenaer Physiker ermittelten für die Schlagbewegung seiner Hand eine Geschwindigkeit von 388 km/h.

Meistgesehener DEFA-Film

»Die Geschichte vom kleinen Muck« von Regisseur Wolfgang Staudte, 1953 im Berliner »Babylon« uraufgeführt, war der DEFA-Film mit der höchsten Zuschauerzahl. Von 1953 bis 1990 haben ihn 12,2 Millionen Kinobesucher gesehen. Er war zugleich der meistverkaufte Film des DEFA-Außenhandels, der, in zahlreiche Sprachen übersetzt, in allen Kontinenten gespielt wurde.

Funk & Fernsehen

Älteste Rundfunksendung

Von allen Sendungen des Rundfunks, der am 13. Mai 1945 zuerst in Berlin seine Tätigkeit aufnahm, war die Reportagereihe »Pulsschlag der Zeit« die mit Abstand älteste. Sie wurde – zunächst als »Pulsschlag Berlins« – erstmals am 25. Mai 1945 ausgestrahlt und behielt ihren Sendeplatz bis zum Ende des DDR-Rundfunks am 31. Dezember 1991. Ab 16. Dezember 1964 gab es die Sendung »Berliner Stadtreporter«.

Erstmals Fernsehlieblinge

Die Berliner Zeitung fragte erstmals am 10. November 1962 nach den Fernsehlieblingen, die in der Ausgabe vom 16. Dezember veröffentlicht wurden. Die ersten sechs Plätze belegten: Rolf Herricht, Willi Schwabe, Margot Ebert, Heinz Florian Oertel, Heinz Quermann und das Sandmännchen.

SENDER BERLIN

Sonntag 21. DEZEMBER 1952

FERNSEH - VERSUCHSPROGRAMM des Fernsehzentrums Berlin

20.00 bis 22.00 Uhr

Zum Beginn des offiziellen Versuchsprogramms spricht der Leiter des Fernsehzentrums, Hermann Zilles

Die aktuelle Kamera
Zeitgeschehen in Wort und Bild

Fernsehen aus der Nähe betrachtet
Ein Besuch im Fernsehzentrum Berlin

Fernsehen im Versuchsprogramm

Der 31. Dezember 1951 ist die Geburtsstunde des DDR-Fernsehens. An diesem Tag war die politische Führung zur Uraufführung in das Sendezentrum eingeladen worden. Der öffentliche Start für das inoffizielle Versuchsprogramm folgte am 2. Juli 1952. Das war zugleich die Premiere für die »Aktuelle Kamera«, die erste deutsche Fernseh-Nachrichtensendung, die mehrmals wöchentlich ausgestrahlt wurde. Die bundesdeutsche »Tagesschau« folgte als feuilletonistische Magazinsendung erst ab 26. Dezember 1952 und wurde erst Ende der 50er Jahre zur politischen Nachrichtensendung.

Das offizielle Versuchsprogramm des DFF wurde am 21. Dezember 1952 gestartet. Moderator war Herbert Köfer, Sprecherin Margit Schaumäker stellte den weniger Zuschauern die neue Technik im Studio vor. Fünf Tage später begann auch in der BRD das vom Nordwestdeutschen Rundfunk ausgestrahlte Versuchsprogramm. In der DDR konnten die Sendungen, die werktags von 20-22 Uhr, sonntags von 16-18 Uhr ausgestrahlt wurden, zunächst nur an 75 Apparaten verfolgt werden. Die neue Errungenschaft wurde als Geschenk zu Stalins 73. Geburtstag propagiert.

Rundfunk-Hitparade mit Weltrekord

Der Entertainer, Regisseur und Redakteur Heinz Quermann moderierte ab 1958 über 30 Jahre lang die »Schlagerrevue« und damit die langlebigste Rundfunk-Hitparade der Welt. Bis 1988 gab es 1683 Sendungen.

Langlebigste deutsche TV-Unterhaltungssendung

Am 18. Juni 1972 begann im DDR-Fernsehen die populäre Unterhaltungssendung »Außenseiter – Spitzenreiter«, die seit 1992 im MDR weitergeführt wird. Mit mehr als 30 Jahren Bildschirm-Präsenz ist sie die am längsten ununterbrochen laufende deutsche TV-Unterhaltungssendung. Von Beginn an ist Hans-Joachim Wolfram und seit 1993 auch seine Lebensgefährtin, die Ex-Weltmeisterin im Eiskunstlauf, Christine Errath (gesch. Trettin), besonderen Menschen, ungewöhnlichen Hobbys und Kuriositäten auf der Spur.

Witzigste Versprecher

Kostproben einiger Versprecher früherer Jahre von DDR-Sportreportern im Rundfunk: »Verzeihung Herr Ploch, wie war doch ihre Name?« (Heinz Florian Oertel im Interview mit einem Leichtathleten). »Die kurzgeschorenen Haare fallen ihm ins Gesicht« (Heinz Florian Oertel). »Ihr Röckchen hebt sich im eigenen Wind« (Gerhard Obermüller). »Sie tragen hinten auf ihren Trainingsanzügen die großen Buchstaben DDR auf der Brust« (Werner Preiß). »Über den Kasten ins Tor – ein Kunststoß, wie es in der Fußballersprache heißt« (Hubert Knobloch). »Mit kräftigen Schlägen ziehen die Männer ihre Riemen durch die Dahme« (Harry Schulz bei der Grünauer Ruderregatta).

Fernsehen im regelmäßigen Sendebetrieb

Am 3. Januar 1956, dem 80. Geburtstag von Wilhelm Pieck, nahm der Deutsche Fernsehfunk den regelmäßigen Sendebetrieb auf. In Adlershof war mit dem Fernseh-Sendesaal das damals größte Fernsehstudio Europas entstanden, das zum Sendezentrum der »Aktuellen Kamera« wurde. Das Programm des ersten Sendeabends (20–22 Uhr) im regulären Sendebetrieb: Ansprache des Leiters des Fernsehzentrums, Hermann Zilles / »Die aktuelle Kamera« / Besuch im Fernsehzentrum Berlin / Volkskunstsendung zu Ehren des Geburtstages J. W. Stalins / »Stalingrad«, sowjetischer Dokumentarfilm.

»Polizeiruf 110« – immer aktuell

1971 wurde die Serie »Polizeiruf 110« im DDR-Fernsehen ins Leben gerufen. Die erste Sendung war am 27. Juni 1971 »Der Fall Lisa Murnau«. Diese populäre Reihe beschäftigte sich weniger mit Mord und Totschlag, dafür mehr mit Fällen von Betrug, Heiratsschwindel, Fahrerflucht oder Kleinkriminalität aus dem DDR-Alltag. Kommissare waren Peter Borgelt (Hauptmann Fuchs), Sigrid Göhler (Hauptmann Arndt) und Jürgen Frohriep (Oberleutnant Hübner). Wie für das »Sandmännchen« und »Außenseiter – Spitzenreiter« gibt es auch für den »Polizeiruf 110« nach 141 Folgen im DFF ein Leben nach dem Tod. Seit 1993 hat die Serie bei der ARD im Wechsel mit »Tatort« einen festen Sendeplatz.

Von Anfang bis Ende dabei

Als das Fernsehen startete, las er die Nachrichten. Und in der letzten Sendung des DFF in der Silvesternacht 1991/92 war er ebenfalls dabei: Herbert Köfer. Dazwischen schrieb er als Schauspieler in Filmen (»Krupp und Krause«) und Serien (»Renter haben niemals Zeit«) und als Moderator (»Das blaue Fenster«) mit an einem Stück Fernsehgeschichte und ist nach wie vor auf dem Bildschirm und auf der Bühne zu erleben.

Fernsehen mit eigener Eisrevue

In den 70er Jahren produzierte das Fernsehen der DDR in der Hallenser Eissporthalle als einziges Fernsehunternehmen in Europa eine eigene Eisrevue. Unter dem Titel »Gabys Gäste« präsentierte Gaby Seyfert die Weltstars des Eiskunstlaufes. Die Eisrevue wurde überwiegend an osteuropäische Stationen als Fernsehproduktion verkauft.

»Tausend Tele Tips« im Werbeblock

Im März 1960 begann im DDR-Fernsehen mit der Sendung »Tinas Tausend Tele Tips« (später »Tausend Tele Tips«) die Werbung. Sie wurde ab 15. Februar 1976 eingestellt. Der Grund war die »Anordnung zur Durchsetzung sozialistischer Sparsamkeit beim Einsatz materieller und finanzieller Mittel für Werbung und Repräsentation«.

Erstmals Fernsehen in Farbe

Am 3. Oktober 1969 eröffnete das Fernsehen sein 2. Programm. Es war zugleich die erste Sendung in Farbe. Das 2. Programm strahlte zunächst nur an den Wochenenden mehrstündige Farbsendungen aus.

Funk & Fernsehen

Heiterste »Aktuelle Kamera«

Am 13. Februar 1976 erlebte die abendliche Hauptausgabe der »Aktuellen Kamera« im Deutschen Fernsehfunk einen ausgesprochen heiteren Nachrichtensprecher. Das fiel umso mehr auf, als er beim Bericht über Erich Honeckers Besuch bei den Kraftwerken in Boxberg den nötigen Ernst vermissen ließ. Der mehrfach zum Fernseh-Liebling gewählte Klaus Feldmann war sichtbar und hörbar angetrunken. Er hatte als BGL-Vorsitzender an diesem Tag bei einer Gratulationscour anläßlich eines runden Geburtstages ein wenig Alkohol zu sich genommen. Den Rest besorgte die Hitze der Scheinwerfer im Studio. Klaus Feldmann durfte daraufhin bis zum Ende des Jahres 1976 keine Nachrichten mehr sprechen.

Die längste Sendereihe der Welt

Die am längsten bestehende Fernseh-Sendereihe der Welt war Willi Schwabes »Rumpelkammer«. Seit 1956 stieg der 1991 verstorbene Schauspieler jeden Montagabend bis zur letzten Sendung am 8. August 1990 mit seiner Laterne hinauf in die Rumpelkammer beim Adlershofer Fernsehen, stöberte nach Filmoriginalitäten, und vieles wäre ohne ihn vergessen. Willi Schwabe war dienstältester Darsteller (seit 1949) und Ehrenmitglied beim Berliner Ensemble.

Einmaliges Archivmaterial

Die kompletten Archivbestände des DDR-Rundfunks und Fernsehens erhielten Ende 2000 ein neues Zuhause. Sie lagern jetzt in einem Neubau in Potsdam-Babelsberg, gegenüber dem ORB-Sendezentrum. Zum Bestand gehören über 100 000 Bänder aus dem DFF-Programm, mehr als 450 000 Tonbänder, drei Millionen Fotos und mehrere Millionen Schriften wie Drehbücher. Ursprünglich sollte nach der Wende der gesamte Bestand an die Münchener Kirch-Gruppe verscherbelt werden. Vor allem die 3. Programme der ARD bedienen sich in dem Archiv und senden Filme oder Unterhaltungsshows aus dem DDR-Fernsehen.

DDR-Sandmännchen – Sieger gegen Westkollegen

Am 22. November 1959 hatte das DDR-Sandmännchen um 18.50 Uhr mit seinem Gute-Nacht-Gruß seinen allerersten Auftritt. Es gewann den Wettlauf gegen seinen »Kollegen« aus der BRD, der am 1. Dezember 1959, also neun Tage später, beim SFB auf der Bildfläche erschien. 1991, als das Fernsehen der DDR abgeschaltet wurde, stand auch das Sandmännchen vor der Entlassung. Erst ein Sturm der Empörung von Kindern und Eltern bewahrte ihm seinen Platz. Seitdem bescheren ihm jeden Abend 1,5 Millionen Zuschauer eine hohe Einschaltquote bei den Sendern ORB (federführend), NDR, MDR, SFB sowie im Kinderkanal von ARD und ZDF.

Erste Fernsehgeräte

Am 16. November 1952 begann in Berlin der freie Verkauf der ersten Fernsehgeräte. Im Angebot war der im Sachsenwerk Radeberg bei Dresden nach einem sowjetischen Modell hergestellte »Leningrad T«. Das Gerät war erstmals auf der Leipziger Messe ausgestellt. Der Lautsprecher nahm auf der linken Frontseite den meisten Platz ein, die Bildröhre daneben hatte eine Diagonale von 21 cm. Das Gerät kostete 3500 Mark. 1954 kam die DDR-Eigenproduktion »Rembrandt« auf den Markt.

Beliebtestes Jugend-Programm

Das 2. Deutschlandtreffen der Jugend im Mai 1964 war Geburtsstunde und zugleich Namensgeber des beliebtesten Rundfunkprogramms der jungen Generation in der DDR. DT 64 hatte beim Berliner Rundfunk seit dem Jugendtreffen einen festen Sendeplatz.

Beliebteste Fernsehsendung

Die Unterhaltungssendung »Ein Kessel Buntes« aus dem Friedrichstadtpalast oder dem Palast der Republik verzeichnete regelmäßig die höchsten Einschaltquoten. Der erste »Kessel Buntes« wurde am 29. Januar 1972 ausgestrahlt. Stargäste waren Frank Schöbel, Manuela (BRD) und Danyel Gérard (Frankreich). Horst Köbbert, Lutz Stückrath und Manfred Uhlig, die drei »Dialektiker«, hatten ihren allerersten Auftritt. Mit einer halben Stunde wurde die »Kessel«-Premiere ungewöhnlich überzogen und dauerte genau 136, statt 100 Minuten. Am 22. Dezember 1991 wurde mit dem 113. der letzte »Kessel Buntes« aus dem Friedrichstadtpalast übertragen. Als Stargäste wurden Udo Jürgens und Bonnie Taylor gefeiert, Moderator war Karsten Speck.

Längste Fernsehsendung mit niedrigster Einschaltquote

Der »Schwarze Kanal« mit dem Chefkommentator des DDR-Fernsehens Karl-Eduard von Schnitzler († 2001) gehörte trotz niedrigster Einschaltquoten vom 21. März 1960 an montags zum festen Programm-Bestandteil. Nach 1518 Sendungen wurde er am 30. Oktober 1989 zum letzten Mal ausgestrahlt.

Bekanntester Fernsehstar

Das Sandmännchen erfreut sich seit 1959 ungebrochener Popularität. Geschaffen wurde das putzige Kerlchen vom Puppengestalter und Trickfilmregisseur Gerhard Behrendt. Das Sandmännchenlied wurde von Wolfgang Richter komponiert und von Walter Krumbach getextet. Ursprünglich entstand der »Abendgruß« im Studio Berlin-Mahlsdorf, dann in Berlin-Adlershof, und heute produzieren ihn die Babelsberger Studios in Potsdam. Zu seinem 35. Geburtstag trat das Sandmännchen als Ehrenmitglied der internationalen Organisation »Children for a better world« bei, die sich weltweit für Kinder einsetzt.

Musik

Einzigartige Weihnachtsmannkapelle

Schwepnitz bei Kamenz besaß die einzige Weihnachtsmannkapelle der DDR, die auch heute noch regelmäßig im Dezember auftritt. Sie gründete sich 1975 und setzt sich aus Musikern verschiedener Kapellen zusammen.

Erstes deutsches Konservatorium

Im Jahre 1843 gründete Felix Mendelssohn Bartholdy, in Leipzig von 1835-1847 als Gewandhauskapellmeister tätig, mit Hilfe Robert Schumanns das erste deutsche Konservatorium zur professionellen Ausbildung junger talentierter Musiker. Es ist nach dem Pariser Konservatorium das zweitälteste in Europa.

Erste Beatgruppe

Die erste namhafte Beatgruppe der DDR nannte sich »Team 4« und war im September 1964 in Berlin gegründet worden. 1967 wurde sie in Thomas Natschinski und Gruppe umbenannt. Neben Natschinski zählte der Liedermacher Hartmut König (u. a. »Sag mir, wo du stehst«) zu den bekanntesten Mitgliedern.

International bekanntester Rocktitel

Der international bekannteste Hit einer DDR-Rockband ist »Über sieben Brücken mußt du gehen« von der Gruppe »Karat«, die 1975 aus ehemaligen Panta-Rhei-Musikern entstand. Er wird gesungen von Herbert Dreilich und gehört zum Repertoire von Peter Maffay und auch von José Carreras.

Weltberühmte Knabenchöre

Seit 1212 das Augustiner-Chorherrenstift im Thomaskloster gegründet wurde, gibt es auch den Thomanerchor. Die Strukturen des berühmtesten Knabenchors in Deutschland, der viele Jahre vom Thomas-kantor Johann Sebastian Bach geleitet wurde, sind seit fast 800 Jahren die gleichen geblieben. Musikfreunde können freitags und samstags den Chor in der Thomaskirche erleben. Die Wurzeln des Dresdner Kreuzchores gehen ins Jahr 1717 zurück, als Kruzianer sowohl in der Oper als auch bei Hauskonzerten mitwirkten. Zu den Kreuzschülern gehörten auch Richard Wagner und Theodor Körner. Wesentlichen Einfluß auf die Entwicklung des Chores und seines auch weltlichen Repertoires hatte der langjährige Kreuzkantor (seit 1930) Prof. Dr. Rudolf Mauersberger († 1971), unter dessen Leitung der Kreuzchor weltberühmt wurde.

Erfolgreichstes deutsches Musical

»Mein Freund Bunbury« von Gerd Natschinski, 1964 im Berliner »Metropol« uraufgeführt, ist das erfolgreichste deutsche Musical. Es wurde in zehn Sprachen übersetzt, die etwa 5600 Aufführungen sahen mehr als 2 Millionen Zuschauer. Seit Jahresbeginn 2003 steht in Rostock die 160. Inszenierung auf dem Programm, die vom Komponisten selbst dirigiert wird. Von Gerd Natschinski stammt auch das ähnlich erfolgreiche und immer noch aktuelle Musical »Messeschlager Gisela« (1960) sowie elf weitere Stücke für Musiktheater. Er komponierte überdies Musiken für 70 DEFA-Filme und über 400 Schlager.

»Lipsi«, einzige Tanzkreation der DDR

Die Anregung soll 1957 von Walter Ulbricht ausgegangen sein: Die DDR braucht einen eigenen Tanz, eine eigene Musikrichtung, um dem Rock'n' Roll aus dem Westen etwas entgegensetzen zu können. Mitte Januar 1959 fand eigens zu diesem Thema in Lauchhammer eine dreitägige Tanzmusik-Konferenz statt. Abschließender Höhepunkt war die Uraufführung des »Lipsi« (Ableitung von der lateinischen Bezeichnung für Leipzig – Lipsia). Die Musik zu diesem Tanz stammte vom Leipziger Komponisten René Dubianski, demonstriert wurde er vom Tanzlehrer-Ehepaar Christa und Helmut Seifert aus Leipzig. Zwei Jahre später war der »Lipsi« von der neuen Rockmusik-Welle ins Abseits gedrängt worden.

Größtes Rockkonzert

Zum größten Rockkonzert in der DDR-Musikgeschichte gestaltete sich der Auftritt von Bruce Springsteen am 20. Juli 1988 im Areal der Freiluft-Radrennbahn in Berlin-Weißensee. 160 000 Fans erlebten den Rockstar mit seiner E-Street-Band und mit Patti Scialfa beim 5. Rocksommer der FDJ.

Erste Rockoper in der DDR

»Rosa Laub« ist der Titel der ersten Rockoper der DDR. Das Werk des Komponisten und Arrangeurs Horst Krüger wurde am 6. Juli 1979 im Rostocker Volkstheater uraufgeführt.

Ältester Chor der Welt

Bis auf das Jahr 1116 reicht die erste urkundliche Erwähnung des Stadtsingechores Halle zurück. Damit ist er der älteste weltliche Kinderchor überhaupt. Er gehört der Halleschen Philharmonie an und widmet sich vor allem dem klassischen Erbe, insbesondere der Pflege Händelscher Musik.

Erste DDR-Rock-LP

»Die Straße« lautete der Titel der ersten LP mit DDR-Rockmusik. Die Produktion der Thomas-Natschinski-Gruppe erschien im Juni 1968.

Längste Serie eines Dirigenten

Ganz besondere Ausdauer bewies Kapellmeister Karl-Heinz Hanicke. Er dirigierte alle 446 Aufführungen des Musicals »My fair Lady« an der Staatsoperette Dresden.

Einziger Fanfarenzug mit Weltmeistertitel

1970 bildeten 30 Schüler der 5. Polytechnischen Oberschule von Strausberg den ersten Fanfarenzug. Heute zählt der Verein der Bläser und Trommler 240 Mitglieder. Bei der Weltmeisterschaft für Bands im Showmarschieren im Sommer 2000 in Calgary (Kanada) starteten die Strausberger als einziger Fanfarenzug und krasser Außenseiter unter den 39 Showbands aus aller Welt. Die 120 Akteure feierten einen grandiosen Erfolg und kehrten mit einem WM-Titel nach Hause.

Musik

Bedeutendstes Dixieland Festival

Seit dem 30. Mai 1971 findet in Dresden regelmäßig das Internationale Dixieland Festival als ältestes und größtes in Europa statt, bei dem alle namhaften Bands dieser Jazzvariante auftreten. Beim 32. Festival im Mai 2002 beteiligten sich 49 Bands aus 14 Ländern mit 385 Musikern.

Einziges FDJ-Lied im Guinness Buch

Das bekannte FDJ-Lied »Bau auf, bau auf, Freie Deutsche Jugend, bau auf!« stammt aus der Feder des 1997 verstorbenen Musiklehrers Reinhold Limberg aus Burg bei Magdeburg. Gesungen oder gespielt taucht das Lied in insgesamt 41 Filmen auf und bekam daraufhin einen Eintrag im Guinness Buch der Rekorde.

Einzige Hymne für ein neues Bundesland

Der am 7. April 1902 geborene Gustav Büchsenschütz schrieb als 20jähriger in der Jugendherberge Neu Vehlefanz bei Oranienburg das Wanderlied »Steige hoch, du roter Adler«, das schnell populär und zur Heimathymne wurde. Nach der Wende stieg der »Rote Adler« zur Erkennungsmelodie Brandenburgs auf. An den Schöpfer, der am 9. Februar 1996 verstarb, erinnert heute ein Gedenkstein in Neu Vehlefanz.

Nationalhymne der DDR, erstmals intoniert

Am 7. Oktober 1949 wurde die Nationalhymne der DDR (Musik: Hanns Eisler, Text: Johannes R. Becher) erstmals vom Zentralen Orchester des Ministeriums des Inneren auf dem Berliner August-Bebel-Platz öffentlich intoniert.

Erfolgreichstes Komponisten-Gespann

Gerd Natschinski galt in den 50er und 60er Jahren als erfolgreichster Schlager- und später Musical-Komponist der DDR. Sein Sohn, Thomas Natschinski, studierte Musik, komponierte und arbeitete mit Interpreten wie Gaby Rückert, Barbara Thalheim, Dagmar Frederic, Frank Schöbel oder Jürgen Walter zusammen. Nebenbei spielte er auch in der Rockszene bei »Karat« und Veronika Fischer. Von ihm stammen über 150 Film- und Fernsehmusiken. Seit 1988 komponiert und arrangiert Thomas Natschinski für die Revuen im Berliner Friedrichstadtpalast.

Ältestes Konzertorchester der Welt

Das Leipziger Gewandhausorchester ist das älteste noch existierende Konzertorchester auf der Welt. Seine Geschichte begann mit dem »Großen Concert«, das aus 16 Musikern bestand, und von Leipziger Bürgern bereits 1743 gegründet wurde. Der Name geht auf Konzertabende zurück, die mit der Eröffnung des neuerbauten Gewandhauses im Jahre 1781 ihren Anfang nahmen. Heute ist das Gewandhausorchester mit Sitz im Neuen Gewandhaus weltberühmt. Fast 200 Musiker tragen zu den Erfolgen des Ensembles bei.

Ältester Männerchor

Aus dem Jahr 1832 stammt die Sängerfahne des Volkschores Pausa, Kreis Zeulenroda. Damit ist er nachweislich der älteste Laienchor Deutschlands. Gegründet 1828 von Rektor Christian Friedrich Wilhelm Schanz erhielt der Volkschor in der DDR mehrfach die Auszeichnung »Hervorragendes Volkskunstkollektiv« und 1980 den Staatstitel »Ausgezeichnetes Volkskunstkollektiv der DDR«.

Längster Rocktitel in der DDR

Das Original von »Am Fenster«, dem legendären Titel der Gruppe »City« hat eine Gesamtspielzeit von 17:40 min und ist in seiner Länge unübertroffen.

Ursprung der Singebewegung

Am 15. Februar 1966 entstand im Berliner Kino »International« auf Initiative der FDJ und des Jugendstudios DT 64 ein Hootenanny-Klub, der sich ein Jahr später in Oktoberklub umbenannte. Das war die Geburtsstunde der Singebewegung der FDJ, von der wesentliche Impulse für die Entwicklung der DDR-Rockmusik ausgegangen sind. Zu den Mitgliedern des Oktoberklubs, der neben Folklore vor allem das politische Lied pflegte, zählten Kurt Demmler, Hartmut König, Reinhold Andert. Auch Tamara Danz begann ihre Karriere in der FDJ-Singebewegung. Eines der bekanntesten Lieder des Oktoberklubs war »Sag mir, wo du stehst« von Hartmut König.

Bekanntestes Label

Die Erfolgsgeschichte von Amiga begann am 19. August 1947 innerhalb der »Lied der Zeit« GmbH, die von Ernst Busch geführt wurde und ab April 1953 VEB Deutsche Schallplatten hieß. Alle namhaften Gesangs-Interpreten der DDR sind auf Amiga-Platten, die den Einheitspreis von 16,10 Mark kosteten, verewigt. Die erste Platte des neuen Labels mit dem Duo Irma Baltuttis/H. Petersen sowie dem Cornel-Trio hieß Amiga-Expreß. Am erfolgreichsten waren die Puhdys mit über 13 Millionen verkauften Platten.

Einziges Orchester mit Russischen Hörnern

Das Erzgebirgsensemble Aue ist das einzige der Welt, das Russische Hörner fest in seinem Programm hat. Bei dieser Art von Hörnern handelt es sich um eintönige, ventillose Instrumente.

Einziges Filmorchester

Das Deutsche Filmorchester Babelsberg ist das einzige in Westeuropa, das Livemusik zu Filmen spielt. Der Klangkörper wurde am 1. Januar 1993 aus Musikern der DEFA, des Rundfunks und anderer musikalischen Gruppierungen gebildet, die durch die Wende arbeitslos geworden waren. Das Orchester steht allerdings mit den 85 Mitgliedern trotz seiner Weltbedeutung – ein ähnliches Ensemble mit festangestellten Musikern gibt es nur noch in Moskau – vor einer ungewissen Zukunft. Das Orchester hat seinen Sitz im Block B des denkmalgeschützten Rundfunkgeländes der DDR an der Nalepastraße in Berlin. Orchestersaal und Regieraum sind mit modernster Aufnahmetechnik ausgestattet worden. Zunehmend interessieren sich ausländische Auftraggeber bis hin zu Hollywood für Filmmusik aus »Studio B«.

Einzigartiger »Traumzauberbaum«

Der gebürtige Magdeburger Reinhard Lakomy begeistert noch heute jung und alt mit seinen Geschichtenliedern, deren bekanntestes der »Traumzauberbaum« ist. Bereits 1980 brachte er die LP dazu heraus. Fünf LPs gibt es von seinen Geschichtenliedern, die millionenfach verkauft wurden. »Lacky« begeisterte mit seinem Programm »Traumzauberbaum« auch 2002 bei der Landesgartenschau in Eberswalde. Das Gelände der LaGa erhielt offiziell den Namen »Traumzauberland«. Reinhard Lakomy profilierte sich als Musiker, Sänger, Komponist und Arrangeur nach seinem Musikstudium in der Klaus Lenz Bigband sowie im Günther-Fischer-Quartett und -Quintett. 1972 gründete er den Reinhard-Lakomy-Chjor, später das Ensemble. Er komponierte und arrangierte Musik für über 200 Filme, für Bühne und Ballett.

Sachsen-Hymne

Der Leipziger Kabarettist Jürgen Hart († 2002) sang das als »Sachsenhymne« populär gewordene Lied des Komponisten Arndt Bause († 2003)»Sing, mei Sachse sing!«. Hart hatte 1966 in der Messestadt das Kabarett »academixer« gegründet.

Bedeutendste Orgel von Silbermann

Die bedeutendste der 31 Orgeln von Gottfried Silbermann, die es in der DDR gab, ist die große Orgel im Dom zu Freiberg. Sie wurde von 1710 bis 1714 mit 45 Registern und 2674 Pfeifen auf drei Manualen (Tastenreihen) und Pedalen gebaut und ist nach umfangreichen Rekonstruktionsarbeiten in der DDR wieder in ursprünglicher Klangfülle zu erleben.

Musik

Größte in der DDR gebaute Orgel

Die Konzertorgel des Gewandhauses in Leipzig ist mit 89 Registern und 6638 Pfeifen die größte aller in der DDR gebauten Orgeln. Etwa 400 Pfeifen sind nicht aus Orgelmetall, sondern aus verschiedenen Hölzern. Hersteller war der Potsdamer Schuke-Orgelbau.

Älteste spielbare Orgel

In der Schloßkirche des Schmalkaldener Renaissanceschlosses Wilhelmsburg befindet sich die älteste noch spielbare Orgel. Sie wurde mit dem Bau des Schlosses 1589 vom Kasseler Hoforgelbaumeister Daniel Meyer mit sechs Registern und einem hölzernen Pfeifenwerk hergestellt.

Größte romantische Orgel

Die Orgel im Berliner Dom ist mit ihren 113 Registern und 7200 Pfeifen die größte Orgel in Ostdeutschland und zugleich die größte romantische Orgel weltweit. Die größte Orgel in Deutschland steht in Rothenburg ob der Tauber. Das mit modernster Mikroelektronik ausgestattete Instrument hat 122 Stimmen, 45 Fußlagen, 308 Tasten, fünf Manuale und kann 80 215 Töne gleichzeitig erzeugen.

Erste Kinderoper

Am 19. Juni 1986 wurde die erste Kinderoper »Sechse kommen durch die Welt« von Wolfgang Hocke und Jo Fabian im Theater Meiningen uraufgeführt.

Größte und kleinste Orgel von Silbermann

Von den insgesamt 45 Orgeln des bekanntesten Baumeisters Gottfried Silbermann sind noch etwa zwei Drittel erhalten. Seine letzte und zugleich größte Orgel erklingt seit 1753 in der Dresdner Hofkirche, die kleinste seit 1743 in der Kapelle des Schlosses Burgk.

Weltberühmte Semperoper

Am 13. Februar 1985, vierzig Jahre nach der Zerstörung Dresdens, wurde die weltberühmte Semperoper am Theaterplatz mit der Premiere des »Freischütz« in alter Schönheit wiedereröffnet. Die Oper verfügt über 1 326 Plätze in vier Rängen, der Bühnenraum hat eine Gesamtfläche von 1 760 m². Das Gebäude war am 13. Februar 1945 nach dem verheerenden Bombardement nur noch als Skelett vorhanden. Als 1977 mit dem Wiederaufbau begonnen wurde, mußten alte Handwerke neu gelernt werden, um mit der notwendigen denkmalpflegerischen Meisterschaft die alte Oper neu entstehen zu lassen. Am Bau waren insgesamt 274 Kombinate, Betriebe und Institutionen beteiligt. Am 30. August 1985 fand die feierliche Weihe der neuen Orgel statt.

Stars

Dienstältester deutscher Dirigent

Prof. Kurt Masur (Foto: Kurt Masur mit Theo Adam, Peter Schreier, Rosemarie Lang) bekam 1948 seine erste Anstellung als Kapellmeister am Landestheater Halle und leitete seither zahlreiche Orchester von Weltrang. Stationen in der DDR waren nach Halle die Städtischen Bühnen Erfurt, die Städtischen Theater Leipzig, die Dresdner Philharmonie, das Staatstheater Schwerin, die Komische Oper Berlin, erneut die Dresdner Philharmonie und das Gewandhaus in Leipzig, wo er 17 Jahre – so lange wie kein anderer – als Kapellmeister tätig war. Der Gastspieltätigkeit in mehreren Ländern, u. a. in Brasilien, folgte 1990 die Berufung zum Chefdirigenten der New Yorker Philharmonie. Aktuell ist die Position des Chefdirigenten des Orchestre National de France.

Bekanntester Chansonnier

»Schallali, schallala« machte Jürgen Walter bekannt, der seine Chansons in deutscher Sprache vor ausverkauften Häusern sang. Der Sänger aus Fraureuth in Thüringen tritt auch heute noch mit Erfolg auf.

Dienstältester Kabarettist

Hansgeorg Stengel, 1922 im vogtländischen Greiz geboren und seit 1951 Wahlberliner, ist Deutschlands dienstältester Kabarettist. Als Autor lieferte er Satireblättern und Kabaretts Texte und schrieb über 50 Bücher, nebenher ging er als erster DDR-Solo-Kabarettist auf Tour. Gut 80000 Auto-Kilometer legte er jedes Jahr auf den Straßen der DDR zurück. Auf jährlich rund 30000 Kilometer bringt er es noch heute. Beim Autofahren kämen ihm die besten Einfälle, sagt der gefragte Vortragskünstler.

Größter Hit-Produzent der DDR

Der Leipziger Komponist Arndt Bause komponierte über 1 200 Tanzmusiktitel und 25 Titel für DEFA-Trickfilme. Von ihm stammen u. a. »Gold in deinen Augen« und »Ich geh vom Nordpol zum Südpol zu Fuß« (Frank Schöbel), »Schallali, schallala« (Jürgen Walter), »Sing, mei Sachse, sing« (Jürgen Hart), »Jetzt kommt mein Süßer« und »Hundertmal Berlin« (Helga Hahnemann) oder »Erna kommt« (Wolfgang Lippert).

Beliebteste Schlagersänger: Frank Schöbel

Am 11. Dezember 2002 feierte der gebürtige Leipziger seinen 60. Geburtstag und kurz zuvor sein 40. Bühnenjubiläum. Er ist der bekannteste und beliebteste Sänger der DDR und agiert noch genauso jungenhaft und frisch wie eh und je. Schöbel komponierte über 200 Lieder, schrieb 36 Liedtexte, sang mehr als 400 Titel und produzierte 28 Alben. Er spielte in vier DEFA-Filmen, gastierte in 23 Ländern und erhielt zahlreiche Preise. Zehnmal gewann er die Wahl zum Fernsehliebling der DDR.

Fips Fleischer, die Swing-Legende

Der Vollblutmusiker Fips Fleischer machte den Swing-Jazz in der DDR populär. Bevor er seine erste Big Band gründete, war er von 1947-1957 Schlagzeuger und Solovibraphonist beim damals besten Unterhaltungsorchester, dem Leipziger Rundfunk-Tanzorchester Kurt Henkels. Mit seiner zweiten Big Band gastierte der Leader und Komponist – von ihm stammen mehr als 100 Schlager – im Friedrichstadtpalast und trat in zahlreichen Musikfilmen auf. Am 25. Juni 2002 starb Fips Fleischer 79jährig in Chemnitz an Herzversagen.

Lutz Jahoda, »König der Volksmusik«

Mit »Ich bin ein stiller Zecher«, »Die Blasmusik von Kickritzpotschen«, »Karthäuser Knickebein-Shake« und vielen anderen Ohrwürmern war Lutz Jahoda König der Volksmusik in der DDR. Jahoda, der am 18. Juni 2002 seinen 75. Geburtstag feierte, ist Sänger, Schauspieler und Entertainer. Viele seiner Texte schrieb er unter dem Pseudonym Franz Felder selbst und lockte mit seiner TV-Show »Mit Lutz und Liebe« und dem »Wunschbriefkasten« Millionen Zuschauer vor die Bildschirme. Seine ersten Bühnen-Engagements hatten ihn einst von Wien über West-Berlin nach Stendal geführt.

Erfolgreichste Rockgruppe

Am 19. November 1969 starteten die Puhdys im »Tivoli« in Freiberg (Sachsen) ihre einmalige Karriere als kommerziell erfolgreichste Rock-Gruppe der DDR. Der Startformation gehörten an: Peter Meyer, Dieter Birr (»Maschine«), Dieter Hetrampf, Harry Jeske, Gunter Wosylus. Mit dem Titel »Türen öffnen sich zur Stadt« katapultierte sich die Band bei ihrem ersten TV-Auftritt im Juni 1971 an die Spitze. Amiga veröffentlichte 1974 die erste LP. In über 30 Jahren wurden mehr als 13 Millionen Tonträger der Puhdys verkauft.

Größter Erfolgstitel: »Am Fenster«

Mit 80 Konzerten feierte die Berliner Rockband »City« um Toni Krahl 2002 ihr 30jähriges Jubiläum. Am 3. Februar 1972 hatte sie im Berliner Arthur-Becker-Club in Köpenick ihren ersten Auftritt bei einer Tanzveranstaltung. Das erste Konzert folgte ein Jahr später in Döbeln. Populärster Hit der Band war und ist seit 1977 »Am Fenster«, für den es in Griechenland die erste »Goldene Schallplatte« gab. Die Band präsentierte diesen Hit insgesamt über 5 000 Stunden lang. »Am Fenster« Scheiben wurden mehr als eine halbe Millionen verkauft. Anläßlich des 30. Geburtstages kam die CD »Am Fenster II« mit 17 neuen City-Songs auf den Markt. Zur Stammformation gehören Toni Krahl, Fritz Puppel, Manfred Hennig, Klaus Selmke und Georgi Gogow.

Bekanntester Volksmusikant der DDR

Über 300 Kompositionen stammen vom Sänger und Komponisten Herbert Roth († 1983) aus Suhl, darunter etwa 200 Lieder wie das »Rennsteiglied«, »So klingt's in den Bergen«, »Kleines Haus am Wald«, »Auf der Oberhofer Höh'«. 32 Jahre lang trat er meist zusammen mit der Sängerin Waltraud Schulz auf. Sie musizierten in fast 10 000 Veranstaltungen in der DDR und auf Tourneen in der CSSR, der BRD und in Frankreich.

Bekanntestes Gesangsduo

Monika Hauff und Klaus-Dieter Henkler, die seit 1968 auf der Bühne stehen, waren das bekannteste Gesangsduo in der DDR. »Auf die Bäume, ihr Affen« »Keine Bange, wir holen eine Zange« oder »Mit Brille wär das nicht passiert« waren Songs, mit denen die Wernigeroderin und der Salzwedeler die Fans begeisterten. Das Repertoire umfaßt mehr als 300 Titel, die in 22 Sprachen z. B. in Mexiko, Kuba, USA, in Moskau, München oder Bora Bora das Publikum begeisterten.

Erste bekannte Schlagersängerin der DDR

Julia Axen wurde von Alfons Wonneberger, dem späteren Leiter der Tanzmusikabteilung der Berliner Hochschule für Musik »Hanns Eisler«, im Jugendklub »Helmut Just« in Berlin-Mitte entdeckt, als die dort im Chor sang. Zu Ostern 1954 hatte sie ihren ersten öffentlichen Auftritt mit »Mein Teddybär muß nun ins Bett«. Wenig später gewann sie einen Talentewettbewerb im Pankower Bürgerpark. Schon 1955 folgte die erste Rundfunksendung »Per Draht gefragt« mit Horst Lehn und Rolf Krickow aus Stralsund. Heinz Quermann holte sie in die Sendung »Da lacht der Bär«, mit den Orchestern Alfons Wonneberg, Heinz Igel und Alo Koll war sie auf Tournee. Auch heute noch singt die 65jährige bei selbstmoderierten Programmen.

Stars

Fernsehliebling, am häufigsten

Der Sportreporter und TV-Moderator Heinz Florian Oertel (»Porträt per Telefon«, »Ein Kessel Buntes«) wurde von den Lesern der TV-Zeitschrift »FF dabei« 17mal zum Fernsehliebling des Jahres gewählt. Nachrichtensprecher Klaus Feldmann stand in seinem Genre in der Gunst der Leser elfmal an der Spitze.

Beatles des Ostens: die »Sputniks«

Bekannt wurden die »Sputniks« 1963 mit ihren Auftritten im »Twistkeller« des Treptower Kreiskulturhauses in der Berliner Puschkinallee. Sie sahen nicht nur aus wie die Beatles, sondern spielten auch ihre Lieder und gefielen mit eigenen Kompositionen. Es folgten Fernsehauftritte und Schallplatten. 1966 kam das Aus – die Gruppe erhielt Auftrittsverbot. Der Chef, Henry Kotowski (Cott'n), ging zunächst zur Klaus-Lenz-Big Band, gehörte zum Gerd-Michaelis-Chor und verließ 1984 die DDR Richtung München. Seit 1996 treten die »Beatles des Ostens« wieder auf und brachten inzwischen ihre erste Maxi-Single »Re-Entry« heraus.

Hit auch in der BRD

Frank Schöbels Lied »Wie ein Stern« stürmte 1971 auch die Hit-Paraden der BRD und ermöglichte ihm (und damit dem ersten DDR-Sänger überhaupt) den ersten Auftritt im Westfernsehen.

Startrompeter der DDR

Ludwig Güttler war als Meister der klaren Töne auf der Trompete in der DDR unübertroffen. Nach dem Studium an der Leipziger Hochschule für Musik hatte er sein erstes Engagement beim Händel-Festspielorchester Halle und schaffte danach den Sprung als Solotrompeter zur Dresdner Philharmonie. Güttler lehrte an der Hochschule für Musik Dresden, war Gastprof. beim Internationalen Musiksommer in Weimar und ist seit 1982 Leiter einer Meisterklasse für Trompete. Er gründete das Leipziger Bachkollegium und das Blechbläserensemble Dresden sowie das Kammerorchester Virtuosi Saxoniae. Seine beiden Nationalpreise gab der Startrompeter 1989 zurück.

Beste Schauspielerin / bester Schauspieler

In einer Umfrage der Zeitschrift »Film und Fernsehen« unter Kritikern 1992 wurden Jutta Hoffmann zur besten Schauspielerin und Erwin Geschonneck zum besten Schauspieler der DDR gewählt.

Kessler-Zwillinge aus der DDR

Die bekannten Revuestars Alice und Ellen Kessler, stammen aus Taucha bei Leipzig. 1952 reisten sie als 16jährige mit einer Besuchsgenehmigung zu ihrem Vater nach Düsseldorf und kehrten nicht mehr in die DDR zurück. Nach Ballett- und Gesangsunterricht hatten die Zwillinge 1955 bereits ihren ersten Auftritt im Pariser »Lido«. 1963 wurden sie in den USA an der Seite von Frank Sinatra gefeiert. 1996, nach ihrem 60. Geburtstag, besuchten sie ihre Heimatstadt und steppten bei einem Treffen mit den einstigen Mitschülerinnen im alten KLassenzimmer.

Rocklady Nr. 1, Tamara Danz

Die gebürtige Thüringerin aus Schmalkalden begann ihre Karriere als Sängerin im Oktoberklub und studierte gleichzeitig Gesang an der Musikschule in Berlin-Friedrichshain. Ihre ersten Soloerfolge feierte sie in der Horst-Krüger-Band. Sie gründete 1978 die »Familie Silly« (später »Silly«), machte 1980 ihre erste Schallplatte in der BRD, holte sich Preise in Sopot (Polen) und Bratislava und wurde 1981 als beste Rocksängerin des Jahres die »Rocklady Nr. 1 der DDR«. Mit dem Titel »Bataillon d'amour« gelang ihr die LP des Jahres 1986, die auch in der BRD veröffentlicht wurde. Tamara Danz war Inbegriff der Rockmusik weit über die Grenzen der DDR hinaus. Am 15. Oktober 1989 engagierte sie sich beim »Konzert gegen Gewalt« in der Berliner Erlöserkirche. In ihrem »Danzmusik-Studio« in Münchehofe bei Berlin produzierte sie zahlreiche CDs wie »Paradies« oder die »Best of Silly«-Serie. Am 22. Juli 1996 starb Tamara Danz 43jährig an Krebs.

Der vielseitigste Star: Big Helga

Unverwechselbar, unerreicht, unvergessen: Helga Hahnemann fesselte das Publikum im Varieté-Theater, im Zirkus und vor den Bildschirmen. Sie war großartig als Entertainerin, Sängerin, Schauspielerin, Stepptänzerin, Artistin, und sie brachte in ihren Sketchen die ganze Nation zum Lachen. Ob als Erna Mischke mit ihrer Berliner Klappe oder in der »Nacht der Prominenten« in der urkomischen Kuh-Nummer oder als Angeklagte vor dem Richter Alfred Müller – immer brillierte sie mit Mutterwitz und ausgeprägtem Komikertalent. Die Absolventin der Berliner Schauspielschule hatte eigene Shows im Palast der Republik, war Stammgast in den Programmen des Friedrichstadtpalastes und moderierte mehrfach die Fernseh-Show »Ein Kessel Buntes«. 1991 starb der vielfache Fernsehliebling 54jährig an Krebs. Ihr zu Ehren wird seit 1995 die »Goldene Henne« an Publikumslieblinge verliehen. Die erste Auszeichnung erhielten Stefanie Hertel und Frank Schöbel (Musik) sowie Henry Maske (Sport).

Zirkus

Größte Zirkusvereinigung Zentraleuropas

Der Staatszirkus der DDR, Nachfolger des 1960 gegründeten VEB Zentralzirkus, war mit den Zirkussen Aeros, Berolina und Busch und dem Winterquartier in Hoppegarten das größte Zirkusunternehmen in Mittel- und Westeuropa. Bis zu seiner Auflösung 1991 gastierte der Staatszirkus in 56 Ländern. Seinen hervorragenden Ruf begründeten Künstler wie Siegfried Gronau (Elefanten- und Pferdedressur), die Meteors (Artisten auf der russischen Schaukel), Ursula Böttcher (Eisbärendompteuse), die Tornados (Artisten) oder Hanno Coldam (Raubtierdompteur).

Der erste Staatszirkus

Der Besitzer des Zirkus »Barlay« ging in den Westen. Die zurückgelassenen Reste wurden Volkseigentum, und somit war Barlay der erste Staatszirkus der DDR: Am 1.1.1960 war Barlay zusammen mit dem Zirkus Busch Gründungsbetrieb des VEB Zentralzirkus. Kurze Zeit später kam der Leipziger Zirkus Aeros hinzu. Barlay wurde in Olympia umbenannt und war in den 60er Jahren der modernste Reisezirkus der DDR. Dank seines modernen Fuhrparks war er nicht auf Bahnverladungen angewiesen und bewegte sich ausschließlich auf der Straße. Ende der 60er Jahre bekam der Zirkus den Namen Berolina. Diesen Namen behielt er bis zum Schluß.

Einer der größten Reisezirkusse der Welt

Der Zirkus Aeros stammte ursprünglich aus Leipzig und hatte dort einen festen Bau, der in der DDR als »Haus der heiteren Muse« bekannt wurde. Nach dem Krieg übernahm die Stadt Leipzig den Zirkus, später wurde er dem VEB Zentralzirkus angegliedert. Der Zirkus tourte mit wechselnden Programmen durch die DDR und das Ausland. 3 000 Plätze, 180 Mitarbeiter, 112 Tiere, 120 Wagen, dazu je ein Schul-, Kindergarten- und Klubwagen – Zirkus Aeros war einer der größten Reisezirkusse der Welt. Mit 28 Pferden verfügte er außerdem über den größten Marstall. Nach der Wende versuchte die bekannte Zirkuskünstlerin Christiane Samel den Zirkus zu retten, leider erfolglos.

Größte Gala im Zirkus

1972 fand sie zum ersten Mal statt – die Nacht der Prominenten im Zirkus. Als Dompteure, Clowns, Artisten traten in den Jahren bis zur letzten Nacht der Prominenten (1991) u. a. auf: Wolf Kaiser (Zirkusdirektor), Rolf Ludwig (Boxer-Ballspiel), Manfred Krug (stärkster Mann der Welt), Angelica Domröse (Schlangennummer und Elefantendressur), Armin Mueller-Stahl (Musical-Clown), Helga Hahnemann (Kuhdressur), Erwin Strittmatter (Pferdedressur), Erika Zuchold und Karin Janz (Flugtrapez). Später gab es in der BRD mit »Stars in der Manege« eine ähnliche Sendung. (Foto: Heinz Florian Oertel)

Coldams Weltsensation

Hanno Coldam (Heinz Matloch) erlangte Weltruhm als Dompteur. Er begann im Zirkus Busch mit acht Bengaltigern, agierte als Clown im Löwenkäfig mit der Paradenummer einer Löwenrasur. Weltsensation war seine Dressur schwarzer Panther, die nach ihm niemand mehr erreichte. Er vereinte zehn der als Einzelgänger lebenden Panther in einer effektvollen Aufführung mit Feuerreifensprung und Balkenlauf. Als erster Artist erhielt Hanno Coldam 1965 den Nationalpreis der DDR. Zur Wende konnten es sich die Coldams nicht leisten, ihre 16 indischen Löwen zu kaufen. Hanno wurde in den Ruhestand geschickt, seine Frau, die Dompteuse Regina Marcella, sollte eine Umschulung machen. Am 13. April 1992 starb der weltberühmte Dompteur Hanno Coldam an Krebs.

Nachwuchs aus der einzigen Fachschule

Deutschlands einzige Fachschule für Artistik war in der Berliner Friedrichstraße. Zahlreiche Absolventen sorgten für Sensationen in den Zirkussen. Die Goldinis, zwei Artistenpaare, begeisterten mit ihren Antipodenspielen, die vier Recktons zeigten als einzige weltweit ihre Kunst am Viereckreck. Unübertroffen waren die vier Glorias am Hochtrapez mit dem atemberaubenden Sprung der Artistin Petra aus der Zirkuskuppel in die Hände des Fängers an der Schaukel.

Der letzte Löwe

»Pascha« war der Star in der Löwen-Tiger-Dressur von Hanno Coldam im Staatszirkus der DDR. Nach dessen Auflösung 1990 gab es für den letzten Löwen des Zirkuses keine Verwendung mehr. Er wurde eingeschläfert.

Dressuren aus der DDR mit Weltruf

Neben Hanno Coldam und seiner Frau boten auch andere Dompteure und Dompteusen aus der DDR mit ihren Dressuren hohe Zirkuskunst. Zu ihnen zählte das Familien-Unternehmen Quaiser mit seinen Elefantennummern ebenso wie Uwe Schwichtenberg in der großen Exotennummer mit Schweine- und Kuhdressuren. Unvergessen ist vielen der Auftritt Helga Hahnemanns in der »Nacht der Prominenten« mit Schwichtenbergs Kühen. Die Gronaus ließen Pferde nach »My fair Lady«-Melodien Walzer tanzen, der Brandenburger Francesco Capris fing schwarze Panther im Sprung auf, und Ursula Böttcher war mit ihrer einmaligen Eisbären-Dressur der Höhepunkt in der Manege. Auch diese sensationelle Weltnummer war nach der Wende nicht mehr gewollt, die Eisbären kamen in verschiedene Zoos.

Sportliches

Populärste Gemeinschafts- aktion

Am 20. April 1974 erfolgte der Auftakt für die überaus populäre Gemeinschaftsaktion von Leichtathletik- und Sportjournalisten-Verband »Eile mit Meile«. Ziel war es, im 25. Jahr der DDR mindestens 25mal die »Jubiläumsmeile« (1 974 m) zu laufen bzw. 400 m zu schwimmen, 4 km zu wandern oder zu paddeln oder 8 km mit dem Rad zu fahren. Die Dezember-Bilanz von 1974 ergab, daß 27 796 094 Meilen zurückgelegt worden waren.

Unübertroffene Journalisten- aktion

»Sport, Spiel, Spaß« war die bedeutendste von zahlreichen Aktionen, die von Sportjournalisten ins Leben gerufen wurden. Am 6. April 1986 trafen sich auf dem Berliner Anton-Saefkow-Platz mehr als 30 000 Sportbegeisterte, die an zahlreichen Wettbewerben der einzelnen Redaktionen teilnahmen. Auf dem Programm standen auch viele sonst kaum ausgetragene Disziplinen wie Stelzen- oder Dreibeinlauf, Bumerangwerfen oder Steinstoßen, Kopfweitsprung im Wasser, Rastelliwettbewerbe, Hometrainer-Rennen. Bei diesen sportlichen Wettkämpfen gab es zahlreiche Begegnungen mit Olympiasiegern, Welt- und Europameistern. »Sport, Spiel, Spaß« fand auch in anderen Städten der Republik statt.

Die »Stärksten« im Fernwettkampf

Eine Volkssport-Kommission des DTSB organisierte alljährlich Fernwettkämpfe zur Ermittlung der Stärksten und der Sportlichsten in unterschiedlichen Wettbewerben. Es gab Aktionen wie »Stärkster Pionier«, »Stärkster Lehrling«, »Stärkster Student«, »Stärkster Mann der Armee« als reiner Kraftsport-Fernwettkampf sowie Wettbewerbe um die Titel »Sportlichstes Mädchen«, »Sportlichste Studentin«, »Sportlichste Frau« und »Sportlichste Frau der Armee«.

Ältestes Leistungsabzeichen der DDR

Das Abzeichen für die Seesportprüfung der GST in den Kategorien A, B und C war das älteste Sportabzeichen in der DDR. Es wurde seit 1951 – damals noch von der FDJ – verliehen. Nach ihrer Gründung am 7. August 1952 übernahm die GST die Prüfung und Auszeichnung.

Höchstes Ergebnis bei Sportlerumfrage

In der Umfrage der Zeitung »Junge Welt« nach den DDR-Sportlern des Jahres 1988 wurde die Rekordzahl von 2 286 366 Stimmen ausgezählt. Der alte Rekord von 1974 stand bei 2 118 656 Stimmen.

Größtes Turn- und Sportfest

Das VIII. Turn- und Sportfest des DTSB vom 27. Juli bis 2. August 1987 in Leipzig war die größte sportliche Massenveranstaltung in der DDR. 80 000 Sportlerinnen und Sportler waren in den Endausscheiden dabei; 4 Millionen hatten sich an den Vorkämpfen in der gesamten DDR beteiligt. 35 000 demonstrierten in 14 Übungsverbänden bei der Sportschau, die viermal gezeigt wurde und über 320 000 Zuschauer begeisterte, ihr Können. An den Wettkämpfen der DDR-Spartakiade, die gleichzeitig stattfand, beteiligten sich 8000 Mädchen und Jungen in insgesamt 679 Disziplinen der verschiedenen Altersklassen. 1600 junge Musiker des Zentralen Musikkorps der FDJ und 1500 Spielleute des DTSB gestalteten zum Abschluß die Musikschau im Zentralstadion.

Verordneter Superlativ

In der Zeitung »Neues Deutschland« wurde Katarina Witt am 16. März 1987 erstmals als »Schönstes Gesicht des Sozialismus« bezeichnet. Die Nachricht mit dem Superlativ wurde nach dem Gewinn ihres dritten Weltmeistertitels im Eiskunstlauf in Cincinnati (Ohio) in der Abteilung Agitation des Zentralkomitees der SED verfaßt und an die Presse weitergeleitet.

Längste Turnfest-Tradition

2002 fand in Leipzig bereits das 12. Turnfest statt. Keine andere deutsche Stadt war so häufig Ausrichter dieser massensportlichen Höhepunkte. Begonnen hatte es 1863 mit dem 3. Deutschen Turnfest, 1913 folgte ein weiteres, und 1922 fand in Leipzig das 1. Arbeiter-Turn- und Sportfest statt. 1954 wurde die Tradition in Leipzig mit dem I. Turn- und Sportfest der DDR zu neuem Leben erweckt. Bis 1987 wurden weitere acht zentrale Turn- und Sportfeste in der Messemetropole ausgetragen, die im Jahr 2002 auch Gastgeber für das 31. Deutsche Turnfest – mit 21 Sportarten das größte aller Sportfeste – war.

Einziger überlebender DDR- Sportverband

Der Deutsche Angelverband (DAV) hat als einziger Sportverband der DDR seine Eigenständigkeit nach der Wende bewahrt. Ihm gehören etwa 240 000 Mitglieder in allen Bundesländern an. Der DAV war in der DDR nach dem Fußballverband (575 667 Mitglieder) mit 527 696 Mitgliedern 1989 der zweitgrößte Sportverband.

Einmalig in der Welt: die Osttribüne

Premiere hatte die »Osttribüne« als lebende Bilderwand bei der Einweihung des Leipziger Zentralstadions am 4. August 1956. Seitdem war sie Bestandteil aller Turn- und Sportfeste und Glanzpunkt bei den Sportschauen. 12000 Akteure gestalteten auf der Osttribüne mit farbigen Tüchern die bunte Kulisse zu den Darstellungen der Übungsverbände. Die »Osttribüne« war in ihrer Perfektion und Vielseitigkeit einzigartig in der Welt.

Populärste DDR-Sportler

Im 40. Jahr des Bestehens der DDR starteten die Zeitungen »Junge Welt« und »Deutsches Sportecho« gemeinsam eine Umfrage nach den 40 populärsten Sportlerinnen und Sportlern. Laut Ergebnis vom 13. Mai 1989 gingen Gustav-Adolf (»Täve«) Schur, Marita Meier-Koch, Katarina Witt, Kristin Otto, Roland Matthes, Waldemar Cierpinski, Ulrich Wehling, Karin Kania, Kornelia Grummt-Ender und Christa Luding-Rothenburger als die zehn meistgenannten hervor. Jürgen Croy, langjähriger National-Torwart, wurde zum besten Fußballer der 40jährigen Sportgeschichte gewählt.

DDR-Rekorde als Verpflichtung

Überschrift eines Artikels in der Zeitung »Neues Deutschland« vom 23. Dezember 1952: »17 neue DDR-Rekorde im Gewichtheben zu Ehren des Geburtstages von J. W. Stalin«. Darin hieß es, daß sich die Leipziger Gewichtheber-Meistermannschaft der SV Vorwärts KVP zu Ehren Stalins Geburtstages verpflichtet hatte, einige DDR-Rekorde zu verbessern. Im Bernhard-Koenen-Haus von Torgau wurde die Verpflichtung auch prompt eingelöst.

Erster Profi der DDR

Der erste DDR-Sportler, der offiziell einen Profivertrag unterschrieb, war der Fußballer Andreas Thom. Der 51fache DDR-Nationalspieler wechselte am 1. Januar 1990 vom BFC Dynamo, mit dem er fünfmal Meister geworden war, für 3,6 Millionen Mark Ablösesumme zu Bayer Leverkusen. Der Olympiasieger und Weltmeister im Boxen (Halbschwergewicht) Henry Maske vom ASK Vorwärts Frankfurt/Oder unterschrieb am 8. März 1990 einen Profivertrag für den Boxstall von Wilfried Sauerland und gab am 7. Mai 1990 in London sein Profidebüt.

Größtes Amateurradrennen der Welt

Die Friedensfahrt wurde am 1. Mai 1948 ins Leben gerufen. Seit 1952 waren die Hauptstädte der drei Länder, durch die das größte Amateur-Etappenrennen der Welt rollte, Berlin, Prag, Warschau, in wechselnder Reihenfolge Start- bzw. Zielort. Nach der Wende fand das Rennen nur noch in stark eingeschränkter Form und offen für Profis statt. Seit 1996 ist es wieder ein »Drei-Länder-Rennen«, und seit 1997 schmückt auch wieder die traditionelle Friedenstaube die Wertungstrikots.

Sportstätten & -anlagen

Größte Sportarena Deutschlands

Im Januar 1955 wurde beschlossen, in Leipzig ein Stadion mit 100 000 Plätzen zu bauen. Die Grundsteinlegung war am 15. April des gleichen Jahres. Am 4. August 1956 erfolgte die Einweihung des neuen Stadions mit einer großen Sportschau.

Traditionsreiche Sprungschanze am Aschberg

Die Aschbergschanze in Klingenthal-Mühlleithen (Vogtland) erlebte als eine der traditionsreichsten Sprungschanzen in der DDR zahlreiche Höhepunkte. Die Hausschanze des 1997 verstorbenen Harry Glaß war 1960 neu gebaut worden; den Weihesprung vollführte der Klingenthaler (gestürzt) selbst, der 1956 mit Bronze die erste Olympiamedaille für die DDR gewonnen hatte. Den Schanzenrekord stellte Jens Weißflog 1989 mit 107,5 m auf. Im November 1990 wurde die Große Aschbergschanze abgerissen, und alle Anstrengungen von Harry Glaß und seinen Sportfreunden für einen Neubau scheiterten. Nach 12jährigem Kampf wurde 2002 endlich doch grünes Licht für einen Schanzen-Neubau gegeben.

Erster Sportplatz in Deutschland

In Schnepfenthal bei Gotha befindet sich der erste Sport- und Gymnastikplatz Deutschlands, der als Bestandteil zur 1784 von C. G. Salzmann gegründeten Erziehungsanstalt gehörte. Hier wirkte von 1785 bis 1839 auch Johann Christoph Friedrich GutsMuths als Körpererzieher.

Schönste Grasbahn Europas

Der Bergring in Teterow ist die einzige Grasbahn für Speedway in Ostdeutschland und wird von Fachleuten als schönste Grasbahn in Europa eingestuft. Seit dem 24. Mai 1930 findet jährlich zu Pfingsten das Teterower Bergringrennen statt. In den 50er Jahren waren Artur Flemming, der »rote Teufel« aus Berlin, und die Brüder Hans und Manfred Zierk die Matadoren. Der Bergring zieht auch jetzt noch zu Pfingsten Rennfahrer aus aller Welt und Zehntausende Zuschauer an.

Nördlichstes Skisportzentrum

In Bad Freienwalde, nordöstlich von Berlin nahe der Oder, befindet sich das nördlichste Skizentrum Deutschlands. 1924, ein Jahr nach der Gründung des Wintersportvereins, fand bereits der 1. Brandenburgische Wintersporttag mit einem Skispringen statt. Auf einer danach gebauten Naturschanze wurde der Schanzenrekord mit 28 m aufgestellt. 1956/57 wurde der Anlauf durch einen Turm erhöht. Das letzte Skispringen fand 1958 statt – Siegerweite 32 m. Erst in der Neuzeit erinnerte man sich der Traditionen, baute eine Anlage mit zwei Jugend-Mattenschanzen und veranstaltete am 4. November 2001 wieder ein Skispringen. Michal Rieger aus Harrachow (Tschechien) stellte den Schanzenrekord mit 21,5 m auf. Vom 21.-23. Juni 2002 war Bad Freienwalde Station beim »Drei-Länder-Grand-Prix« für Schüler.

Erste Pferderennen

1822 fand in Bad Doberan das erste Pferderennen auf Kavalleriepferden statt. 1829 begann der Rennbetrieb in Berlin-Hoppegarten. Berlin-Karlshorst wurde 1893 als Hindernisbahn eröffnet und ist seit 1945 Trabrennbahn.

Erstmals Eisschnellauf in der Halle

Am 6. Dezember 1986 gab es im Berliner Dynamo-Sportforum eine Premiere: Erstmals fanden Eisschnellauf-Wettkämpfe unterm Hallendach statt. Die neue Halle und die eine Woche zuvor eröffnete Thialf-Halle im niederländischen Heerenveen waren die ersten Eishallen mit 400-m-Bahnen in der Welt. Als dritte überdachte Eisbahn kam die Olympiahalle in Calgary (Kanada) hinzu, wo 1988 die olympischen Eisschnellauf-Wettbewerbe ausgetragen wurden.

Populärstes Schwimmbad in der DDR

Das Sport- und Erholungszentrum (SEZ) im Berliner Bezirk Friedrichshain nahe dem S-Bahnhof Landsberger Allee (früher Leninallee) wurde am 20. März 1981 eröffnet. Der Flachbau mit einem weitflächigen Freizeitpark war größtenteils von schwedischen Baufirmen errichtet worden. Zentrum der Anlage ist die große Schwimmhalle mit 1795 m² Wasserfläche in Schwimm- und Sprung- sowie Versehrtenschwimmbecken, Kaskade und Wellenbad. Das Freibecken ist durch einen Kanal aus der Halle zu erreichen. Zum Komplex gehören eine Rollschuh- bzw. Kunsteisbahn, Fitneßstudios, Gymnastikräume, Ballspielhallen, eine Bowlingsanlage mit 16 Bahnen, Foyersaal, Klubräume und sieben Gaststätten. In den ersten fünf Jahren nach der Eröffnung besuchten 16 Millionen Gäste das Haus. Erwachsene zahlten 50, Kinder 20 Pfennig Eintritt. Nach der Wende blieben Ausschreibungen zur Privatisierung ohne Erfolg, so daß das SEZ am 23. Dezember 2002 schließen mußte. Die Sportstätten GmbH Leipzig will als neuer Betreiber das Haus bei laufendem Betrieb sanieren.

Die größte Pferderennbahn Deutschlands

Die Galopprennbahn in Hoppegarten bei Berlin ist die größte und mit die schönste Pferderennbahn in Deutschland. Auf dem Turfareal im Grünen fand das erste offizielle Rennen für Galopper am 17. Mai 1868 statt, nachdem es zuvor bereits Pferderennen auf dem Gelände gegeben hatte. Der preußische König war zu Gast; für ihn war an der Bahnstrecke Berlin – Küstrin der sogenannte Ostbahnhof gebaut worden. In der DDR konzentrierte sich der Turfsport auf die Rennbahn Hoppegarten. In den Boxen stand ca. 500 Pferde, und pro Jahr wurden im Durchschnitt 22 Rennen ausgetragen. Heute trainieren in Hoppegarten etwa 150 Pferde für durchschnittlich 12 Rennen in der Saison. Jetzt finden auch Kamel- und Elefantenrennen statt.

Rekordreichste Sportanlage der DDR

Die DDR-Meisterschaften im Schwimmen von 1976 erlebten im 50-m-Becken des Berliner Sportforums eine wahre Weltrekordflut. Es wurden 17 Höchstleistungen registriert. Die Hallenserin Kornelia Ender steuerte allein fünf Rekorde auf Einzelstrecken bei. Auf eine solche Vielzahl an Weltrekorden bei nationalen Titelkämpfen konnte höchstens die USA verweisen. Damit avancierte das Schwimmstadion des SC Dynamo Berlin zur rekordreichsten Sportanlage in der DDR.

Mattenspringen – eine Erfindung der DDR

Der DDR-Sprunglauftrainer Hans Renner († 1970; auf dem Foto mit Helmut Recknagel) war der «Erfinder» des Mattenspringens. Er sann darüber nach, wie das Training für die DDR-Skispringer, die auf die ungenügenden Schneeverhältnisse im heimischen Mittelgebirge angewiesen waren, verbessert werden könnte. Ein Zufall brachte ihn darauf, daß Kunststoffplatten aus Polyvinylchlorid, wenn sie naß sind, hohe Gleiteigenschaften aufweisen. Am 21. November 1954 fand auf der Oberhofer Jugendschanze vor über 1000 Zuschauern der erste Wettkampf der Welt im Skispringen auf Kunststoffmatten statt. Mit dabei waren die späteren Weltklasse springer Harry Glaß, Werner Lesser, Helmut Recknagel.

Medaillenschmiede der DDR

Die Sportschule des DTSB (Deutscher Turn- und Sportbund) in Kienbaum östlich von Berlin war die Medaillenschmiede des DDR-Sports. 1952 in dem Dorf am Liebenberger See gebaut und ständig vervollkommnet, bereiteten sich hier insbesondere Leichtathleten, Kanuten und Ausdauersportler auf die Höhepunkte vor. Herzstück der Anlage war eine Ende der 70er Jahre entstandene Unterdruck-Kammer, in der das Training in der Höhenluft simuliert werden konnte. Diese wie ein Geheimnis gehütete weltweit einzigartige Trainingsstätte ersparte geld- und zeitaufwendige Höhentrainingslager im Ausland. In der Sportschule Kienbaum, heute Bundessportschule, konnten bis zu 400 Sportler unter internatsmäßigen Bedingungen trainieren. Die Sportarten Schwimmen und Wasserspringen sowie die Kampfsportarten hatten ihr Trainingsdomizil in der Sportschule Lindow bei Neuruppin.

Volkssport

Längstes Balljonglieren

Hartmut Kiele aus Berlin startete am 9. Dezember 1985 einen Jongliermarathon mit einem Ball und erreichte in 6:24 h (14.10 Uhr bis 20.34 Uhr) 45 475 Ballberührungen mit den Füßen und dem Kopf, ohne daß der Ball den Boden berührte. Bei anderen Versuchen jonglierte er einen 1,5-kg-Medizinball 977mal und einen Tischtennisball 57mal. Am 16. Dezember 1986 verbesserte er den 3-min-Rekord im Balljonglieren auf 372 Ballkontakte.

Erste Betriebssportgemeinschaft

Am 10. Oktober 1948 wurde mit »Chemie Leuna« die erste Betriebssportgemeinschaft (BSG) mit den Sektionen Fußball, Handball und Boxen gegründet, die später die größte BSG in der DDR darstellte. Nur wenig jünger war die ZSG (Zentralsportgemeinschaft) Horch Zwickau mit dem Gründungsdatum 15. März 1949, die im Mai 1950 in BSG Motor Zwickau und im Mai 1968 in BSG Sachsenring Zwickau umbenannt wurde.

DDR-»Umrundung« in 43 Tagen

Simon Petschack und Christoph Engler aus Potsdam »umrundeten« 1988 die DDR per pedes und mit Fahrrädern in 43 Tagen auf einer Gesamtstrecke von 1 824 km entlang ihrer Landesgrenzen. Dabei passierten sie elf Bezirke, 58 Kreisgebiete und über 3 500 Orte.

Schnellster Dreibeinlauf

Dirk Lübeck und Thomas Raabe von der BSG Bergmann-Borsig Berlin erzielten am 6. April 1986 beim Sportfest »Sport, Spiel, Spaß« auf dem Berliner Anton-Saefkow-Platz im Dreibeinlauf auf einer 50-m-Strecke mit 6,6 s einen »Weltrekord«. Beim Dreibeinlauf sind den beiden nebeneinander laufenden Partnern das rechte bzw. linke Bein zusammengeschnürt.

Unübertroffener DDR-Rekord im Klimmziehen

Burkhard Meier aus Brandenburg schaffte am 4. März 1989 in Berlin offiziell 88 Klimmzüge. Er hatte zuvor bereits mit 107 Klimmzügen eine nie übertroffene Bestleistung aufgestellt, die jedoch nach dem Reglement des Kraftsport-Fernwettkampfes keine Anerkennung fand, weil sie nicht im Finale aufgestellt wurde. Der Brandenburger war mehrfach »Stärkster Mann der Armee«.

Größte Weite im Kopfweitsprung

Der einstige DDR-Meister im Brustschwimmen, Jürgen Glas aus Berlin, erzielte am 24. Januar 1988 mit 24,50 m in der Dynamo-Schwimmhalle im Sportforum Berlin einen DDR-Rekord im Kopfweitsprung. Bei dieser Olympiadisziplin von 1904 gleitet der Schwimmer nach dem Sprung vom Startblock bewegungslos unter Wasser dahin. Bei seinem Auftauchen wird die Weite gemessen. Der Weltrekord von Arthur Beaumont (USA) steht seit 1930 bei 26,16 m.

Beugestütze-DDR-Rekord

Peter Rühs aus Suhl schaffte 1986 im Wettbewerb »Stärkster Mann der Armee« in drei Minuten 226 Beugestütze und stellte damit einen nie überbotenen DDR-Rekord auf.

Größtes Hallensportfest für Schüler

Schüler organisierten in Schwerin bis 1990 über viele Jahre das größte Leichtathletik-Hallensportfest für Schüler in der DDR. Mehr als 15 000 waren stets an den Vorausscheiden beteiligt, die besten 5 000 kämpften um die Medaillen in fünf Disziplinen. Auch Starter, Schiedsrichter und Betreuer waren Schüler.

Kniebeugen – Höchstleistung mit Gewicht

Uwe Blaskiewicz aus Zittau schaffte 1965 bei einem Kraftsportwettbewerb 400 Kniebeugen mit einem 60 kg Sandsack. 1966 gewann er die Premiere des Wettbewerbs »Stärkster Mann der Armee« (Schlußweit- oder Dreisprung, Beugestütze, Klimmziehen).

Die meisten Liegestütze

Wolfgang Vieweger aus Adorf (Vogtland) schaffte in der TV-Sendung »Top-fit« am 7. Dezember 1987 in 30 min 1 521 Liegestütze. In Bad Elster verbesserte der damalige medizinisch-technische Fachassistent im Forschungsinstitut für Hygiene und Mikrobiologie seinen 45-min-Rekord auf 2 005 Liegestütze.

Liegestütze-Minutenrekord

Ralph Bienert stellte am 16. Mai 1986 in seinem märkischen Heimatort Krugau mit 121 Liegestützen in nur einer Minute einen Rekord auf, der bislang nicht überboten wurde.

24-Stunden-Rekord im Paddelboot

Den Kanutouristen Manfred Thiel aus Leipzig und Bernd Wölfl aus Potsdam gelang am 9. Juli 1988 eine unübertroffene Leistung: Sie legten in 24 Stunden reiner Fahrzeit auf der Elbe von Dresden nach Magdeburg – mit Nachtunterbrechung – 271 km zurück. Zur »Halbzeit« hatten sie nach 12 Stunden bereits 144 km geschafft.

Schnellster Paddelboot-marathon

In 78:40 h legten die Rostocker Matthias Winkler und Jörg Wolter die Strecke Bad Schandau – Rostock mit einem Faltboot zurück. Sie erreichten im Juli 1978 auf dem 599-km-Wasserweg (Wittenberge – Grabow mit dem Zug) einen Durchschnitt von 7,6 km/h und unterboten damit die alte Bestzeit um ganze 12 Stunden. 1988 steigerten beide die Streckenlänge, als sie von Hradec Kralove (CSSR) nach Rostock 900 km in 125:28 h bewältigten.

Einer der ältesten Sportvereine

Der SV Traktor Teicha wurde 2001 von Bundespräsident Johannes Rau mit der Ehrenplakette für sein 115jähriges Bestehen geehrt (Gründungsjahr 1885). Den Namen Traktor trägt der Verein seit 1953 und behielt ihn auch nach dem Wegfall der LPG als einstiger Trägerbetrieb bei. Von den rund 1 400 Einwohnern des Dorfes am Südrand der Muskauer Heide gehören 217 dem Verein in vier verschiedenen Sektionen an.

Längster Staffelmarathon

Vom 8. bis 10. Juli 1987 legten 25 Läufer der BSG Lok Stendal und anderer Laufgruppen in einem Staffelmarathon nonstop die 654 km vom Fichtelberg nach Kap Arkona, die größte Nord-Süd-Entfernung der DDR, in 49:28 h zurück. Die Wechsel erfolgten alle 5 oder 10 km. Die gleiche Distanz absolvierten acht Ausdauersportler aus Stendal und Magdeburg am 18./19. Juni 1988 per Fahrrad in der reinen Fahrzeit von 24:50 h.

Größter Blitzschach-Marathon

Vom 11. zum 12. Februar 1990 fand in Dresden das größte Blitzschachturnier der Welt über 24 Stunden statt. 304 Spieler absolvierten von 12 bis 12 Uhr 15 711 Partien. Sieger wurde der Mannheimer Hartmut Beikert. Das seit 1985 anläßlich der Zerstörung Dresdens am 13. Februar 1945 stattfindende Turnier wurde in den inzwischen abgerissenen Ausstellungshallen ausgetragen. An der Stelle steht heute die gläserne VW-Autofabrik.

Einzigartige Massensportläufe

Mitglieder der Stendaler Laufgruppe »Haeder«, die auch heute noch aktiv ist, liefen 1982 alle 79 Gemeinden, Städte und Ortsteile des Kreises Stendal an. Dazu wurden 13 Etappen zwischen 12 und 15 km mit einer Gesamtlänge von 236 km absolviert. In einem anderen Lauf vom 3. bis 16. August 1985 legten Udo Wimmer, Gerd Engel, Roland Winkler und Klaus Schulz 634 km vom Fichtelberg nach Kap Arkona zurück.

Längste Laufveranstaltung

Der 24-Stundenlauf in Reichenbach (Vogtland) war der zeitlich längste Laufwettbewerb in der DDR. Am 4. und 5. Juli 1988 nahmen 25 Mannschaften mit wechselnden Läufern und mehrere Einzelstarter an dem »Mammut-Rennen« teil. Die Staffel »Landskrone Görlitz« gewann letztendlich mit 365 absolvierten Kilometern. Von den Einzelstartern schaffte Detlev Zeh aus Plauen 185 km.

Welthöchstleistung im Rundgewichtstemmen

Der damalige Offiziersschüler Helmut Wich aus Bad Frankenhausen stemmte 1961 auf dem Sportplatz in Dessau ein 7,5-kg-Rundgewicht – einarmig – ununterbrochen 10 052mal. Wegen der langen Zeitdauer mußten sich die Kampfrichter zwischenzeitlich ablösen.

Unübertroffene Anzahl Seilsprünge

Rita Eser aus Peenemünde schaffte am 15. März 1986 in der Neubrandenburger Sporthalle in 1 Minute 185 Seilsprünge. Als mehrfache Siegerin im Kraftsport-Fernwettkampf war sie die »Sportlichste Frau der Armee«.

Populärste Laufveranstaltung

Was 1972 ziemlich unbeachtet begann, entwickelte sich zur populärsten Laufveranstaltung in der DDR. Die Anmeldungen für den Rennsteiglauf waren so zahlreich, daß sie limitiert werden mußten. Nach der Wende flaute das Interesse zunächst beträchtlich ab, stieg dann aber dank geschickter Lauf- und Wanderstreckenangebote (Ultra-Marathon, Marathon, Halb-Marathon, Wanderstrecken von 10 bis 50 km) auf neue Rekordhöhen. Zum 30. Rennsteiglauf am 25./26. Mai 2002 gab es die Rekordmeldung von über 15 000 Teilnehmern aus 27 Ländern. Startorte für die unterschiedlichen Strecken sind Eisenach, Neuhaus am Rennweg und Oberhof, Zielort ist Schmiedefeld.

Olympia

Jüngste Olympiamedaillen-Gewinnerin in der DDR

Kornelia Ender aus Halle war 1972 mit 13 Jahren das jüngste Mitglied in der DDR-Olympiamannschaft in München. Mit ihrer Silbermedaille über 200 m Lagen und den beiden zweiten Plätzen in der Freistil- und der Lagenstaffel ist sie zugleich die jüngste Medaillengewinnerin der DDR bei Olympischen Spielen.

Einmalig: Olympiamedaillen im Winter und im Sommer

Die Dresdnerin Christa Luding-Rothenburger ist die einzige Frau in der Olympia-Geschichte, die bei Winter- und Sommerspielen Medaillen gewann. Im Eisschnellauf wurde sie 1984 und 1988 Olympiasiegerin über 500 m bzw. 1000 m und gewann über 500 m 1988 Silber und 1992 Bronze. Bei den Sommerspielen 1988 in Seoul eroberte sie im Radsportsprint eine Silbermedaille. 1990 wurde Christa Luding für diese außergewöhnliche Leistung vom IOC mit dem Ehrenpreis »Sport und Frauen« ausgezeichnet.

Erfolgreichste Olympia-starterin der Welt

Kristin Otto gewann bei den Olympischen Spielen 1988 in Seoul bei sechs Starts sechs Goldmedaillen und ist damit die erfolgreichste Sportlerin bei Olympischen Spielen. Ihre Siegdisziplinen: 50 m Freistil (25,49), 100 m Freistil (54,93), 100 m Rücken (1:00,89), 100 m Schmetterling (59,00) sowie 4x100 m Freistil- und 4x100 m Lagenstaffel. Je vier Goldmedaillen hatten bei vorangegangenen Spielen Kornelia Ender und Roland Matthes im Schwimmen gewonnen.

Einmalige Olympische Siegesserie

Ulrich Wehling aus Oberwiesenthal schaffte in der Nordischen Kombination, was keinem anderen Sportler bei Winterspielen gelang: Er eroberte 1972, 1976 und 1980 jeweils die Goldmedaille in der Krone des nordischen Skisports. Wehling ist seit 1992 Sportlicher Direktor des Internationalen Skiverbandes (FIS) für die Nordische Kombination.

Olympische Anerkennung der DDR

Am 12. Oktober 1968 beschloß das Internationale Olympische Komitee auf seiner Tagung in Mexiko-City die völlige Gleichberechtigung der DDR, und zwar ab 1. November 1968. Damit konnten fortan Mannschaften der DDR mit eigener Flagge, Symbolik, Hymne und unter ihrem Namen an den Olympischen Spielen teilnehmen.

Sensation im Wasserspringen

Die Dresdnerin Ingrid Krämer sorgte bei den Olympischen Spielen 1960 in Rom für eine Riesenüberraschung, als sie im Kunst- und Turmspringen jeweils Gold gewann und damit die 40 Jahre anhaltende Dominanz der USA im Wasserspringen beendete. 1964 wiederholte sie ihren Erfolg vom 3-m-Brett und wurde vom Turm Zweite.

Erste Olympiamedaille für die DDR

Der Klingenthaler Harry Glaß († 1997) gewann am 5. Februar 1956 im Skispringen der Olympischen Winterspiele in Cortina d'Ampezzo (Italien) mit Bronze die erste olympische Medaille für die DDR. Nach dem ersten Durchgang in Führung liegend, mußte er sich noch den beiden Finnen Antti Hyvärinen und Aulis Kallakorpi beugen. 18 DDR-Sportler repräsentierten 1956 die DDR innerhalb einer gesamtdeutschen Mannschaft erstmals olympisch.

Stärkstes deutsches Olympiateam

Die DDR-Olympiamannschaft zählte 1972 in München bei den Sommerspielen als Dritte in der Länderwertung nach der UdSSR und den USA erstmals zu den stärksten Teams. 1976 steigerte sich die DDR-Auswahl in Montreal auf Rang 2 hinter der UdSSR und vor den USA. Die gleiche Reihenfolge gab es 1988 in Seoul. Die Spiele 1980 in Moskau und 1984 in Los Angeles litten unter der Nichtteilnahme vieler Länder. Bei den Winterspielen 1984 in Sarajevo gewann die DDR in der Länderwertung vor der UdSSR und den USA. 1980 und 1988 war sie jeweils Zweiter hinter der UdSSR und vor den USA geworden.

Olympia

Erster Olympiastarter der DDR

Werner Moring (Oberhof) war der erste Sportler der DDR, der bei Olympischen Spielen startete. Am 27. Januar 1956 ging er in Cortina d'Ampezzo in die Spur zum 30-km-Langlauf und belegte mit 2:00:55 h den 40. Platz.

Olympiamedaillen in zwei Sportarten

Die Berlinerin Roswitha Krause ist die einzige DDR-Sportlerin, die in zwei olympischen Sommersportarten Medaillen eroberte. Sie gewann 1968 in Mexiko-Stadt Silber mit der 4 x 100-m-Freistilstaffel sowie 1976 in Montreal und 1980 in Moskau Silber und Bronze im Handball. 1975 und 1978 holte sie mit der Handball-Mannschaft den WM-Titel.

Einziger Judo-Olympiasieger

Der erste und einzige Olympiasieger der DDR im Judo ist Dietmar Lorenz (oben) vom einstigen SC Dynamo Hoppegarten. Er brachte 1980 in Moskau das Kunststück fertig, als Halbschwergewichtler in der Open-Kategorie den 12 kg schwereren Schwergewichtler Angelo Parisi (Frankreich) zu bezwingen. Lorenz hatte zuvor in seiner Gewichtsklasse Bronze gewonnen.

Erster Olympiasieger der DDR

Der Berliner Wolfgang Behrendt gewann bei den Olympischen Spielen in Melbourne am 1. Dezember 1956 im Bantamgewicht des Boxens die erste olympische Goldmedaille für die DDR.

Einziger deutscher Marathon-Olympiasieger

Der Hallenser Waldemar Cierpinski ist der einzige Deutsche, der jemals Marathon-Olympiasieger werden konnte. Mit seinen beiden Olympiasiegen von 1976 und 1980 ist er neben dem verstorbenen Äthiopier Abebe Bikila außerdem der einzige, der zwei Goldmedaillen gewann. Cierpinski fügte 1976 der olympischen Marathonge-schichte eine kuriose Komponente hinzu, als er vorsichtshalber im Stadion eine Runde zulegte, weil auf der Rundenanzei-ge noch immer eine »1« stand. Damit trat der Fall ein, daß der Sieger im Ziel vom Zweiten erwartet wurde.

Weltstar aus der DDR

Katarina Witt war das einzige Glamour Girl der DDR. In Medien der USA wurde das Pars pro toto »Schönstes Gesicht des Sozialismus« häufig be-nutzt. Höhepunkt ihrer Laufbahn war das »Carmen«-Duell mit ihrer gro-ßen Rivalin Debi Thomas (USA) in der Eiskunstlauf-Entscheidung der Olympischen Winterspiele 1988 in Calgary (Kanada), in dem die Karl-Marx-Städterin die besseren Nerven hatte und ihre zweite olympische Goldmedaille gewann. Von IOC-Präsident Juan Antonio Samaranch wurde sie mit dem Olympischen Orden geehrt. Anschließend wurde ihr als er-ster DDR-Sportlerin gestattet, in Profi-Revuen wie »Holiday on Ice« auf-zutreten. Katarina Witt war auch als Profi-Läuferin erfolgreich. Für die Spiele 1994 in Lillehammer (Norwegen) ließ sie sich reamateurisieren und wurde bei ihrem Olympia-Comeback Siebente.

Titel & Tore

Erster DDR-Fußballmeister

ZSG Horch Zwickau gewann am 16. April 1950 das Endspiel um die 1. DDR-Fußballmeisterschaft in Dresden gegen Dresden-Friedrichstadt mit 5:1 (3:1). In der Siegermannschaft spielten: Hofsommer; Fuchs, Schubert, Jugel, Schürer, Breitenstein, Satrapa, Heinze, Kunack, Dittes, S. Meier. Tore für Zwickau: Heinze (2), Satrapa, S. Meier, Eigentor: Lehmann.

Die meisten DDR-Meistertitel im Fußball

Der BFC Dynamo errang zwischen 1979 und 1988 insgesamt zehn DDR-Meistertitel. Es folgen Dynamo Dresden mit sieben, FC Vorwärts Berlin mit sechs, sowie 1. FC Magdeburg, Carl Zeiss Jena, Wismut Aue und Karl-Marx-Stadt mit je drei der begehrten Titel.

Die meisten Schiedsrichter-Einsätze

Der Bad Freienwalder Karl Franke war der fleißigste Fußball-Schiedsrichter in der DDR. Er leitete seit dem 16. Juni 1952 bis November 1986 insgesamt 3 614 Spiele, pfiff jedoch nie ein Spiel in der Oberliga.

Letztes Fußball-Länderspiel

Am 12. September 1990 bestritt eine Nationalmannschaft der DDR ihr letztes Fußball-Länderspiel. In Brüssel gewann die DDR gegen Belgien mit 2:0. Die Länderspieltore Nr. 500 und 501 erzielte Kapitän Matthias Sammer. Die 14 eingesetzten Spieler waren: Jens Schmidt, Heiko Peschke, Jörg Schwanke, Andreas Wagenhaus, Detlef Schößler, Dariusz Wosz, Matthias Sammer, Jörg Stübner, Heiko Bonan, Uwe Rösler, Heiko Scholz, Stefan Böger, Torsten Kracht, Jens Adler. 19 der von Auswahltrainer Eduard Geyer eingeladenen Spieler hatten abgesagt.

Die meisten Oberligaspiele

Eberhard Vogel bestritt insgesamt 440 Oberligaspiele für den FC Carl Zeiss Jena. Nach seiner aktiven Laufbahn arbeitet er als Trainer u. a. in Hoyerswerda, beim 1. FC Magdeburg und dem Dresdner SC.

Höchstes Fußballresultat

Ein Juniorenspiel der Kreisliga Velten zwischen Traktor Flatow und Einheit Germendorf endete in der Saison 1981/82 mit 51:0 (26:0). Neun Schützen sorgten für die Treffer.

Die meisten Oberligatore

Joachim Streich (Foto) erzielte für den FC Hansa Rostock und den 1. FC Magdeburg insgesamt 229 Tore in Oberligaspielen. Nach Beendigung seiner aktiven Laufbahn war er von 1985-90 Trainer beim 1. FC Magdeburg, danach bei Eintracht Braunschweig. Er arbeitet als Regionalchef einer großen Sportartikelfirma.

Die meisten DDR-Pokalsiege

Mit je sieben Erfolgen in den Fußball-Endspielen um den FDGB-Pokal waren Dynamo Dresden und der 1. FC Magdeburg am erfolgreichsten. Der 1. FC Lok Leipzig gewann viermal.

Die meisten Fußball-Länderspiele

Joachim Streich (FC Hansa Rostock/1. FC Magdeburg) bestritt von 1969 bis 1984 insgesamt 102 Auswahlspiele und erzielte 55 Treffer in Länderspielen. Deutsche Spieler im Hunderter-Klub sind: Franz Beckenbauer 103 Länderspiele, Joachim Streich 102, Lothar Matthäus 101, Hans-Jürgen Dörner (Foto Mitte) 100.

Erster Fußballclub der DDR

Am 21. Dezember 1965 wurde der FC Magdeburg als erster selbständiger Fußballclub in der DDR gegründet. Als späterer 1. FC Magdeburg wurde die Mannschaft dreimal DDR-Meister und war siebenmal Pokalsieger. Größter Erfolg war 1974 der 2:0-Sieg im Finale des Europapokals der Cupsieger gegen AC Mailand. Als Viertligist warf der 1. FCM 2001 im DFB-Pokal die Bundesligisten 1. FC Köln (5:2) und Bayern München (5:3 im 11-m-Schießen nach 1:1-Endstand) aus dem Rennen.

Die größte Fußballfamilien

Am 7. Oktober 1986 spielten in Krostitz (bei Leipzig) die Familien-Mannschaften Janotta aus Leegebruch (bei Oranienburg) gegen Probst aus Meuselbach (bei Neuhaus/Thüringen) 2:2, das 11-m-Schießen endete 6:6. In den Mannschaften spielten die Brüder:
Janotta: Rainer (20), Peter (21), Eberhard (25), Joachim (26), Hartmut (27), Herbert (28), Karl-Heinz (30) und Erhard (34).
Probst: Torsten (20), Volker (20), Heiko (22), Peter (26), Jürgen (29), Ralph (31), Eberhard (36), Hartmut (37).

Längstes Spiel im Hallenfußball

Es fand vom 16. zum 17. Januar 1988 in der Erxlebener Turnhalle statt und dauerte exakt 24 Stunden. Zwischen einer Auswahl »Allertal« und einer Auswahl »Börde« stand es am Ende 354:155. Insgesamt waren 80 Spieler abwechselnd eingesetzt.
Vom 26. bis 30. April 1989 spielten Studenten der Ingenieur-Hochschule Köthen mit Kommilitonen aus Dresden und Magdeburg 120 Stunden lang Fußball, wobei jeder der 20 Spieler 60 Stunden – jeweils 15mal 4 Stunden hintereinander – auf dem Parkett stand.

Ungewöhnliche Familientraditionen

Die Leipziger Handballerin Waltraud Kretzschmar ist mit 217 Auswahleinsätzen, in denen sie 727 Tore erzielte, Rekord-Nationalspielerin der DDR. Trainiert wurde sie beim SC Leipzig von ihrem Ehemann Peter Kretzschmar. Sohn Stefan Kretzschmar spielt Handball beim SC Magdeburg, der erfolgreichsten deutschen Klubmannschaft, und zählt zu den Leistungsträgern der Nationalmannschaft.
Christina Rost zählte mit 170 Länderspielen ebenfalls zu den besten Handballerinnen der DDR und spielte gleichfalls für den SC Leipzig. Ihr Mann, Peter Rost, vom gleichen Klub, war Kapitän der DDR-Olympiasieger-Mannschaft von 1980. Sohn Frank Rost schlägt etwas aus der Art und ist Fußball-Torwart beim Bundesligisten Schalke 04.

Erfolgreichste Klubmannschaft im deutschen Handball

Der SC Magdeburg gewann als erste deutsche Mannschaft am 27. April 2002 die Champions League im Handball und wurde damit die erfolgreichste Klubmannschaft der Welt. Im Finale bezwangen die Magdeburger den ungarischen Meister KC Veszprem nach einer 21:23-Niederlage im Hinspiel in eigener Halle mit 30:25. Der SCM holte sich bereits 1978 und 1981 den Europapokalsieg der Landesmeister. Der Sieg in der Champions-League war der 26. Titel in der Vereinsgeschichte des DDR-Serienmeisters.

Sensationeller WM-Titel im Volleyball

Nachdem die DDR-Männer 1969 mit dem Gewinn des Weltpokals im Volleyball für einen überraschenden Erfolg gesorgt hatten, gelang ihnen 1970 eine Sensation, als sie den Weltmeistertitel – den bisher einzigen einer deutschen Volleyball-Mannschaft – gewannen. Am 2. Oktober bestritt die DDR-Mannschaft bei der WM in der Festivalhalle von Sofia ihr letztes Endrundenspiel gegen Gastgeber Bulgarien. Nach 135 Minuten stand es 2:2 nach Sätzen (15:11, 13:15, 15:7, 4:15). Im entscheidenden 5. Satz führte Bulgarien bereits mit 10:1, als Trainer Herbert Jenter eine Auszeit nahm. Danach kämpfte sich die DDR auf 13:13 heran und gewann diesen »aufregendsten Satz einer WM« noch mit 15:13 und damit den Weltmeistertitel. In der Mannschaft spielten: Siegfried Schneider, Wolfgang Webner, Arnold Schulz, Jürgen Freiwald, Wolfgang Weise, Horst peter, Reinhard Tscharke, Rudi Schumann, Jürgen Maune, Jürgen Kessel, Horst Hagen, Eckehard Pietzsch.

Einziger DDR-Schiedsrichter im WM-Finale

Der Leipziger Rudi Glöckner ist der einzige Fußball-Schiedsrichter der DDR, der bei zwei Weltmeisterschafts-Endrunden – 1970 in Mexiko und 1974 in der BRD – und bei einer EM-Endrunde – 1972 in Brüssel – eingesetzt war. Höhepunkt seiner Schiedrichter-Laufbahn war die Leitung des WM-Finals in Mexiko zwischen Brasilien und Italien (4:1). Glöckner leitete 24 A-Länderspiele, 47 Europa-Cup-Spiele (davon 5 Finals), 1 Weltpokal- und 1 Supercupspiel – insgesamt 1100 Spiele.

Wintersport

Erster Holmenkollensieg eines Nichtskandinaviers

Der Skispringer Helmut Recknagel gewann am 3. März 1957 das berühmte Springen auf der Holmenkollenschanze bei Oslo und bezwang als erster die bis dahin ungeschlagenen Skandinavier. Da der spätere Olympiasieger (1960) noch im Juniorenalter war, bedurfte sein Start einer Sondergenehmigung der Internationalen Skiföderation.

Erfolgreichste Eiskunstlauf-Trainerin der Welt

Jutta Müller ist die erfolgreichste Eiskunstlauf-Trainerin der Welt. Unter ihrer Leitung entwickelten sich in Karl-Marx-Stadt zum Beispiel Katarina Witt, Gaby Seyfert oder Anett Pötzsch zur Weltstars. Ihre Schützlinge gewannen mehr als 60 Medaillen bei internationalen Meisterschaften. Nach der Wende widmete sie sich insbesondere dem Nachwuchs.

Längste Ski

7,45 m lang ist ein Paar Ski, das in der Werkstadt von Heinz Gahler in Oberwiesenthal hergestellt wurde. Die Riesenski erlebten ihre Premiere am 1. März 1987 mit 17 Mann »Besatzung« beim traditionellen Skifasching in Oberwiesenthal.

Weitester Skisprung in der DDR

Klaus Ostwald (Klingenthal) sprang am 23. Januar 1984 auf der Großen Schanze im Kanzlersgrund bei Oberhof 127 m weit.

Einziger Skisprung ohne Ski

Der Brotteroder Hans-Georg Aschenbach verlor im Februar 1968 bei der Kinder- und Jugendspartakiade unmittelbar nach dem Absprung beide Ski. Er hatte sie beim Trainingssprung auf der Thüringenschanze nicht ordnungsgemäß befestigt. Dennoch landete er mit einem Telemarkaufsprung bei exakt 48 m und rannte, ohne zu stürzen, den Hang hinunter. Aschenbach wurde 1976 in Innsbruck Olympiasieger (Normalschanze), 1973 war er Skiflug-Weltmeister, und 1974 wurde der heutige Orthopäde in Falun Doppelweltmeister.

Erstes Hundeschlittenrennen in der DDR

Am 23. und 24. Januar 1988 erlebten 18 000 Zuschauer in Oberhof die ersten Wettkämpfe im Hundeschlittenrennen. Dabei waren 14 Gespanne, darunter 8 aus der CSSR, am Start.

Erster Sportstar der DDR

Gabriele Seyfert wurde als erster Star im DDR-Sport gefeiert. Die Tochter der langjährigen DDR-Nationaltrainerin Jutta Müller war zweimal Weltmeisterin (1969 und 70) und dreimal Europameisterin (1967, 69, 70). Bei den Olympischen Winterspielen 1968 in Grenoble wurde sie hinter Peggy Fleming (USA) Zweite. Ihre Karriere hatte die Karl-Marx-Städterin 1961 in West-Berlin bei den EM mit Platz 21 begonnen. Gaby Seyfert abeitete nach ihrer aktiven Laufbahn zunächst als Trainerin, studierte danach Sprachen und arbeitete als Dolmetscherin im Ostberliner Haus des Handels. Von 1985 bis 1991 leitete sie das Eisballett des Friedrichstadt-Palastes.

Vielseitigste Eiskönigin

Die Dresdnerin Eisschnelläuferin Karin Kania ist in ihrer Ausgeglichenheit unerreicht. Sie wurde fünfmal Weltmeisterin im Großen Mehrkampf (500, 1 000/3 000, 1 500, 5 000 m) und war bei sechs Titelkämpfen auch weltbeste Sprinterin im Mehrkampf (je zweimal 500, 1000 m). Karin Kania, die bei Olympischen Winterspielen dreimal Gold, viermal Silber und einmal Bronze gewann (1980, 1984 und 1988), eroberte insgesamt, trotz zweijähriger Babypause, 95 Medaillen bei internationalen Meisterschaften.

Erster Wasalaufsieg eines Mitteleuropäers

Skilangläufer Gert-Dietmar Klause aus Reumtengrün im Vogtland war der erste Mitteleuropäer, der den berühmten Wasalauf in Schweden von Sälen nach Mora gewinnen konnte. Er absolvierte die 80 km lange Strecke am 2. März 1975 in Rekordzeit und gewann vor den beiden anderen DDR-Startern Gerhard Grimmer und Gerd Heßler.

Erstes Olympiagold nach der Wende

Die erste olympische Goldmedaille für das vereinte Deutschland gewann die Eisschnelläuferin Gunda Niemann-Stirnemann 1992 in Albertville. Heute ist sie 19fache Weltmeisterin, 8fache Europameisterin und errang 95 Weltcupstreckensiege.

Die weltbesten Bobs

Schätzungsweise 70 Prozent der Athleten aus aller Welt fahren heute mit Bobs aus der Dresdner Sportgeräte GmbH. 1976 hatte die DDR-Regierung den Beschluß gefaßt, in der ehemaligen Flugzeugwerft Dresden Bobs zu bauen. DDR-Sportler wie Doppelolympiasieger Wolfgang Hoppe fuhren beste Ergebnisse mit diesen Bobs ein. Für die ausländische Konkurrenz blieben die Schlitten stets ein Geheimnis. Seit der Wende werden sie in alle Welt verkauft. Die Sachsen mit Geschäftsführerin Karola Bräuer sind das einzige Unternehmen, das Bobs in Serie produziert. Trotzdem wird jeder Schlitten für die jeweilige Besatzung »maßgeschneidert«.

Sportliche Höchstleistungen

Bekanntester Autorennfahrer der DDR

Der geborene Suhler Paul Greifzu feierte ab 1923 zahlreiche Erfolge im Automobil-Rennsport. Höhepunkt war 1938 der Sieg mit seinem BMW 328 beim Großen Preis von Deutschland auf dem Nürburgring. Nach dem Krieg gewann er mit seinem BMW-Eigenbau u. a. auf der Halle-Saale-Schleife, beim Leipziger Stadtparkrennen, auf der Autobahnspinne Dresden-Hellerau, auf der Avus sowie 1951 vor 300 000 Zuschauern auf dem Sachsenring. Seinen letzten Sieg feierte Paul Greifzu 1952 auf dem Rostocker Osthafenkurs. Am 10. Mai 1952 verunglückte er beim Training auf der Dessauer Schleife tödlich. An der Unfallstelle und in Suhl stehen Denkmale, in seiner Heimatstadt tragen eine Straße und eine Schule seinen Namen. Ab 1955 gab es in der DDR keine Autorennen mehr.

Letzte Medaille für die DDR

Die letzte Medaille bei einer aktuellen Meisterschaft war das Gold der 4 x 400-m-Frauenstaffel (Manuela Derr, Annett Hesselbarth, Petra Schersing, Grit Breuer) bei den Leichtathletik-EM am 2. September 1990 in Split. Es war zugleich die 90. EM-Medaille für die DDR-Leichtathletik.

Allerletzte Medaille für die DDR

Am 11. März 1995, viereinhalb Jahre nach dem Ende der DDR, wurde eine Mannschaft des bereits nicht mehr existierenden Landes mit einer Olympiamedaille geehrt. Bei der Siegerehrung für die Besten der X. Fernschach-Olympiade, die 1987 begonnen hatte, errang die DDR hinter der UdSSR und Großbritannien Bronze. Die letzte Medaille in der DDR-Sportgeschichte errangen: Volker-Michael Anton, Dr. Fritz Baumbach, Heinrich Burger, Hans-Ullrich Grünberg, Horst Handel und Horst Rittner.

Allerallerletzte Medaille für die DDR

Am 2. Oktober 1999 wurde die wirklich allerletzte Medaille an eine DDR-Mannschaft verliehen. Der Eishockey-Weltverband hatte bei der Aufarbeitung der Historie einen Rechenfehler festgestellt. Demnach war bei der Europameisterschaft von 1966 in Ljubljana Schweden zu Unrecht als Dritter geehrt worden. Deshalb wurde die Bronzemedaille nachträglich der einstigen DDR-Nationalmannschaft verliehen, die sich zu diesem Anlaß im Eishockey-Museum von Augsburg fast vollzählig um Trainer Achim Ziesche versammelt hatte.

Ungewöhnlicher »Europarekord«

Der Karl-Marx-Städter Thomas Schönlebe gewann 1987 den Weltmeistertitel im 400-m-Lauf in der Europarekordzeit von 44,33 s. Er ist nach wie vor der einzige Europäer, dem es gelang, auf dieser von USA-Läufern dominierten Strecke einen WM-Titel zu erringen.

Größte Schwimmstaffel

Am 6. und 7. April 1986 erreichte eine Leipziger Schwimmstaffel in einem 1000 x 100-m-Wettbewerb die Weltbestzeit von 23:45:03 h.

Weltschnellste Schwimmstaffel

Sportler des SC Einheit Dresden schwammen am 13. Juli 1988 in einer Staffel 1000 x 50 m in 7:31:45 h – Weltbestzeit. Damit waren sie rund 15 min schneller als eine Staffel des gleichen Klubs im Jahr 1982.

Nicht zu überbietender Rekord

Von 1962 bis 1989 gingen bei allen zehn Europameisterschaften im Schwimmen alle zehn Titel über 100 m Freistil an zehn Sportlerinnen der DDR. 1962 Leipzig: (von rechts:) Heidi Pechstein (Leipzig), 1966 Utrecht: Martina Grunert (Leipzig), 1970 Barcelona: Gabriele Wetzko (Leipzig), 1974 Wien: Kornelia Ender (Halle), 1977 Jönköping: Barbara Krause (Berlin), 1981 Split: Caren Metschuck (Rostock), 1983 Rom: Birgit Meineke (Berlin), 1985 Sofia: Heike Friedrich (Karl-Marx-Stadt), (nicht auf dem Foto:) 1987 Strasbourg: Kristin Otto (Leipzig), 1989 Bonn: Katrin Meißner (Berlin).

Die ersten Weltmeistertitel der DDR

Im Kanuslalom der Frauen, Disziplin Einer-Faltboot, Mannschaft, wurde am 31. Juli 1955 in Tacen (Jugoslawien) der erste Weltmeistertitel für die DDR gewonnen. Zur Mannschaft gehörten die Sportlerinnen Setzkorn, Jugo und Tietze. Am 4. September 1955 holte Eberhard Luther (Dresden) in Essen bei den Weltmeisterschaften im Asphalt-Kegeln den ersten WM-Einzeltitel für die DDR.

Die meisten Weltmeistertitel der Welt

Mit 32 Weltmeistertiteln ist die Sportanglerin Helga Wischer-Trantow (gesch. Rudolph) aus Dresden in der Welt unübertroffen. Ihre einmalige Medaillenbilanz aus der Zeit von 1955 bis 1965 wird komplettiert von 5 WM-Silber- und 9 WM-Bronzemedaillen. Außerdem errang sie 5 EM- und 82 DDR-Meistertitel. Hinzu kommen 18 Grand-Prix-Siege sowie 16 Weltrekorde und 9 Weltbestleistungen. Die spätere Lehrerin lebt heute als Rentnerin in Pinnow bei Anklam.

Der erste Weltrekord

Ulla Jurewitz, verh. Donath (Halle), stellte am 19. August 1953 in Budapest mit 2:12,6 min über 880 Yards den ersten Weltrekord eines DDR-Sportlers auf.

Weltweit erster Hochsprung über 2 m

Rosemarie Ackermann ist die erste Frau der Welt, die im Hochsprung die 2-m-Marke übersprang. Die nur 1,73 m große Cottbuserin erzielte den Weltrekordsprung am 26. August 1977 beim ISTAF im Berliner Olympiastadion und übertraf dabei ihre Körpergröße um 27 cm. Bemerkenswert war, daß Rosemarie Ackermann noch im herkömmlichen Straddle-Stil (Bauchwälzer) sprang und nicht, wie die meisten, im Fosbory-Flop. Die gelernte Textilverkäuferin und Binnenhandels-Ökonomin – seit 1991 Mitarbeiterin im Cottbuser Arbeitsamt – erzielte sieben Weltrekorde und war 1976 Olympiasiegerin.

Sportliche Höchstleistungen

Historischer Speerwurf

Uwe Hohn vom ASK Vorwärts Potsdam stellte am 20. Juli 1984 beim »Olympischen Tag« in Berlin einen historischen Weltrekord im Speerwerfen auf. Er schleuderte das Gerät 104,80 m weit. Zwei Jahre später beschloß der Internationale Leichtathletikverband (IAAF), neue Speere mit veränderten Flugeigenschaften einzuführen, um die Weiten zu verringern. Hohn, dem es wegen des Boykotts der Olympischen Spiele 1984 in Los Angeles nicht vergönnt war, sein Können auch olympisch zu demonstrieren (der Olympiasieger gewann mit 86,76 m), zog sich im Trainingslager einen Bandscheibenschaden zu und wurde nach weiteren Verletzungen invalidisiert.

Bergsteiger, offiziell am höchsten

Am 30. Juli 1972 bezwang die aus der Dresdner Region stammende Seilschaft mit Volker Krause (Trainer), Wilfried Hering, Werner Rump, Heinz Heine und Dieter Rülker bei der Alpinade der UdSSR erstmals den 7495 m hohen Pik Kommunismus im Nordwest-Pamir und schaffte damit offiziell die größte, jemals von DDR-Bergsteigern erreichte Höhe. Von 125 Teilnehmern gelangten 87 auf den Gipfel. Die Seilschaft der DDR zählte zu den wenigen, die geschlossen das Ziel erreichten. Bergsteigern aus der DDR war es nur erlaubt, von der UdSSR aus in das Pamir-Gebirge zu klettern.

Erste Bergsteigerin der DDR auf einem 7000er Gipfel

Am 5. August 1973 bezwang als erste Alpinistin der DDR die Dresdner Bergsteigerin Dr. Christel Gladun mit dem Pik Lenin (7134 m) im Pamir Massiv einen über 7000 m hohen Gipfel. Zur Seilschaft gehörten die Alpinisten Franz Hasse, Helfried Hering, Christel und Alex Gladun, Lutz Schülbe und Lutz Protze.

Bergsteiger, inoffiziell am allerhöchsten

Die Alpinisten Reinhard Tauchnitz aus Leipzig und Dr. Karsten König aus Jena sind die beiden DDR-Bergsteiger, die die tatsächlich größte Höhe erreichten. Sie bezwangen am 26. Mai 1990 inoffiziell mit dem 8032 m hohen Westgipfel des Shisha Pangma im Himalaja einen der 14 Achttausender-Giganten. Wegen Lawinengefahr mußten sie jedoch auf die Querung zum 14 m höheren Hauptgipfel verzichten. Zur Gruppe gehörten auch Winfried Kraus (Leipzig/bis 7500 m) und Sabine Körbs (Jena/bis 6800 m). Sie waren mit einem Transitvisum von der UdSSR nach Peking geflogen, mit der Bahn 2500 km nach Chengdu gefahren und von der Hauptstadt der Provinz Sichuan nach Lhasa (Tibet) geflogen, von wo aus sie – ohne Genehmigung – ihre abenteuerliche Tour gestartet hatten.

Erfolgreichste Spartakiade-Teilnehmer

Bei den Endkämpfen der Kinder- und Jugendspartakiade, dem Höhepunkt im Nachwuchs-Leistungssport, war der Potsdamer Schwimmer Jörg Hoffmann 1989 in der Altersklasse der 13jährigen mit 9 Gold- und 3 Silbermedaillen am erfolgreichsten. Franziska van Almsick errang im gleichen Jahr als 11jährige 7 Siege und war damit bei den Mädchen unübertroffen.

Erste Sprinterin der Welt unter 11 s

Renate Stecher vom SC Motor Jena war die erste Frau der Welt, die im 100-m-Sprint die 11-s-Grenze unterbot. Am 7. Juni 1973 wurden für sie in Ostrava 10,9 s gestoppt. Am 30. Juni des gleichen Jahr folgten in Dresden 10,8 s (handgestoppte Zeiten sind seit der exakten elektronischen Messung nicht mehr offiziell). Gemessen an der Zahl ihrer Olympiamedaillen (3 Gold-, 2 Silber-, 1 Bronzemedaille) ist Renate Stecher die erfolgreichste deutsche Leichtathletin bei Olympischen Spielen. Sie arbeitet heute als Sportlehrerin in Jena.

Der größte Schwimmer

Der 2,07 m große Sven Lodziewski ist weltweit der einzige Schwimmer im Hochleistungsbereich, der auf allen herkömmlichen Freistilstrecken von 100, 200, 400 bis 1500 m in einem Jahr (1984) Landesmeister werden konnte. Doch in seinem leistungsstärksten Jahr blieb ihm wegen des Boykotts der Spiele in Los Angeles der Olympiastart versagt. Bei den zeitgleichen Wettkämpfen der Freundschaft in Moskau gewann der Berliner die 200 m Freistil. Er war 1986 Weltmeister mit der 4 x 200-m-Staffel der DDR, und 1987 Europameister über 100 m Freistil und mit der Staffel. Der Internist im Berliner Herzzentrum startete 2001 als 36jähriger noch einmal bei den Landesmeisterschaften und qualifizierte sich über 100 m für die WM-Staffel, mit der er in Fukuoka (Japan) Bronze gewann. Er ist der einzige Schwimmer der Welt, der nach 13 Jahren internationaler Abstinenz und 19 Jahre nach seiner letzten WM-Medaille (1982 Bronze über 400 m Freistil) erneut zu Medaillenehren bei einer Weltmeisterschaft kam.

Das Phänomen Roland Matthes

Der Erfurter war als perfekter Rückenschwimmer seiner Zeit weit voraus. In seiner Spezialdisziplin blieb er sieben Jahre lang ungeschlagen. Zwischen 1967 und 1973 stellte er 19 Weltrekorde auf und war 38mal DDR-Meister. Roland Matthes gewann bei drei Olympischen Spielen 4 Gold- und je 2 Silber- und Bronzemedaillen. Seine Ehe mit der Hallenser Schwimmerin Kornelia Ender wurde nach vier Jahren geschieden. Der Orthopäde betreibt in Marktheidenfeld nahe Würzburg eine eigene Praxis.

Schnellste Frauen Deutschlands

Die Jenenserin Marlies Göhr gewann beim Olympischen Tag am 8. Juni 1983 in Berlin die 100 m in der Weltrekordzeit von 10,81 s. Als Zweite kam Marita Koch (Rostock) auf 10,83 s. Unter 11 s liefen auch die DDR-Sprinterinnen Silke Gladisch (10,86), Kathrin Krabbe (10,89), Heike Drechsler (10.91) und Bärbel Wöckel (10,95). Renate Stechers 10,8 s von 1973 waren handgestoppt und kommen deshalb nicht in die Wertung elektronisch registrierter Zeiten. Alle diese Leistungen sind in Deutschland bis heute nicht unterboten.

Schnellster Mann Deutschlands

Frank Emmelmann aus Magdeburg stellte am 22. September 1985 mit 10,06 s über 100 m einen DDR-Rekord auf, der bis heute in Deutschland unerreicht ist. Gleiches gilt für seine am 18. August 1985 erzielte Rekordzeit über 200 m von 20,23 s. Der Leipziger DHfK-Sprinter Manfred Kokot war am 15. Mai 1971 handgestoppte 10,0 s gelaufen.

Langjährigster Weltrekord

Die 74,08 m von Jürgen Schult, mit denen der Schweriner am 6. Juni 1986 einen Weltrekord im Diskuswerfen erzielte, sind noch immer unübertroffen und damit ältester bestehender Leichtathletik-Weltrekord der Männer in einer aktuellen Disziplin.

Stärkster Mann der DDR

Gerd Bonk war der stärkste Mann der DDR. Der Gewichtheber vom SC Karl-Marx-Stadt wurde am 11. April 1976 in Berlin Europameister im Superschwergewicht, als er 432,5 kg (Reißen: 180, Stoßen: 252,5) zur Hochstrecke brachte.

Geld

Geldscheine, gedruckt, aber nicht ausgegeben

1985 wurden neue Geldscheine mit dem Stückwert von 200 und 500 Mark gedruckt, die zum 40. Jahrestag der DDR ausgegeben werden sollten. Doch im stürmischen Wendeherbst 1989 blieb die Einführung in den Zahlungsverkehr aus. So lagerten die 200-Mark-Scheine für insgesamt 10 Milliarden und die 500-Mark-Scheine für 25 Millionen Mark in den Tresoren der DDR-Staatsbank und verloren mit der Währungsunion am 1. Juli 1990 ihren Wert und ihre Daseinsberechtigung.

Eigenes Hotelgeld der Mitropa

Im 1969 eröffneten Mitropa-Hotel »Rügen-Hotel Saßnitz« und auch in anderen Hoteleinrichtungen der Mitropa gab es zeitweilig eigenes Hotelgeld, um ein reibungsloses Zusammenleben von Ausländern mit Devisen und einheimischen Gästen wie FDGB-Urlaubern zu ermöglichen und das unkontrollierte Abfließen von Westgeld zu verhindern. Wertgutscheine gab es auch in Landwirtschaftlichen Produktionsgenossenschaften (LPG), für KONSUM-Mitglieder, aber auch in Strafvollzugsanstalten.

Erster Intershop

Als erste sogenannte Valuta-Verkaufsstelle in der DDR eröffnete am 1. August 1955 die »HO Internationaler Basar« im Rostocker Hafen. 1956 und 1957 wurden weitere in Wismar, Stralsund, Berlin und Leipzig eingerichtet, mit der von nun an generalisierten Bezeichnung »Intershop«.

Währung der DDR

Nach dem 2. Weltkrieg kursierten in der Sowjetischen Besatzungszone die Noten der Alliierten Militärbehörde neben den alten Reichsbanknoten. Nach der Währungsreform in den westlichen Besatzungszonen am 20. Juni 1948 stand die sowjetische Militärregierung im Zugzwang und führte ab 23. Juni 1948 als Zwischenlösung sogenannte Kuponscheine ein, mit denen die alten Banknoten überklebt wurden. Wenig später kam die erste eigene Banknotenserie der Deutschen Notenbank in Umlauf (1955 geänderte Farben). Am 1. August 1964 wurden erstmals die neuen Banknoten mit der Bezeichnung »Mark der Deutschen Notenbank« (MDN) ausgegeben. Seit 1967 hieß die Währung Mark der DDR. 1971 gab die Staatsbank der DDR neue Geldscheine aus, die bis zum 1. Juni 1990 gültig blieben. Die Münzen zu 5 und 10 Reichspfennig verloren erst am 3. April 1949 mit der Ausgabe neuer Scheidemünzen zu 5 und 10 Pfennig ihre Gültigkeit, während es die Münze 1 Reichspfennig bis zum 1. April 1950 gab.

Nur für »harte Währung«

Am 28. Februar 1962 wurde die staatliche Handelsorganisation »Intershop GmbH« gegründet, die ihre erste Verkaufsstelle im Berliner Grenzübergangsbahnhof Friedrichstraße einrichtete und in den ersten fünf Wochen einen Umsatz von 164 230 DM verbuchen konnte. 1963 folgten weitere Einrichtungen an Grenzübergängen, Transitstrecken, Bahnhöfen, Flughäfen und in den Interhotels, wo zollfreie Importwaren gegen Westwährung zunächst nur an Reisende und Besucher aus dem »kapitalistischen Ausland« verkauft wurden. Ab Februar 1974 durften auch DDR-Bürger über D-Mark verfügen und damit in den Intershops einkaufen. Fünf Jahre später mußten sie das »Westgeld« an Schaltern der DDR-Staatsbank in Forumschecks (ab 1977 gehörten die Intershops zur Forum-Handelsgesellschaft) umtauschen. Ende der 80er Jahre gab es rund 250 Intershops, die zum 1. Juli 1990 geschlossen wurden.

Größter Wert einer Spendenmarke

Der Präsident der DDR, Wilhelm Pieck, zahlte zu seinem monatlichen Parteibeitrag in Höhe von 45 Mark regelmäßig eine Spende von 450 Mark, die in seinem Mitgliedsausweis der SED mit einer Spendenmarke ordnungsgemäß quittiert wurde.

Spendenmarken für Sonderfinanzierungen

Spendenmarken waren eine in der DDR typische Form für die Finanzierung besonderer gesellschaftlicher Projekte, und es gab sie von zahlreichen Organisationen für die unterschiedlichsten Zwecke. Die Nationale Front gab Aufbaumarken zur Finanzierung des Nationalen Aufbauwerkes heraus, der FDGB sammelte mit monatlichen Solibeiträgen für den internationalen Solidaritätsfond oder z. B. mit Spendenmarken für das Urlauberschiff »Völkerfreundschaft«, der DTSB finanzierte die Turn- und Sportfeste auch mit dem Verkauf von Sondermarken. Auch andere Organisationen wie GST, Kulturbund, DFD, DRK, Volkssolidarität, DSF gaben Markenserien für Sonderfinanzierungen heraus.

Stabile DDR-Währung

In den Stollen der Thekenberge bei Halberstadt lagerten rund 620 Millionen Geldscheine der früheren Staatsbank der DDR, die dort verrotten sollten. Doch nach 12 Jahren erfreuten sie sich noch immer einer erstaunlich stabilen Qualität. Dies machten sich Einbrecher zunutze und verhökerten die gestohlenen Scheine, darunter nagelneue 200- und 500-Mark-Banknoten, an dankbare Sammler. Um Nachahmungstaten zu verhindern, wurde daraufhin das letzte DDR-Papiergeld im Sommer 2002 in einer Müllverbrennungsanlage in Buschhaus (Niedersachsen) vernichtet.

Höchster Wert auf einer Marke

Die KFZ-Steuermarke im Wert von 500 Mark stellt den höchsten Wert dar, der je auf einer Marke in der DDR herausgegeben wurde.

Sparen für die Wohnung

Ab dem 9. Januar 1958 gab es von den Kommunalen Wohnungsverwaltungen Obligationen als Wertpapiere für die Finanzierung des volkseigenen Wohnungsbaus. Sie hatten eine Laufzeit von 20 Jahren, wurden mit 4 % verzinst, waren steuerfrei und beleihungsfähig. Die Obligationen gab es bei jeder Sparkasse in Stücken zu 100, 500, 1000 und 5000 Mark.

Die höchsten Sparguthaben

1988 betrug die Summe der Sparguthaben in der DDR 151 590 Millionen Mark. Am sparsamsten lebten offensichtlich die Menschen im Bezirk Karl-Marx-Stadt. Sie hatten insgesamt 19 777 Millionen Mark »auf der hohen Kante«.

Originellster Elferratsbeschluß

Der Elferrat von Coswig nahe Dessau faßte bei einer Sitzung 1986 den Beschluß, daß dem zwischen dem 10. und 12. Februar (während des Faschings) erstgeborenen Kind der Stadt ein Sparbuch mit 11 x 11,11 Mark in die Wiege gelegt wird – was auch geschah.

Briefmarken

15 JAHRE DEUTSCHE DEMOKRATISCHE REPUBLIK

„Auferstanden aus Ruinen und der Zukunft zugewandt..."

Größtes Postwertzeichen der Welt

Am 6. Oktober 1964 gab die Deutsche Post das Postwertzeichen »15 Jahre DDR« in der Größe von 210 x 285 mm heraus (Lipsia-Katalog Block Nr. 13).

Falsches Briefmarkenporträt

Anläßlich des 100. Geburtstages des norwegischen Fußballverbandes am 12. April 2002 gab die Post des Landes eine Sondermarke mit dem Porträt eines Schiedsrichters heraus. Doch statt des Norwegers Lars Johan Hammer ziert die Marke das Konterfei eines Berliners, der in der DDR sein Schiedsrichterdiplom erwarb. Peter Hertel spielte Fußball in seiner Geburtsstadt bei Chemie Eilenburg, auch bei Traktor Zscheppin und Robotron Leipzig und agiert seit 1980 als Schiedsrichter. Heute ist er Referee bei der SG Borussia Fürstenwalde. 1997 war er – wie auch Lars Johan Hammer – als Schiedsrichter beim Jugendturnier »Norway Cup« eingesetzt, als die Verwechslung passierte. Nun ist Peter Hertel auf 1,3 Millionen norwegischen Sondermarken zu sehen.

Einzige Briefmarke mit Erich Honecker

Nur ein einziges Mal ist das Konterfei Erich Honeckers auf einer Briefmarke zu sehen. Sie wurde zum 25jährigen Bestehen der Gesellschaft für deutsch-sowjetische Freundschaft (DSF) 1972 herausgegeben und zeigt ihn mit dem sowjetischen Staatsoberhaupt Leonid Breshnew beim brüderlichen Händedruck.

Briefmarke, die nie erschien

Im »Sammler-Expreß« vom April 1953 ist die Neuausgabe einer Briefmarkenserie mit dem Porträt Walter Ulbrichts abgebildet, die jedoch nie erschien. Sie wurde vermutlich wegen der politisch kritischen Situation einen Tag nach dem 17. Juni 1953 vernichtet. Als Ausgleich dafür gab es von 1961 bis zum Tod Walter Ulbrichts 1973 insgesamt 25 verschiedene Postwertzeichen mit seinem Porträt. Die letzten waren frankaturgültig bis zum 2. Oktober 1990.

Weltweit einzige Briefmarken auf Dederon

Am 12. März 1963 gab die Post einen sogenannten Chemieblock (50 und 70 Pfennig) heraus, der als einziger in der Welt auf Dederongewebe gedruckt wurde. Die Kunstfaser Dederon kannte man hauptsächlich als Material in der Textilbranche.

Letzte Briefmarke mit Aufdruck »DDR«

Am 24. Juli 1990 wurde die letzte Briefmarke mit der Staatsbezeichnung »DDR« ausgegeben. Sie war dem Internationalen Jahr der Alphabetisierung gewidmet. Ihre Gültigkeit lief am 2. Oktober 1990 ab, somit war sie die »Rekordzeit« von gerade einmal 71 Tagen gültig.

Einzige Briefmarken mit dem Brocken

Ein einziges Mal in der deutschen Nachkriegsgeschichte prangte der zweithöchste Gipfel der DDR, der Brocken, auf einer Briefmarkenserie, die 1961 herausgegeben wurde. Im gleichen Jahr wurde der Brocken zum militärischen Sperrgebiet erklärt. Erst 2002 gelangte mit dem Nationalpark Hochharz der Brocken ein zweites Mal auf einen Briefmarkenblock.

Erste und letzte Briefmarke der DDR

Die erste Briefmarke nach der Gründung der DDR wurde am 9. Oktober 1949 herausgegeben. Sie hatte den Wert von 50 Pfennig und trug die Aufschrift »75 Jahre Weltpostverein«. Die erste Briefmarke mit der Inschrift »Deutsche Demokratische Republik« erschien am 2. März 1950 mit einem Wintersportmotiv. Die letzte offizielle Emission von 1990 war Heinrich Schliemann gewidmet (30 und 50 Pfennig) und trug wie 1949 die Inschrift »Deutsche Post«. Sie erschien am Vortag der deutschen Einheit.

Kürzeste Laufzeit einer Briefmarke

Am 7. November 1958 wurde eine Briefmarke zum 40. Jahrestag der Novemberrevolution in Deutschland herausgegeben. Noch am Ausgabetag wurde die Marke vom Schalterverkauf zurückgezogen. Beanstandet wurden die Hautfarbe des abgebildeten Soldaten und ein zu großer Stahlhelm. Immerhin waren da schon 726000 Stück verkauft. Die Marken wurden für ungültig erklärt und umgetauscht. Bereits frankierte Sendungen wurden bis zum 21. November entwertet, ab 22. November wurde Nachgebühr erhoben.

Niedrigster und höchster Briefmarkenwert

1-Pfennig-Briefmarken gab es in der DDR mit der Gültigkeit vom 10. Juli 1950 bis 31. März 1952 zum Ereignis 250 Jahre Deutsche Akademie der Wissenschaften zu Berlin sowie ab 1953 die Dauerserie zum 5-Jahrplan. Der höchste Wert von 5 Mark wurde am 3. Januar 1951 (Wilhelm Pieck) sowie 1957 und 1985 als Luftpostmarke herausgegeben.

Drucksachen

Größte deutsche Bücherei

Die Deutsche Bücherei in Leipzig ist die Zentrale der »Deutschen Allgemein-Bibliographie«, in der seit 1913 die gesamte deutschsprachige Literatur des In- und Auslandes gesammelt wird. Dazu gehören Bücher, Zeitschriften, die wichtigsten Zeitungen, Musikalien, Atlanten, Kunstdrucke, Patentschriften, literarische Tonträger sowie mehrere Sondersammlungen wie die Exilliteratur von 1933 bis 1945 oder das Deutsche Buch- und Schriftmuseum. Die bekannte Bücherei wurde 1916 eingeweiht, 1965 aufgestockt und um den neuen Nordwestflügel erweitert. Zur Bücherei gehören sieben Lesesäle mit 520 Arbeitsplätzen. Am 31. Dezember 2001 zählten exakt 12 152 992 bibliographische Einheiten zum Bestand.

Älteste Großbibliotheken

Die älteste sächsische Großbibliothek ist die Zwickauer Ratsschulbibliothek, die bereits vor 1500 bestand. Es folgten 1543 die Gründung der Leipziger Universitätsbibliothek und 1556 die Gründung der Sächsischen Landesbibliothek, die auf eine Büchersammlung im Schloß Annaburg zurückgeht.

Umsatzstärkste Buchhandlung

Die Buchhandlung im Leipziger Franz-Mehring-Haus war mit täglich etwa 5 000 verkauften Büchern und Broschüren die größte in der DDR.

Umfangreichste Sammlung von Miniaturbüchern

Der Leipziger Karl Wiegel († 1995) besaß mit 2 035 Exemplaren die größte Sammlung von Miniaturbüchern, die er 1991 der Leipziger Städtischen Bibliothek übereignete. Die Sammlung umfaßt Bücher aus 25 Ländern aller Kontinente. Darunter befinden sich unter anderem 30 verschiedene Ausgaben des Kommunistischen Manifestes. Karl Wiegel war der Herausgeber der Bibliographie »Kleinod der Buchkunst«. Keines der Exemplare seiner Sammlung überschreitet die für Miniaturbücher vorgegebene Maximalgröße von 10 cm Buchblockgröße.

Erste Bücherstadt

In Wünsdorf bei Jüterbog quartierte sich nach der Wehrmacht das Oberkommando der Gruppe der Sowjetischen Streitkräfte in Deutschland (GSSD) ein. Nach dem Abzug der GUS-Streitkräfte wurde aus der einstigen Militärstadt die zivile Waldstadt und zugleich die erste Bücherstadt Deutschlands, in der sieben Antiquariate ihre Bücher im ehemaligen Badehaus der Militärstadt anbieten. Ziel sind 30 thematisierte Antiquariate. Auch Buchbindereien, Druckereien und Buchrestauratoren sollen sich hier etablieren.

Ersterscheinung der Bezirkszeitungen

Am 15. August 1952 erschienen mit der Aufteilung der fünf Länder in 14 Bezirke auch erstmals 14 Tageszeitungen als Organe der SED-Bezirksleitungen, für die sich der Sammelbegriff Bezirkszeitungen einbürgerte. Auch CDU, LDPD und NDPD gaben fortan eigene Regionalzeitungen für mehrere Bezirke heraus. Die Bezirkszeitungen waren bis zum Ende der DDR die meistgelesenen der 39 Tageszeitungen der DDR. 1988 entfiel auf sie mit 5108000 Exemplaren weit mehr als die Hälfte der Gesamtauflage (9704500). Hinzu kamen 450000 Exemplare der »Berliner Zeitung« als faktisches Organ der SED-Bezirksleitung in der Hauptstadt.

Höchste Auflagen

Die »Junge Welt« war mit 1,24 Millionen Exemplaren die Tageszeitung mit der höchsten Auflage in der DDR. Bei den Illustrierten ragte die Programm-Zeitschrift »FF dabei« mit 1,3 Millionen heraus. Meistgelesene Wochenzeitung war die »Wochenpost« mit 1,24 Millionen.

Kleinstes Buch in der DDR

Das winzige »Bilder Abc« von Egon Pruggmayer enthält 14 Blatt und mißt 3 x 2,5 cm. Herausgegeben wurde es 1971 im Verlag Edition Leipzig. Das kleinste Buch der Welt, das jemals in Auflagendruck hergestellt wurde, gab der Leipziger Verlag Faber und Faber 2002 heraus: das »Bilder-ABC« von Josua Reichert im Format 2,4 x 2,9 mm.

Meistgedrucktes Buch in der DDR

Das Kommunistische Manifest hatte mit 8,2 Millionen Exemplaren im Dietz Verlag (4,7 Millionen Einzelausgaben, 3,5 Millionen Werkausgaben) die höchste Auflage eines gedruckten Buches.

Gröbster Druckfehler

Die Ausgabe der »Schweriner Volkszeitung« vom 23./24. Juni 1979 erschien mit der vierspaltigen Schlagzeile auf Seite 1: Treffen Erich Hockers mit Kunst- und Kulturschaffenden. Gegen die damalige Chefin vom Dienst gab es keine der in ähnlichen Fällen üblichen Konsequenzen; Erich Honecker soll den Vorfall mit den Worten »das kann schon mal passieren« kommentiert haben.

Leere Sportseite

Am 1. Oktober 1987 erschien die Zeitung »Junge Welt« mit dem Satz »Kommentar überflüssig« auf einer leeren Fußball-Sportseite. Dieser einzigartige Vorfall in der Sport-Berichterstattung war die Reaktion der Zeitung auf das schlechte Abschneiden der DDR-Mannschaften im aktuellen Fußball-Europapokal-Wettbewerb. Es spielten im Pokal der Landesmeister: BFC Dynamo – Girondins Bordeaux 0:2, Pokalsieger: Olympique Marseille – Lokomotive Leipzig 1:0, UEFA-Cup: Valur Reykjavik – Wismut Aue 1:1, Dynamo Dresden – Spartak Moskau 1:0.

Auflagenstärkste Regional-zeitschrift

Die »Erzgebirgischen Heimatblätter« sind mit 26 000 Exemplaren die auflagenstärkste, ehrenamtlich redigierte und periodisch erscheinende Regionalzeitschrift der DDR gewesen. Wie viele andere auch, stellte die Zeitschrift nach der Wende ihr Erscheinen ein.

Presse in der DDR

In der DDR gab es 39 Tageszeitungen, 32 Wochenzeitungen bzw. Illustrierte sowie 541 periodisch erscheinende Zeitschriften. Dazu kamen 662 Betriebszeitungen. Zentralorgane der Parteien und Organisationen waren die Tageszeitungen: »Neues Deutschland« (SED), »Neue Zeit« (CDU), »Der Morgen« (LDPD), »National-Zeitung« (NDPD), »Bauern-Echo« (DBD) sowie »Tribüne« (FDGB) und »Junge Welt« (FDJ). Weitere Tageszeitungen waren: »Deutsches Sportecho« und »Nowa Doba« (in sorbischer Sprache).

Zeitung mit den meisten Fotos von Erich Honecker

Am Montag, dem 16. März 1987, erschienen in der Zeitung »Neues Deutschland« 41 Fotos von Erich Honecker. Sie zeigten ihn beim Rundgang zur Eröffnung der Leipziger Messe mit Politikern und verschiedenen Ausstellern.

Einzige verbotene Sowjetzeitschrift

Die sowjetische Zeitschrift »Sputnik« wurde am 18. November 1988 auf Geheiß Erich Honeckers von der Postzeitungsliste der DDR gestrichen. Anlaß waren Beiträge mit kritischen Auseinandersetzungen zur Geschichte, die nicht in das Argumentationskonzept des Politbüros paßten. Am 20. Oktober 1989 wurde das Verbot wieder aufgehoben.

Meistgelesene Zeitschrift

Mit 1,24 Millionen Exemplaren war die Zeitschrift »Wochenpost« die auflagenstärkste Wochenzeitung in der DDR. Sobald sie mittwochs erschien, war sie auch schon ausverkauft. Die letzte Seite mit den Beiträgen von Gerichtsreporter Rudolf Hirsch war häufig die meistgelesene. Nach 43 Jahren und mehreren Eigentümerwechseln seit der Wende kam im Dezember 1996 endgültig das Aus für die beliebteste Zeitschrift.

Größtes Volksfest

Das jährliche Pressefest der Zeitung »Neues Deutschland« im Berliner Volkspark Friedrichshain war das größte Volksfest in der DDR. Einen Teilnehmerrekord erreichte es am 4./5. Juni 1988 mit 500 000 Besuchern, 6 000 Künstlern und Spitzensportlern, die auf 50 Bühnen und Plätzen auftraten. Insgesamt sorgten die Akteure für 750 Stunden pure Unterhaltung in bunt gemixten Programmen. Pressefeste veranstalteten übrigens auch die Bezirkszeitungen der SED.

Drucksachen

DAS TURNIER ZU VENEDIG

Die bekanntesten Comics

Dig, Dag und Digedag aus dem »Mosaik« von Hannes Hegen waren die bekanntesten und beliebtesten Comic-Figuren in der DDR. Am 23. Dezember 1955 erblickten die Digedags das Licht der Welt. Und sie leben heute noch, füllen Bücher und Ausstellungen und waren die Helden in dem 1997 gedrehten Kurzfilm »Dig, Dag und Ritter Runkel«, in dem ihnen u. a. die Schauspieler Rolf Hoppe und Michael Gwisdeck ihre Stimme liehen. Die Digedags wurden im »Mosaik« 1976 von den Abrafaxen abgelöst.

Ältester kartographischer Verlag

Der Hermann-Haack-Verlag Gotha wurde 1785 als Verlagsbuchhandlung von Georg Justus Perthes unter dem Namen »Geographisch-Kartographische Anstalt« gegründet. Seit 1956 trug er den Namen des Nestors der deutschen Kartographie, Hermann Haack. Jährlich erschienen 160 verschiedene Titel wie Schul-, Welt- und Spezialatlanten sowie Karten unterschiedlichster Art für über 100 Länder. Er wurde vom Stuttgarter Klett-Verlag gekauft und firmiert unter Klett-Perthes Verlag.

DDR-Micky-Mäuse

Fix und Fax, die beiden Micky-Mäuse, erlebten in der Kinderzeitschrift »Atze«, die von Januar 1958 bis März 1991 erschien, aufregende Abenteuer. Das Duo aus der Feder des Zeichners Jürgen Kieser zog in 399 Folgen mit den dazugehörigen Reimzeilen zahlreiche Fans in seinen Bann. Inzwischen wurden alle Geschichten in Sammelbänden wieder lebendig. Einer der ersten DDR-Comics war »Waputa, die Geierkralle« von Herbert Reschke, abgedruckt im »Magazin«. Reschkes zweite Comic-Serie hieß »Ali Ben Populi und die Zauberlampe« und erschien in der »Frösi« (»Fröhlich sein und singen«).

Größter Verlag in der DDR

Der Berliner Verlag mit Sitz am Alexanderplatz vereinigte elf Publikationen – mit der »Berliner Zeitung« eine Tages- und mit der »BZA« eine Abendzeitung sowie die Zeitschriften »Eulenspiegel«, »FF dabei«, »FÜR DICH«, »Freie Welt«, »Horizont«, »Magazin«, »Neue Berliner Illustrierte«, »Weltbühne«, »Wochenpost«. Nach der Wende kaufte der Hamburger Medienkonzern »Gruner & Jahr« den Verlag, ließ die meisten Zeitschriften und Illustrierten eingehen und blieb mit der »Berliner Zeitung« und dem aus der »BZA« hervorgegangenen »Kurier« auf dem Markt. Im Juni 2002 stellte der Holtzbrinck-Verlag einen Kaufantrag für den Berliner Verlag.

Bekanntester Kater in der DDR

Der Berliner Grafiker Werner Klemke († 1994) war als Gestalter der Titelseite der Monatszeitschrift »Das Magazin« Vater der Figur des »Klemke«- oder »Magazin«-Katers. 423 Titelblätter zeichnete Klemke. Leser machten sich einen Spaß daraus, den manchmal gewitzt versteckten schwarzen Kater zu entdecken.

Erstes Wörterbuch

1880 erschien erstmals das »Vollständige Orthographische Wörterbuch der deutschen Sprache« von Konrad Duden, herausgegeben vom Bibliographischen Institut in Leipzig. Die 10. Auflage erhielt 1929 den Titel »Der Große Duden«. 1996 erschien die 21. völlig neu bearbeitete und erweiterte Auflage auf der Grundlage der neuen Rechtschreibreform unter dem neuen Titel »Duden, Die Rechtschreibung der deutschen Sprache«.

Größter Atlas der Welt

Der Atlas des Großen Kurfürsten in der Deutschen Staatsbibliothek zu Berlin Unter den Linden ist eine Kostbarkeit von hohem Rang. Er befand sich im Besitz des Kurfürsten Friedrich Wilhelm I. von Brandenburg und stammt aus dem Jahr 1655. Mit den Maßen 220 cm x 170 cm und einem Gewicht von 125 kg ist er gleichzeitig der größte der Welt. Auf 38 Karten sind die seinerzeit bekannten Länder der Erde zum Teil in farbigen Kupferstichen dargestellt. 1971 wurde in Leipzig eine Neuauflage des gigantischen Kurfürstenatlasses im Format 100 cm x 79 cm angefertigt.

Kleinster Atlas der Welt

Der kleinste Atlas der Welt wurde 1831 mit den Abmessungen 67 mm x 68 mm als Etui-Erdatlas mit 26 Abbildungen in Rostock gedruckt. Im Jahr 1972 erwarb die Rostocker Universitäts-Bibliothek die bibliophile Kostbarkeit, die der Hinstorff Verlag 1985 als lederne Faksimileausgabe neu auflegte.

Welterfolg für DDR-Roman

Dem Schriftsteller Bruno Apitz († 1979) war mit seinem 1958 erschienenen Roman »Nackt unter Wölfen« ein Welterfolg beschieden. Das Buch hatte eine Auflage von 2 Millionen und wurde in 30 Sprachen übersetzt. 1962 hatte der gleichnamige DEFA-Film von Frank Beyer Premiere. Er war am Originalschauplatz in Buchenwald gedreht worden. Das Kind von Buchenwald, Stefan Jerzy Zweig, kam nach dem Filmerfolg in die DDR, studierte an der Babelsberger Filmhochschule, und lebt heute in Wien.

Bekannteste »Geschenkbücher« in der DDR

Jeder Teilnehmer der Jugendweihe erhielt von 1955 bis 1982 das Buch »Weltall – Erde – Mensch« als Geschenk. Von 1983 bis 1989 gab es zum gleichen Anlaß das Buch »Vom Sinn unseres Lebens«.

Einzige Buchreihe, die vor, in und nach DDR-Zeiten erschien

Der Insel Verlag in Leipzig rief 1912 die »Insel Bücherei« ins Leben. Zu Zeiten der beiden deutschen Staaten wurde die Reihe mit jeweils eigenem Programm sowohl in Leipzig als auch in Frankfurt am Main herausgegeben, in der DDR zum konstanten Preis von 1,25 Mark pro Band bzw. 2,50 Mark pro Doppelband. Nach der Vereinigung schloß der Insel Verlag in Leipzig, die »Insel Bücherei« erscheint weiterhin in Frankfurt/Main.

Spitzenprodukte aus der DDR

Einzige Kaffeerösterei im Osten »... röstfein muß der Kaffee sein!«

Das traditionsreiche Unternehmen, die RÖSTfein Kaffee GmbH, und einzige Kaffeerösterei im Osten Deutschlands, wurde bereits 1908 als Kathreiner Kaffeewerk gegründet. Heute ist das fast hundertjährige Unternehmen auf Platz sechs im Ranking der deutschen Kaffeeindustrie. Mit einer Jahresproduktion von über 13 000 Tonnen konnten die Magdeburger Kaffeeröster 2002 das beste Mengenergebnis in ihrer Firmengeschichte verzeichnen. Nach den stürmischen und schwierigen »Nach-

wendezeiten« bescherte dem Haus RÖSTfein ab 1997 die Wiedereinführung traditioneller Marken wie Rondo Melange, Mona Gourmet und Mocca Fix Gold einen durchschlagenden Erfolg. Mit einem Verpackungsrelauch und Produktneueinführungen (Cappuccino Rondo, 0'Verde Biokaffee und Kosta Espresso) konnten die Magdeburger 2002 den Aufwärtstrend fortsetzen und sich weiter erfolgreich am Markt etablieren. Auch künftig sieht das Unternehmen seine Kernkompetenz in der Produktion von Spezialitätenkaffees mit dem besonderen Anspruch an hohe Produktqualitäten.

Markenname für beste Qualität

Täve Schur und Bernhard Eckstein fuhren auf Diamant-Rennrädern zu drei Weltmeistertiteln in den Jahren 1958, 1959 und 1960. Das Diamantwerk in Karl-Marx-Stadt produzierte jährlich bis zu 240 000 Räder. Die Traditionsmarke Diamant überlebte die Wende und avancierte zum Marktführer in Ostdeutschland. Produziert werden die Räder von 140 Mitarbeitern der Schweizer Firma Villiger Diamant Bike GmbH in Hartmannsdorf bei Chemnitz, und zwar für den gesamten EU-Markt.

Die Nummer 1 beim Abwasch

1957 kam das Geschirrspülmittel »fit« vom VEB Fettchemie Karl-Marx-Stadt in den Handel. Mit seiner universellen Anwendbarkeit wurde es zum unverzichtbaren Reinigungsmittel für jeden Haushalt und darüber hinaus. Dank seines Bekanntheitsgrades überlebte es die Wendezeit und wird nun im Oberlausitzer Hirschfelde produziert. »fit« war und ist die Nummer 1 bei den Handspülmitteln in Ostdeutschland und eroberte sich Rang 3 in ganz Deutschland.

Langlebige Spezialität

Der gesetzlich geschützte Name »Carnito« steht für ein Gericht aus Tomate und feinstem Rindfleisch mit Gemüse, Kräutern und Gewürzen, das von Alwin Keunecke 1958 zum Patent angemeldet worden war. Produziert wurde »Carnito« im VEB Ballenstedter Feinkost. Das Suppen- und Soßengericht war beliebt bei Großverbrauchern, Touristen, Campern, auch auf Schiffen, in Gaststätten und bei der Mitropa. Nach der Privatisierung hieß es »Tomatino«, doch wegen sinkender Absatzzahlen steht es seit 1993 wieder als »Carnito« in den Regalen.

»Ein Strumpf der Anmut«

Der Markenname Esda ist eine Abkürzung von Erzgebirgische Strümpfe für Damen. Ab 1955 wurden sie aus Perlon, ab 1959 aus Dederon hergestellt (der andere Name wurde notwendig, weil sich die BRD zuvor bereits Perlon als Warenzeichen gesichert hatte). Die feine, synthetische Faser war dehnbar und transparent. Für das Produkt aus Gelenau, Thalheim, Gornau und Diedorf wurde geworben mit dem Slogan: »Ein Strumpf der Anmut«. Damenstrümpfe aus Perlon oder Dederon waren ein gefragter Exportartikel.

Beste Schuhcreme aus Dresden

Egbert Günther, 1890 Gründer eines Kleinbetriebes in Dresden, gab dem bekanntesten Produkt seiner Firma die Markenbezeichnung, die sich aus den beiden ersten Silben seines Namens zusammensetzt – Eg-Gü. Es war das erste deutsche Unternehmen, das Schuhcreme ab 1919 in Tuben auf den Markt brachte. Eg-Gü-Schuhcreme war in der DDR aus keinem Haushalt wegzudenken und ist auch heute noch ein Begriff für Qualität. Erfunden wurde die Schuhcreme übrigens 1835 von Carl Ludwig Beutel im Prignitzer Perleberg. Auf der Weltausstellung 1879 in Sydney erhielt Beutel für seine »Perleberger Glanzwichse« eine Bronzemedaille.

Beliebteste Kinderschokolade

»Bambina« wurde bis 1990 im VEB Rotstern in Saalfeld hergestellt. 100 Gramm kosteten 2 Mark. Aufgrund ihrer großen Beliebtheit ist »Bambina« heute, nach achtjähriger Pause, wieder im Handel erhältlich.

Bedeutendster Kosmetikhersteller

Florena blickt auf eine über 150jährige Geschichte als Hersteller von Kosmetika zurück. Das Unternehmen war 1852 in Waldheim (Sachsen) als größte Kosmetik-Produktionsanlage in Europa gegründet worden. Der Name Florena wurde 1920 patentiert. 1950 kam die erste Florena Hautcreme auf den Markt, es folgte eine ganze Kollektion von Kosmetik-Artikeln. Florena war der wichtigste Kosmetikhersteller des gesamten Ostblocks. 1989 ermöglichte eine neue Produktionsanlage erstmals in Europa, absolut konservierungsmittelfreie Creme herzustellen. Auch nach der Wende stieg der Umsatz, im Jahr 2000 sogar um 30 % auf 51 Millionen Euro. Seit 1. April 2002 gehört die Florena Cosmetic GmbH Waldheim vollständig zur Beiersdorf AG Hamburg, wird aber als rechtlich selbständige Tochter weitergeführt

Größte Kinderwagenfabrik

Aus der 1846 vom Stellmacher Ernst Albert Naether gegründeten Kinderwagenfabrik in Zeitz entwickelte sich in der DDR der größte Betrieb dieser Art in Europa. Er war unter dem Namen »Zekiwa« (Zeitzer Kinderwagenindustrie) bekannt und beschäftigte 2 200 Mitarbeiter. Jährlich verließen 450 000 Kinderwagen und 160 000 Puppenwagen das Werk. Der erste Kinderwagen mit Plastwanne wurde 1968 in Serie produziert und erhielt für seine hervorragende Qualität auf der Leipziger Messe eine Goldmedaille. 1976 ging der erste leichte Buggy in Serie. Nach 1990 wurde der Betrieb mehrfach privatisiert und zergliedert. Übrig blieb die Zekiwa GmbH, deren Betriebsteile in verschiedene Länder ausgelagert worden sind.

Erstes Knäckebrot in Deutschland

1948 wurde in Burg bei Magdeburg der VEB Erste Deutsche Knäckebrotwerke gebildet, der spätere VEB Burger Knäckebrot-Werke. Gegründet worden war die Fabrik 1927 von Dr. Wilhelm Kraft nach schwedischem Vorbild. Der Standort Burg bot sich an, weil auf gutem Bördeboden bester Roggen geerntet werden konnte. Oft war der Bedarf an Knäckebrot größer als das Angebot. Anfang der 80er Jahre konnte die Versorgung nicht mehr gewährleistet werden, so daß sich sogar die Parteiführung mit diesem Problem beschäftigte. Burger Knäckebrot hat auch nach der Wende nichts von seiner Qualität eingebüßt.

Spitzenprodukte aus der DDR

Flächendeckendes Geschirr

Das Stapelgeschirr der Designerin Margarete Jahny, Modell »Europa«, danach Modell »Rationell«, war in nahezu jedem Café und jedem Restaurant anzutreffen. Das weiße Geschirr mit blauem Rand zeichnete sich durch Stapelbarkeit und Robustheit aus und war deshalb flächendeckend in der Gastronomie der DDR zu finden. Hergestellt wurde es im VEB Glaswerke Schwepnitz (Sachsen).

Erstes schaumgebremstes Waschpulver

Das milde Waschmittel »milwa« war schon in den 50er Jahren im Waschmittelwerk Schladitz in Prettin, nordöstlich von Leipzig, entwickelt worden, die Produktion lief aber erst 1973 an. Es basierte auf einer sehr guten Hautverträglichkeit und war als eines der ersten schaumgebremsten Pulver der DDR ideal für Waschmaschinen. Bis zur Wende wurden im Werk jährlich 15 000 t Waschmittel produziert. »milwa« findet immer noch sehr guten Absatz.

Begehrteste Möbel

Die Anbaumöbel der Serie »Carat« aus dem zum Möbelkombinat Berlin gehörenden VEB Wohnraummöbel Bad Freienwalde zählten zu den begehrtesten in der DDR. Sie waren seit Anfang der 70er Jahre im Angebot und wegen der vielfältigen Kombinationsmöglichkeiten besonders beliebt. Am meisten gefragt war das Rüsterdekor mit weißen Innenflächen. Im Möbelwerk Stralsund wurden bis 1975 die Sybille-Montagemöbel, bekannt als Leitermöbel, produziert, die in vielfältiger Ausführung in zusammensteckbare weiße Leitern aus Metall eingehängt wurden.

»Mux« gegen Insekten

Das Insektenvernichtungsmittel »Mux« aus der Filmfabrik Wolfen wurde in Sprühflaschen verkauft, die es heute nicht mehr gibt. Die Tätigkeit damit nannte sich muxen. »Mux« wurde ab 1988 nicht mehr produziert.

Am meisten verbreitet

Als wohl verbreitetster DDR-Artikel leuchten in vielen ostdeutschen Haushalten noch immer Narva-Glühlampen. Das eingetragene Warenzeichen stammt aus der Abkürzung von Begriffen der Lampentechnologie: N (Nitrogenium), AR (Argon), VA (Vakuum). Sieben Glühlampenwerke firmierten ab 1965 unter dem Warenzeichenverband Narva; das Hauptwerk befand sich am Berliner S-Bahnhof Warschauer Straße. Jede Art von Glühlampen, die in der DDR und für den Export benötigt wurden, kam aus diesem Kombinat, das zu den vielseitigsten in Europa zählte. Narva-Allgebrauchslampen werden auch heute noch im thüringischen Oberweißbach hergestellt.

Pepsi-Cola, kein DDR-Erfolg

Pepsi-Cola Wien und die BRD-Zweigstelle Neu-Isenburg lieferten zwischen 1977 und 1980 tonnenweise den Cola-Grundstoff in die DDR, wo Pepsi-Cola im VEB Getränkekombinat Rostock auf Originalflaschen abgezogen wurde. Da der Preis von 1 Mark doppelt so hoch war wie der für Club-Cola, wurde die Produktion von Pepsi-Cola nach drei Jahren wieder eingestellt.

Einzige Pausenzigarette

Im August 1956 kam die Kurzzigarette »Muck« vom VEB Jasmatzi in den Handel. Format: 48 x 8,5 mm, oval, ohne Mundstück, das Stück für 6 Pf. In der Werbung hieß es: »... für Raucher, bei denen infolge der Eigenart des Berufes, z. B. Lehrer, Ärzte, Gaststättenpersonal das Bedürfnis zu rauchen bereits nach einigen Zügen an der Zigarette gestillt ist.«

Pfiffiges Pfefferminzprodukt

Seit 1955 waren die Komprimate aus Pfefferminz- und Fruchtgeschmackplättchen, hergestellt im VEB Fahlberg-List in Magdeburg, im Handel. »Pfeffi« wurde zum DDR-weiten Begriff für Erfrischungsplättchen, die bis 1964 nur 8, danach bis 1990 10 Pfennig pro Packung kosteten. Mitte der 60er Jahre übernahm der KONSUM-Bonbonspezialbetrieb »konsü« Markkleeberg die Produktion. 1992 wurde der Betrieb geschlossen. Der ehemalige langjährige Betriebsleiter Wilfried Opitz fand nach langer Suche einen Süßwarenproduzenten in Bayern, der »Pfeffi« mit vollkommener DDR-Note im Jahr 2000 wieder auf den Markt brachte. Die »kleinen Scharfen« erfreuen sich guten Absatzes.

Verbreitetstes Porzellanmuster

In kaum einem DDR-Haushalt fehlte das damals preislich erschwingliche Geschirr aus Kahla (Thüringen) mit dem bekannten Zwiebelmuster, das sich heute noch großer Beliebtheit erfreut. Die Erzeugnisse aus dem VEB Porzellanwerk Kahla, der heutigen Kahla/Thüringen Porzellan GmbH, überzeugten auch mit ihrem Design. Insgesamt 19 Designpreise erhielt das Werk, den letzten im Frühjahr 2002 für die Porzellanserie »Five Senses«. Für diesen Preis gab es in elf Kategorien Bewerbungen für etwa 1500 Produkte aus aller Welt.

Meistgekaufter Fotoapparat

Karl Pouva († 1989) gründete in Freital bei Dresden eine Kamerafabrik und brachte nach Diaprojektoren 1950 die »Pouva start«, eine einfache Boxkamera aus Bakelit, auf den Markt, von der 2,5 Millionen Stück produziert wurden. Nachfolgerin war die Kleinbildkamera »Pouva SL 100« mit Schnell-Ladesystem, die 24 Mark kostete.

»Präsent 20« – ein neuartige Strickmode

Im Herbst 1969, zum 20. Jahrestag der DDR, kamen Kostüme und Anzüge aus neuartigen, gestrickten Polyestertextilien unter der Warenbezeichnung »Präsent 20« ins Angebot. Die Polyesterseide (Grisuten) wurde im Cottbuser Textilkombinat im Großrundstrick-Verfahren hergestellt. Der Clou war ein waschmaschinenfester Anzug.

Größter Puppenhersteller

Sonni war Produkt- und Herstellername des Kombinats für Puppen und Plüschspielwaren in Sonneberg (Thüringen) und größter Betrieb dieser Art in den Ostblockländern. Rund 1 600 Beschäftigte fertigten im Sonneberger Stammwerk Plüschtiere, Puppen und das Sandmännchen. Von dieser beliebtesten aller Figuren wurden von 1970 bis 1990 rund zwei Millionen Exemplare hergestellt. Das nach der Wende zergliederte und privatisierte Werk knüpfte an die Tradition an, lagerte aber die Produktion aus Kostengründen Mitte 2002 nach Osteuropa aus.

Bekannteste Speisewürze

»Koche mit Liebe, würze mit Bino!« war einer der bekanntesten Werbesprüche in der DDR. Das Würzmittel Bino wurde im Rahmen des Konsumgüterprogramms im Elektrochemischen Kombinat Bitterfeld erzeugt. Der Name setzte sich aus den Anfangssilben des Produktionsstandortes Bitterfeld Nord (Sachsen-Anhalt) zusammen.

Das meistgekaufte Radio

RFT wurde 1957 als Warenzeichenverband für Radio- und Fernmeldetechnik gegründet. Unter dieser Marke waren zunächst 56 Betriebe vereinigt. Die großen Radiowerke in Dresden, Leipzig, Berlin, Rochlitz und Staßfurt produzierten etwa 1000 verschiedene Radiotypen vom Einkreiser bis zum digitalen HiFi-Receiver. Beim Hersteller Stern-Radio Berlin reichte die Palette vom »Kolibri« für 75 M bis zum 1 530 M teuren Stereo-Super. Bekanntestes Produkt von Stern-Radio Berlin war das Kofferradio »Stern« in verschiedenen Ausführungen (»Stern Camping«, »Stern Hobby«, »Stern Picknick«). »Mikki« hieß der 1964 entwickelte kleinste Transistor-Taschenempfänger für 155 M, der besonders für Camping und Sport angeboten und genutzt wurde.

Spitzenqualität aus Glashütte

DDR-Uhren aus Glashütte in Sachsen zieren noch heute so manches Handgelenk. Sie standen als Garant für ausgezeichnete Qualität und waren nicht gerade billig. In dem Glashütter Betrieb wurden auch Spezialuhren wie Chronometer, Flugzeug-Borduhren und Taucher-Uhren produziert. 1995 wurde das Unternehmen privatisiert und spezialisierte sich auf den Luxusmarkt mit Exportanteilen von über 50 % für »Glashütter Original«.

»mikki«
ein Liliput
von Superformat

Spitzenprodukte aus der DDR

Einzige Kinderzahncreme

Seit Ende der 50er Jahre gab es die Kinderzahncreme »Putzi« aus dem VEB Blendax Gera, später aus dem VEB Elbe-Chemie Dresden (heute Dental-Kosmetik GmbH). Beliebt war die »Putzi«-Geschenkpackung mit Zahncreme, Mundwasser, Bürste und Becher für 3,60 M.

DDR-weites Programm

Ab dem 31. Dezember 1953 gab es nach einem Erlaß des Ministeriums für Handel und Versorgung das Programm der Tausend kleinen Dinge. Hersteller erhielten Vergünstigungen und Kredite, um die Bevölkerung besser mit Massenbedarfsgütern zu versorgen. In vielen Betrieben gab es danach zusätzliche Produktionen, die oftmals nichts mit traditionell hergestellten Erzeugnissen zu tun hatten. So wurden im Transformatorenwerk »Karl Liebknecht« (TRO) in Berlin der elektrische Rasenmäher »Trolli« und bei Bergmann-Borsig der Trockenrasierer »bebo sher« zusätzlich produziert.

Kleinster Wecker

Der Miniatur-Reisewecker »Sumatic« zeichnete sich nicht nur durch seine geringe Größe, sondern auch durch den leisen Gang, die hohe Genauigkeit und einen 5-min-Summton (batteriebetrieben) aus. Für die ausgezeichnete Qualität erhielt der Wecker aus dem VEB Uhrenkombinat Ruhla 1968 bei der Leipziger Messe eine Goldmedaille. Mit Lederetui kostete der »Sumatic« 49,50 M.

Erste Würstchen in Büchsen

Anläßlich der Einweihung des Kyffhäuser-Denkmals im Jahr 1896 präsentierte Fleischermeister Friedrich Heine aus Halberstadt eine Weltneuheit: Würstchen in Büchsen. Das Geschäft florierte – 1913 war Heines Fleischverarbeitungsfabrik die größte in Europa. 1954 wurde aus ihr der VEB Halberstädter Fleisch- und Wurstwaren. Die Halberstädter Würstchen entwickelten sich zu einem begehrten Exportartikel und erhielten 1966 auf der Leipziger Messe erstmals eine Goldmedaille. Auch nach der Wende behaupten sie einen Spitzenplatz auf dem Markt (mit 34 % Marktanteil im Osten Platz 1, bundesweit Platz 3). 2002 erhielten die Halberstädter Würstchen die Ehrenurkunde der Centralen Marketinggesellschaft der Deutschen Agrarwirtschaft in Gold.

Zündhölzer, 50 Jahre preisstabil

Die Riesaer Zündhölzer sind das einzige Produkt in Deutschland, das seinen Preis über einen Zeitraum von 50 Jahren nicht veränderte. Die Schachtel kostete schon vor der Gründung der DDR 10 Pfennig, und sie behielt diesen Preis bis zur Umstellung auf den Euro.

Erste Zigarettenfabrik

1862 entstand in Dresden die erste deutsche Zigarettenfabrik als Filiale eines russischen Betriebes. In den folgenden Jahrzehnten etablierten sich viele kleine und große Hersteller vor allem in Dresden, da sich die Stadt zum Zentrum der Zigarettenproduktion in Deutschland entwickelte. In der DDR schlossen sich 1959 die Fabriken »Jasmatzi«, »Macedonia«, »Greiling« und »Cosmos« zum VEB Dresdner Zigarettenfabriken zusammen. Sie produzierten 75 % der gesamten Kapazität in der DDR. Drei Betriebe in Dresden und Berlin stellten 1967 insgesamt 22 Zigarettensorten her.

Langlebigste Zigaretten

»Juwel« (2,50 M) und »Club« (4,00 M) heißen die langlebigsten Zigaretten der DDR. Sie wurden schon in den 50er Jahren geraucht und sind noch immer im Angebot. Auch die später entwickelten »Cabinet« (3,20 M) und »f 6« (3,20 M) sowie »Karo« (1,60 M) behaupten sich heute noch auf dem Markt.

Längster Produktname

Der Magenbitter »Stichpimpulibockforcelorum« aus der Likörfabrik Emil Petzold, später VEB Mineralquellen Blankenburg/Harz, war der mit Abstand längste Name eines Verkaufsproduktes. Nach dem Ende der DDR wurde die Produktion in Blankenburg eingestellt. Der Magenbitter kommt jetzt aus Königslutter. Sein Name wird wie folgt erklärt: »Stichos heißt 'ne große Menge, vom Kräuterextrakt ein Gedränge; / Pimpernuß der Pimpernelle freundlich sich dazu geselle; / Pulque, der Agavensaft, gibt der Mischung volle Kraft; / Liebstöckel und Ligusterstrauch geben ihr Aroma auch; / Bocksdorn sowie Bockshornklee sind gesund wie Aloe; / Forle – Kiefern –, Saft der Föhren unbedingt hineingehören; / Ceralie – Kornfrucht benannt, ist als Doppelkorn bekannt; / Lotos aßen mit Behagen schon bei Homer die Lotophagen; / Rum, des Zuckerrohres Saft, dem Likör die Rundung schafft.«

Kathi – keiner backt besser

»Koche und backe mit Kathi« war der Werbeslogan des 1951 gegründeten Hallenser Familienunternehmens von Käthe und Kurt Thiele (Der Name »Kathi« ergab sich aus den Anfangsbuchstaben von Kaethe und Thiele). Später beschränkte sich das Unternehmen auf die Herstellung von Backmischungen wie das heute wieder beliebte Kathi-Tortenmehl.

Bekannteste Werbefigur

Das Messemännchen mit dem Weltkugelkopf und dem Hut aus einem Doppel-M, dem Symbol der Muster-Messe, sowie seinem blauen Anzug war die bekannteste Werbefigur in der DDR. Sie erblickte 1964 das Licht der Welt und fand sich auf Plakaten, in Werbefilmen und als Souvenirpuppe wieder. Geschaffen wurde das Maskottchen vom Grafiker Gerhard Behrendt. Bekannte Werbefiguren waren auch der Minol-Pirol oder Korbine Früchtchen, die sogar drei Jahre älter war als das Messemännchen und dazu animieren sollte, Früchte und Beeren zu sammeln, um sie in den Aufkaufstellen abzugeben.

Ostdeutsches Spezialprodukt

Jeder DDR-Bürger kannte Sprelacart, das pflegeleichte, abwaschbare und strapazierfähige Holzimitat. Es begegnete einem als Möbel, an Wänden oder in Eisenbahnwagen. Der Name setzt sich aus drei Begriffen zusammen: Spremberg – Laminat – Carton. Dieser Schichtstoff aus Kunstharz und Pappe verschwand mit der Wende vom Markt. Aber das Werk in Spremberg erholte sich als Sprela AG, produziert Wand- und Bodenbeläge in frischen Farben und hat die Dekorgestaltung der gesamten Küchen-Kollektion von Ikea übernommen. Sprela-Produkte werden in 38 Länder exportiert. Der Betrieb in Spremberg existiert seit 1872 und belieferte u. a. die gesamte deutsche Schallplattenindustrie mit Schellack-Rohlingen.

Pirol als Werbefigur

Der Begriff Minol leitete sich aus der ursprünglichen Firmen-Bezeichnung Kraftstoffe und Mineralöle ab. Zu dem Handelsbetrieb gehörten die Tankstellen in der DDR, Tanklager und Tankschiffe. Er versorgte den Fachhandel mit Kraft- und Schmierstoffen sowie Autopflegemitteln. Sein Kennzeichen war der Minol-Pirol. Die Minoltankstellen wurden vom französischen Konzern Elf Aquitaine gekauft; der Vorgang spielte jahrelang in der Politik eine Rolle.

»Melitta«-Filtertüten aus Dresden

Die Dresdner Hausfrau Melitta Benz ist die Erfinderin der Kaffee-Filtertüten. Aus Ärger über den Bodensatz des Kaffees durchlöcherte sie den Boden eines Messingtopfes mit Hammer und Nagel, legte ein Löschblatt drauf – fertig war der erste Kaffeefilter für satzfreien Kaffee. Eine verfeinerte Methode meldete sie 1912 mit ihrem Vornamen zum Patent an. In Dresden begann die Produktion der ersten Melitta-Filtertüten, die später nach Minden ausgelagert wurde.

Kürzester Produktname

»ké« bezeichnete ein Deodorant für 1,70 M. Der knackige Werbespruch dazu lautete: »Gerade beim Sport man transpiriert – das geniert. Nehmen Sie «ké» – dann ist das passé! Ein paar Striche – Sie haben Frische!«. Auch die Zigarettensorte »f 6« verdient eine Erwähnung in der Riege der Kurznamen.

»Odol« – das erste Mundwasser

1893 braute Karl August Lingner zusammen mit Prof. Richard Seifert in einer Dresdner Gartenlaube ein Mundwasser, das künftig weltweit für frischen Atem sorgte: Odol – Abkürzung aus Odontos (gr. Zahn) und Oleum (lat. Öl). Typisch für das Mundwasser war und ist die Flasche mit dem Seitenhals aus weißem Opalglas. Lingner wurde mit seiner Erfindung zum Millionär. Er war auch Initiator der 1. Internationalen Hygieneausstellung in Dresden und gründete die erste Säuglingsklinik der Welt.

Einkaufen

Erstes Selbstbedienungsgeschäft

Die Konsumgenossenschaft Halle eröffnete im Juni 1956 in der Saalestadt das erste Selbstbedienungsgeschäft in der DDR. Die Werbung betonte drei entscheidende Vorteile: schnellere Bedienung, dreifacher Umsatz, erleichterter Einkauf.

Ältestes deutsches Spielwarengeschäft

Das Spielwarengeschäft in der Torgauer Bäckerstraße 2 ist das älteste in Deutschland. Seit 1685 befindet es sich ununterbrochen im Besitz der Familie Loebner.

Einzige Schnupftabak-Apotheke

Die Adler-Apotheke am Markt der sächsischen Bergstadt Schneeberg ist die einzige, in der Niespulver hergestellt und verkauft werden darf. In der alten Apotheken-Vorschrift über Verordnungen und Verschreibungen wird der Adler-Apotheke ausdrücklich das Recht eingeräumt, aus Nieswurz (Heleborus niger) dreiprozentigen Schneeberger Schnupftabak herzustellen und rezeptfrei zu verkaufen.

Erstes HO-Warenhaus

Im Dezember 1950 eröffnete im wiederaufgebauten Alexanderhaus auf dem Berliner Alexanderplatz die HO in drei Stockwerken ihr erstes Warenhaus mit dem Komplett-Angebot vom Teppich bis zur Reißzwecke, vom Nachthemd bis zum Abendkleid, von der Rasierklinge bis zum Kleiderschrank.

Erste »Freie Läden«

Die staatliche Handelsorganisation (HO) wurde nach einem Beschluß der Deutschen Wirtschaftskommission am 3. November 1948 gegründet. Die ersten »Freien Läden« waren eine HO-Lebensmittelverkaufsstelle am Berliner Alexanderplatz und ein Textilgeschäft in der heutigen Karl-Marx-Allee, die Geschäfte in Leipzig und Halle und das »Theater-Café« am Postplatz in Dresden. Mit der Einführung der HO und der damit verbundenen Konsumgüter-Versorgung ohne Zuteilung, aber zu höheren Preisen, wurde der Schwarzhandel wesentlich eingeschränkt. Einige der damaligen Preise pro kg: Margarine 110 Mark, Butter 130 Mark, Weizenmehl 15 Mark, Zucker 33 Mark, Schweinefleisch 100 Mark, ein Brötchen 0,80 Mark, eine Bockwurst 6 Mark.

DDR-spezifische Einrichtung

1968 eröffnete in der Berliner Karl-Marx-Allee das erste Jugendmodezentrum der DDR. Es folgten ähnliche Einrichtungen in den Centrum- oder konsument-Warenhäusern in Leipzig, Karl-Marx-Stadt, Halle und Rostock. Ein Jahr später konnten sich die Jugendlichen bereits in 40 Jugendmodezentren einkleiden, in denen spezielle Kollektionen von Unterwäsche bis Oberbekleidung angeboten wurden.

Vornehmste Flaniermeile

Die Mädler Passage gilt mit ihren exklusiven Geschäften seit Jahrhunderten als vornehmste Flaniermeile in Leipzig. Hier hat auch der durch den legendären Faßritt des Dr. Faustus weithin bekannte Auerbachs Keller sein Domizil. Die restaurierten Passagen wie Specks Hof, Barthels Hof oder Steibs Hof stehen der Mädler Passage kaum nach und begeistern mit eindrucksvoller Architektur. Keine andere deutsche Stadt verfügt über ein so einzigartiges, geschlossenes System innerstädtischer Passagen und Durchgangshöfe.

Minuteneinkauf, bequem und zeitsparend

Ab 1967 warben KONSUM und HO in den Medien mit dem Minuteneinkauf. Dazu war der ausgefüllte Bestellzettel morgens am Stand der Abteilung »Minuteneinkauf« abzugeben, und zur vereinbarten Zeit konnte die Ware dann fix und fertig verpackt abgeholt werden. In manchen Verkaufsstellen Berlins wurde kinderreichen Familien die bestellte Ware auf Antrag sogar bis in die Wohnung gebracht. In anderen Städten wie in Erfurt fuhren spezielle HO-Fahrzeuge täglich (außer montags) Frischmilch, Butter, Eier, Brötchen, Dauerbackwaren, Kaffee, Tee, Kakao und Süßwaren in feststehenden Touren und Zeiten direkt bis vor die Tür.

Größtes Kaufhaus

Das CENTRUM-Warenhaus am Berliner Alexanderplatz – heute Kaufhof – war das größte der DDR. Es wurde 1969 zum 20. Jahrestag der DDR mit einer Verkaufsfläche von 15 000 m² und rund 1 600 Mitarbeitern eröffnet. Das Angebot umfaßte zwischen 50 000 und 60 000 Artikel, von der Stecknadel bis zur Kühltruhe. Das Gebäude hat die Ausmaße von 80 m x 75 m und ist 34 m hoch. Ab 2003 soll es abgerissen werden und an seiner Stelle ein annähernd doppelt so großes Kaufhaus entstehen.

Exquisit für hochwertige Produkte

1962 eröffneten in den Großstädten Exquisit-Geschäfte, in denen neben hochwertigen DDR-Produkten auch importierte Textilien und Lederwaren verkauft wurden. 1976 folgte die Einrichtung der Delikat-Läden für Nahrungs- und Genußmittel aus Importen oder der Gestattungsproduktion. Am bekanntesten war die Ladenkette in der Berliner Karl-Liebknecht-Straße am Alexanderplatz, die im Volksmund »Neu-Deli« genannt wurde. 1989 gab es 350 Exquisit- und rund 550 Delikat-Geschäfte in der DDR.

Der schönste Milchladen der Welt

Ein Kleinod der besonderen Art in der Kunststadt Dresden ist »Pfunds Molkerei«, der schönste Milchladen der Welt, angesiedelt im Herzen der Dresdner Neustadt. Alle Wandflächen, die Decke und selbst der Fußboden sind mit farbenprächtigen Fliesen und hunderten handgemalten Bildmotiven belegt. Das Gebäude mit dem Milchladen war 1891 als repräsentativer Hauptbau an der Bautzener Straße 79 entstanden. Die »Dresdner Molkerei der Gebrüder Pfunds« gab es noch bis in die 70er Jahre. 1972 wurde der Betrieb verstaatlicht, später begann der Abriß der Produktionsräume. 16 unter Denkmalschutz stehende Gebäude blieben erhalten und erstrahlen nach gründlicher Rekonstruktion Anfang der 90er Jahre in neuem Glanz. Das Herzstück aber ist der historische Milch- und Käseladen, der sich seit September 1995 in alter Schönheit präsentiert.

Die älteste Konsumgenossenschaft Deutschlands

Die älteste deutsche Konsumgenossenschaft hat ihren Sitz im sächsischen Eilenburg (KONSUM Sachsen Nord). Sie wurde dort als »Lebensmittel-Association« 1850 gegründet. 293 Mitglieder zahlten monatlich 10 Silbergroschen zur Bildung eines Stammkapitals ein.

Die größten Kaufhallen der DDR

Wo 1886 die Berliner Zentralmarkthalle entstand, eröffnete der KONSUM am 5. Januar 1969 den ersten Abschnitt des Neubaus der Berliner Markthalle am Alexanderplatz mit 3200 m^2 Verkaufsfläche zu der neben einem 500 m^2 großen Selbstbedienungsbereich auch 60 Verkaufsstände von zumeist Einzelhändlern gehörten. Der zweite Abschnitt folgte im Juli 1973. Die Gesamt-Verkaufsfläche betrug nun 6500 m^2. Die Altberliner Markthalle (Ackerhalle) an der Ackerstraße war 1970 saniert und zur zweitgrößten Kaufhalle der DDR umgebaut worden.

Versandhandel von HO und KONSUM

In der DDR begann der Versandhandel 1956 mit der Gründung des HO-Versandhauses in Leipzig. Die Konsumgenossenschaften richteten zum 1.1.1961 ihren Versandhandel unter dem Namen »KONSUM-Versandhandel Karl-Marx-Stadt« (später »konsument-Versandhaus«) ein. Aus den Versandhaus-Katalogen konnte die gesamte Sortimentsbreite eines Warenhauses bestellt werden. 1963 begann der Bau eines Großversandhauses in Leipzig, der aber nie zu Ende geführt wurde. Die Nachfrage stieg ständig, doch die Versandhäuser und Zulieferbetriebe waren mit den Produktions-, Lager- und Lieferkapazitäten an ihre Grenzen gelangt. 1976 wurden die Versandhäuser geschlossen.

KONSUM – traditionsreiche Handelskette

Am 18. Dezember 1945 erließ die Sowjetische Militäradministration den Befehl zur Neubildung von Konsumgenossenschaften. Von den Nazis waren sie zerschlagen und der Zentralverband aufgelöst worden. Der 1949 gegründete Verband Deutscher Konsumgenossenschaften (VDK) bildete 1965 die Vereinigung »konsument«, in der zunächst 12 Kaufhäuser und der Versandhandel zusammengeschlossen waren. Neben den Centrum-Warenhäusern der HO gab es damit eine weitere Warenhauskette in der DDR. Die ersten konsument-Warenhäuser gab es in Gera, Potsdam, Dessau, Zwickau, Plauen, Berlin, Halle und Leipzig. Auf dem Lande gehörte der Dorfkonsum zur Hauptform des Handels. Zum Verband Deutscher Konsumgenossenschaften, welcher ab 1972 unter Verband der Konsumgenossenschaften der DDR (VdK) firmierte, gehörten unmittelbar vor der Wende 198 Konsumgenossenschaften mit rund 4,6 Millionen Einzelmitgliedern, ca. 30000 Verkaufseinrichtungen, fast 6000 Gaststätten und Hotels sowie 155 Betriebe, in denen Waren des täglichen Bedarfs und Konsumgüter hergestellt wurden. Dazu zählten die Bürstenfabrik »Bürstenmann« Stützengrün, welche 99 % aller Zahnbürsten der DDR produzierte, und das »Röstfein«-Kaffeewerk in Magdeburg (beide existieren heute noch) sowie z. B. die Seifenfabrik Riesa, das Nährmittelwerk Erfurt, die Gewürzmühle Schönbrunn oder die Schokoladenfabrik »konsü« Tangermünde.

Gaststätten

Bekanntestes Haus an der Küste

1968 wurde an der Mole in Warnemünde das Restaurant mit der markanten Hyperschale als Dachkonstruktion gebaut, das schnell den Namen »Teepott« verpaßt bekam. In der DDR war es schwer, dort einen Platz zu bekommen. Doch 1991 wurde der »Teepott« verkauft und geschlossen. Ein Jahr später wollte ein Gastronom aus Sizilien an dieser Stelle ein Bistro eröffnen, 1995 interessierten sich die Brauerei »Becks«, später Hoteliers aus den USA, der Schweiz und Berlin für den Bau, dann sollte neben der Gastronomie ein Aquarium entstehen. Nach über zehn Jahren Leerstand öffnete der »Tepott« Ende Juni 2002 endlich wieder mit Restaurant, Café, Cocktailbar, Büros und Shops und mit einem Übersee-Museum sowie der Wetterstation von Antenne M-V.

Einzige Gaststätte mit Durchfluß

Die Ausflugs-Gaststätte »Boltenmühle« in Gühlen Glienicke bei Neuruppin ist einzig in ihrer Art. Sie wird von einem plätschernden Bach durchflossen, der von beiden Goasträumen aus gut sichtbar ist.

Gaststätten ohne Landzugang

Die Gaststätte »Zum Moorbauern«, am Verbindungskanal zwischen Kummerower und Malchiner See bei Malchin gelegen, ist auf dem Landwege nicht erreichbar. Wem kein Boot für die Überfahrt zur Verfügung steht, der schlägt am Anlegesteg auf einen Gong und wird abgeholt. Gleiches hat der Untersee nahe Kyritz zu bieten. Die Gaststätte auf der Untersee-Insel ist ebenfalls nur auf dem Wasserweg zu erreichen.

Einzige Gaststätte mit Strandkörben

Trotz eisiger Außentemperaturen konnten sich die Besucher der Gaststätte »Störtebeker« in Juliusruh auf Rügen gemütlich in Strandkörben rekeln, die über Winter im Gastraum standen. Das Restaurant wurde kurz nach der Wende geschlossen.

Eine der ersten Adressen

Das Restaurant »Moskau« in der Berliner Karl-Marx-Allee zwischen Alexanderplatz und Strausberger Platz galt als eine der ersten Adressen für gehobene Gastronomie. Zu dem 1959/60 errichteten Flachbau gehörten mehrere Restaurants, Bar und Rosengarten. Für das unter Denkmalschutz stehende und seit 1994 geschlossene Objekt fand sich jahrelang kein Investor. Im Sommer 2002 wurde das Haus saniert, zu einem Messe- und Kongreßzentrum ausgebaut und im September eröffnet.

Berühmtestes Restaurant in Deutschland

Spätestens seit Goethes Zecherszene im »Faust« ist Auerbachs Keller in Leipzig eine der berühmtesten Gaststätten Deutschlands. Das Lokal, in dem der Besucher Szenen aus dem »Faust« nacherleben kann, befindet sich in der Mädler-Passage und feierte im Jahr 2000 sein 475jähriges Bestehen. Benannt ist der Keller nach dem Medizin-Professor Auerbach (der richtige Name war Heinrich Stromer), der 1525 eine Weinschänke eröffnet hatte, in der bereits Luther (1539) und später auch der Student Goethe zu Gast waren.

Älteste Gaststätte

Die Gaststätte »Zur guten Quelle« in Mansfeld nahe Eisleben war mit dem Gründungsjahr 1430 die älteste in der DDR. Das Hotel »Anker« in Saalfeld ist seit 1484 urkundlich nachweisbar Gast- und Schankwirtschaft.

Café mit Geschichte

1953 wurde in der neu erbauten Berliner Stalinallee 72 (ab November 1961 Karl-Marx-Allee) eine Milchtrinkhalle und Eisbar eingerichtet, die sich in den 60er Jahren zum bekannten Café »Sibylle« mauserte. 1997 mußte das Café schließen, stellte sich aber nach der Sanierung ab Juli 2002 in neuem Outfit vor. Hier erfährt und erlebt man alles zur Geschichte der Karl-Marx-Allee bis hin zu Stalins Ohr, das allerdings von der Wand gestohlen wurde. Es ist ein Rudiment des 4,60 m hohen Stalin-Denkmals, das in der Stalinallee/Ecke Andreasstraße stand, und in der Nacht vom 13. zum 14. November 1961 entfernt und zerkleinert worden war.

Derber Gasthausname

Im Ort Haus Nienburg, zwischen Schwanebeck und Eilenstedt bei Halberstadt gelegen, gab es bis 1990 einen Gasthof mit dem außergewöhnlichen Namen »Gasthaus zum blanken Arsch«. Der Name ging auf ein Ereignis zurück, das sich einst dort zugetragen haben soll. Als nämlich die Wirtin ihre Steuern nicht zahlen konnte und die Steuereinnehmer kamen, zeigte sie ihnen ihr blankes Hinterteil. Ein Schild über dem Eingang erinnerte an diesen Vorfall im Gasthaus, in dem übrigens auch Goethe einkehrte. Die historische Stätte überlebte die Wende nicht, selbst das Namensschild über der Tür wurde gestohlen.

Kuriosester Gasthausname

Die historische Gaststätte in der Ringstraße von Podemus bei Dresden trägt den Namen »Hotel de bücke Dich«. Der Name stammt aus dem Jahr 1813, als ein Stab von Napoleons Armee hier lagerte. Weil der große Wirt sich stets bücken mußte, da der Gastraum nur 2,00 m hoch ist, gaben die französischen Soldaten der Gaststätte diesen Namen.

Älteste Gaststätten in Berlin

Das Gasthaus »Zur letzten Instanz« in der Waisenstraße des Stadtbezirks Mitte ist die älteste Gaststätte in Berlin. Die erste Schanklizenz wurde 1621 ausgestellt. Das Gasthaus hieß zunächst »Bullenwinkel«, später »Zum Glockenspiel« und trägt seit Beginn des 20. Jahrhunderts den jetzigen Namen, der auf das naheliegende Gericht in der Littenstraße zurückzuführen ist. Prachtstück in dem zweietagigen Gasthaus ist der im Original erhaltene Majolikaofen mit Ofenbank im Schankraum.

Das Haus, in dem sich die Gaststätte »Zum Nußbaum« auf der Berliner Fischerinsel befand, wurde urkundlich erstmals 1507 erwähnt, die Schankwirtschaft existiert jedoch erst seit dem Jahr 1752. Die Fischerinsel im Zentrum der Hauptstadt war im Krieg samt der Gaststätte nahezu vollständig zerstört worden. So wurde der »Nußbaum« anläßlich der 750-Jahrfeier Berlins 1987 ins neu entstandene Nikolaiviertel verpflanzt und dort nach historischem Vorbild neu aufgebaut.

Gaststätten

Originelle Gaststätte

»Linie 6« ist der Name einer originellen Gaststätte an der Ecke Schaufuß-/Maystraße in Dresden. Der Haltepunkt der »6« ist 66 m entfernt, das Interieur der Gaststätte ganz auf die Straßenbahn abgestimmt. Da gibt es eine Notbremse, Münzwechsler, Verkehrs- und Haltestellenschilder, vor allem aber eine Sammlung von über 200 Schaffnermützen aus 26 Ländern. Der Besitzer, Karl-Heinz Bellmann, tritt in Schaffneruniform auch als vitaler Alleinunterhalter auf. Zu seinen Gästen zählen über 200 Prominente aus Kultur, Politik und Sport, die »Zwischen Tür und Angel« auftraten und sich an der Prominentenwand verewigten. Vor der Gaststätte, in die man durch den Einstieg eines Straßenbahnwagens gelangt, steht neben einem Berliner U-Bahnwagen der 20er Jahre auch ein Straßenbahn-Triebwagen des Baujahres 1898.

Erstes Interhotel

Das »International« in Magdeburg war 1963 als erstes Interhotel der DDR eröffnet worden. 1993 wurde es abgerissen und an seine Stelle das Hotel »Maritim« gebaut.

Erste Broiler-Gaststätte

Die ersten Gaststätten, die ausschließlich Broilergerichte im Angebot hatten, wurden 1968 in Berlin-Mitte am Strausberger Platz und in Oberlichtenau bei Karl-Marx-Stadt eingerichtet. Sie existierten bis zur Wende.

»Weinrestaurant mit Weltniveau«

Das »Ganymed« am Schiffbauer Damm in Berlin war »angesagtes« Gourmetlokal für Politiker und Prominente aus Ost und West, die sich hier an »Nasi Goreng« oder »Amsterdamer Kirschsteak«, zubereitet von Meisterkoch Dieter Bongé, delektierten. Bertolt Brecht, Hanns Eisler, Romy Schneider, Karel Gott, Heiner Müller, Richard von Weizsäcker waren unter den Gästen. Im Winter 1989 schloß das Restaurant am Ufer der Spree, 1997 wurde es neu eröffnet.

Erstes »Gastmahl des Meeres«

Als erste Gaststätte in der DDR erhielt am 26. Juli 1966 die »Scharfe Ecke« in Weimar den Titel »Gastmahl des Meeres«. Der Name war an strenge Kriterien wie Anzahl der Gerichte, Qualifikation der Mitarbeiter, Ausstattung der Gaststätte mit Kühl- und Gartechnik sowie Servierausstattung gebunden. Das größte »Gastmahl des Meeres« war in Berlin an der Ecke Karl-Liebknecht-/Spandauer Straße (Foto).

Ältestes Café-Restaurant

Das erste Café-Restaurant wurde 1694 in Leipzig eröffnet und ab 1719 unter dem Namen »Zum arabischen Coffe Baum« von dem Gründer Johann Lehmann weitergeführt. Beim »Coffe Baum« in der Straße Kleines Fleischergässchen handelt es sich um das älteste kontinuierlich betriebene Café-Restaurant Deutschlands, das die sprichwörtliche Liebe der »Kaffeesachsen« zu diesem Getränk dokumentiert. August der Starke trank hier seinen ersten Mokka, zu den Stammgästen zählten Lessing, Goethe, Schumann und Liszt. Im Obergeschoß ist ein Cafémuseum eingerichtet.

Begehrteste Restaurantplätze in der DDR

Das japanische Restaurant »Zum Waffenschmied« im Zentrum von Suhl war das berühmteste Gasthaus in der DDR. Die Besucher kamen aus der gesamten DDR und aus dem Ausland. Die Anmeldezeit für Besuche an Wochenenden betrug bis zu eineinhalb Jahren. Der Besitzer, Rolf Anschütz, der die Eßkultur in Japan selbst kennengelernt hatte, übertrug das Ritual auch in seine Gaststätte. Er hatte überdies das Glück, über seine Beziehungen zur DDR-Botschaft in Tokio Gewürze und Zutaten aus Japan zu beziehen. Mit der Wende und dem Boom asiatischer Restaurants ließ das Interesse am Restaurant »Zum Waffenschmied« rapide nach.

Kulinarisch

Größter Christstollen

Am 1. Advent 1988 wurde auf dem Brand-Erbisdorfer Weihnachtsmarkt der größte Stollen der DDR angeschnitten. Bäckermeister Manfred Selbmann hatte die Besucher mit diesem 10,40 m langen Weihnachtsgebäck überrascht.

Christstollen als Exportschlager

Die Original Dresdner Christstollen werden nach überlieferter Rezeptur aus dem 15. Jahrhundert gebacken und sind weltweit als Weihnachtsspezialität begehrt. Zehntausende Stollen aus Dresden werden alljährlich in über 60 Länder verschickt.

Beliebteste Currywurst

Konnopkes Currywurst ist weit über die Berliner Stadtgrenzen hinaus bekannt. Mit seiner bescheidenen Wurstbude in der Weißenseer Mahlerstraße erzielte Gerhard Konnopke in der DDR Riesenumsätze. Auch Bundeskanzler Schröder probierte schon Konnopkes Currywurst und lobte sie über alle Maßen. 2001 verkaufte Gerhard Konnopke an einen Wurstfabrikanten. Seine Schwester betreibt unter dem Familiennamen »Konnopke« unter dem S-Bahnbogen an der Kreuzung Schönhauser Allee/Dimitroffstraße ebenfalls einen Currywurststand.

Einmalig im Angebot: Bärenessen

In der HO Gaststätte »Zoo« in Leipzig stand am 4. Dezember 1953 ein Bärenessen mit neun verschiedenen Gerichten auf der Speisekarte. Unter anderem gab es Bärentatzen gebacken mit Remoulade, Kartoffelsalat und Kopfsalat für 4,60 Mark. Die Lendenschnitte mit Champignontunke und Röstkartoffeln war mit 4,70 Mark der teuerste Gaumenschmaus. Grund für das einmalige Angebot war die Notschlachtung eines Bären aus dem Zoo.

»Griletta«, DDR-Antwort auf den »Hamburger«

Die auf dem Grill gegarten Klopse aus Schweinefleisch wurden Mitte der 70er Jahre als Antwort auf den »Hamburger« kreiert. Griletten wurden angeboten mit Champignons für 3,80 Mark, mit Käse oder Paprika für je 3,50 Mark. 1979 eröffnete die HO in der Schönhauser Allee 109 in Berlin das erste Griletta-Lokal, das noch heute als wohl einziges erhaltenes existiert.

Einzigartige öffentliche Sauerkrautverkostung

Seit 1972 finden sich jährlich am 2. Freitag im Januar die »Sauerkrautfreunde von Oybin« zur öffentlichen Sauerkrautverkostung im Gasthof »Felsenkeller« (früher im »Hotel am Bahnhof«) ein. Das im Oktober/November eingelegte Kraut wird in Schüsseln als Kostprobe mitgebracht. Eine Jury entscheidet darüber, welches Kraut am schmackhaftesten ist. Im Januar 2002 wurde aus mehr als 50 Schüsseln gekostet. Sauerkrautkönig wurde das als Gemeinde angetretene Dorf Ober-Ruppersdorf. Die meisten ersten Plätze, nämlich sieben, errang das Ehepaar Ruth und Frank Bibrak aus dem Kurort Oybin bei Zittau. Entstanden ist diese Tradition aus einem Streit am Stammtisch über das schmackhafteste, selbsteingelegte Sauerkraut.

Wissenschaftliches Kochen in Rehbrücke

Im einzigen Institut für Ernährung Deutschlands in Potsdam-Rehbrücke wurde 1952 eine Kochwissenschaftliche Abteilung unter Leitung von Richard Schielecke gegründet, die sich auf die qualitativ gute Versorgung der Bevölkerung in der Gastronomie, den Schulküchen, Mensas, Betriebsküchen und ähnlichen Einrichtungen spezialisiert hatte.

Ältestes Baumkuchen-Rezept

Das älteste Rezept für den Salzwedeler Baumkuchen stammt aus dem Jahr 1807. Es findet sich in einem Conditorei-Buch von Konditormeister Johann Christian Schernikow. Das Buch ist im Besitz des Baumkuchenbäckers Oskar Hennig, der das Gebäck nach dem Originalrezept herstellt. Baumkuchen aus dem Hause Schernikow begeisterte schon 1865 Preußenkönig Friedrich Wilhelm I. bei seinem Besuch in Salzwedel. Er ernannte daraufhin Konditormeister Schernikow jr. zum kaiserlich-königlichen Hofkonditor, der den Hof in Potsdam belieferte. Baumkuchen aus Salzwedel stand später auch an den Höfen in Wien, St. Petersburg oder London auf den königlichen Tafeln. In der DDR wurde der Baumkuchen im VEB Nahrungsmittel und einer Betriebsstätte des KONSUMS produziert und auch in die BRD verkauft. Heute gibt es in Salzwedel vier Baumkuchenbäcker: die »Erste Salzwedeler Baumkuchenmanufaktur« von Oskar Hennig, die Salzwedeler Baumkuchen GmbH sowie »Mildeback« und die Konditorei Krüger.

Bekannteste Köche der DDR

Kurt Drummer aus der Sendung »Der Fernsehkoch« war der bekannteste Koch in der DDR. Die Ratgebersendung lief seit 1958 über den Bildschirm. Drummer arbeitete hauptberuflich als Chefkoch im »Chemnitzer Hof« in Karl-Marx-Stadt und war ab 1965 Chefkoch der Vereinigung Interhotel. Parallel zu seiner Sendung zauberte der nicht weniger populäre »Fischkoch« Rudolph Kroboth († 1986) aus Rostock schmackhafte Meeresspeisen.

Einzig originale Halloren-Kugeln

Sie kommen aus dem Hallenser Hallorenwerk, der ältesten Schokoladenfabrik in Deutschland (seit 1804). 1950 begann die Nachkriegsproduktion mit Bonbons, Fondants, Gelee und Schokoladenartikeln – und mit den »Original Halloren-Kugeln«, einem Spitzenprodukt im Angebot der Süßwaren. Seit der Privatisierung 1992 werden die Halloren-Kugeln an der modernsten Produktionsstraße Europas hergestellt.

Neunerlei-Essen am Heiligabend

Nur im Erzgebirge wird der alte Brauch gepflegt, sich am Heiligabend das Neunerlei schmecken zu lassen. Dazu gehören Gänseklein mit Reis, Linsen mit Bratwurst, Sauerkraut mit Würstchen, Braten von Gans, Schwein oder Wild mit Klößen, Nudeln mit Rindfleisch, Salate mit Sellerie und Roten Rüben. Man muß von jeder Speise essen, denn jede hat – örtlich oft unterschiedlich – ihre spezielle Bedeutung. Klöße lassen die Taler im neuen Jahr rollen, Sauerkraut bringt reiche Ernte, Linsen bringen Groschen, Hirse schafft Kleingeld, Nudeln bringen dauerhaften Gewinn, quellende Speisen sorgen für Wachstum, Sellerie und Reis versprechen Fruchtbarkeit, Rote Rüben bringen Schönheit. Zu dem Ritual des Neunerlei-Essens gehören auch bestimmte Tischsitten.

Wein, Sekt & Spirituosen

Erfolgreichste deutsche Sekt-Marke

Am 26. September 1856 wurde in Freyburg an der Unstrut eine Weinhandlung gegründet, der sich nur zwei Jahre später eine Champagner-Kellerei angliederte. Seit 1894 kennt man den Namen »Rotkäppchen«. 1949 wurde das Unternehmen Volkseigener Betrieb (VEB). Die Beliebtheit der Marke »Rotkäppchen« wuchs kontinuierlich – 1987 erreichte das Haus einen Spitzenabsatz von 15,3 Millionen Flaschen. Nach dem Einbruch zur Wende (nur 2,9 Millionen Flaschen 1991) ging es wieder stetig bergauf. Im Geschäftsjahr 2000/2001 erreichte »Rotkäppchen« einen Absatz von 49,1 Millionen Flaschen. Anfang 2002 wurden die Traditionsmarken Mumm, Jules Mumm und MM aus Eltville am Rhein aufgekauft. Die Freyburger Sektkellerei übernahm mit 13,2 % die Spitzenposition auf dem deutschen Markt.

Größtes Faß der DDR

Das größte Weinfaß, das es in der DDR gab, ist im Jagdschlößchen Halberstadt zu besichtigen. Es war von Böttchermeister Michael Werner von 1593 bis 1598 für das Gröninger Schloß gefertigt worden. 1780 wurde es in das Jagdschlößchen in den Spiegelsbergen umgelagert. Es besitzt ein Fassungsvermögen von 132700 l und wiegt 31850 kg. Das größte Weinfaß der Welt ist im Heidelberger Schloß zu sehen. Es ist 8,5 m lang, 7 m hoch und bietet eine ganz besondere Attraktion – man kann darauf tanzen.

Weltweit bekannte und begehrte Alkoholmarke

Seit dem 16. Jahrhundert bestimmt der Nordhäuser Doppelkorn – später kam der Kautabak hinzu – die Entwicklung von Nordhausen im Harz. Der »Echte Nordhäuser Doppelkorn« war bis 1990 begehrtes Exportprodukt vor allem in den sozialistischen Ländern. Heute ist er weltweit ein Begriff.

Nördlichstes und kleinstes Weinanbaugebiet

Die Jessener Berge östlich von Wittenberg sind das nördlichste Weinbaugebiet Europas. Die lange Tradition auf den ertragreichen Böden zwischen Schwarzer Elster und Elbe gehen bis ins 13. Jahrhundert zurück. Regional typische Rebsorten wie »Müller Thurgau«, »Schwarzriesling« »Weißburgunder«, »Traminer« oder »Scheurebe« werden in alten Höfen wie im Weingut Hanke angeboten. Das Anbaugebiet ist mit seinen 15 ha das kleinste in Deutschland. Seit 1993 wird hier wieder regelmäßig eine Weinprinzessin gewählt. Kurios: Obwohl in Sachsen-Anhalt gelegen, zählt der Wein zum sächsischen Anbaugebiet. Dies ist ein Relikt aus der Zeit, da die Region Wittenberg noch zu Sachsen gehörte.

Meistgetrunkener Schnaps in der DDR

»Goldbrand« war in der DDR der meistproduzierte und meistgetrunkene Schnaps. Dafür gab es einen ökonomischen Hintergrund: Im Zuge der Rationalisierungsmaßnahmen gab es den staatlichen Auftrag an die Spirituosenindustrie, statt einer Vielzahl unterschiedlicher Weinbrandsorten in allen Fabriken nur noch einen weinbrandhaltigen Verschnitt herzustellen. Die Vorgabe lautete: Spirituose mit Weindestillatanteilen, 32 % Vol., einheitlicher Name: Goldbrand, Preis: 14,50 Mark

Größte Spirituosen-Hersteller

Nordbrand Nordhausen mit dem Verkaufsschlager Nordhäuser Doppelkorn, die Weinbrennerei Wilthen (bei Bautzen), Schilkin Berlin und die Likörfabrik Zahna (bei Wittenberg) mit dem bekannten Eierlikör »Advocat« waren die größten Spirituosen-Hersteller der DDR, die auch für den Export produzierten.

Größtes Cuvéefaß

Mit 120000 Litern Fassungsvermögen ist das Cuvéefaß für Jungwein zur Sektherstellung im Domkeller der Sektkellerei Freyburg/Unstrut das größte in Deutschland. Das geschnitzte Faß wurde 1896 eingeweiht.

»Timms Saurer« mit Raketenstart

Im Januar 1972 kreierte der Chefdistillateur der Schilkin KG in Berlin-Kaulsdorf, Gerhard Timm, den Verkaufsrenner der folgenden zehn Jahre, »Timms Saurer«, der auch heute noch auf dem Markt ist. Es ist ein saurer Likör aus dem damals beliebten Sershin-Wodka mit Zitronendestillat, Zucker und Zitronensäure mit einem Alkoholgehalt von 32 %. Auf der Leipziger Messe wurde »Timms Saurer« mit einer Goldmedaille ausgezeichnet.

Größte Attrappe

Auf dem Hauptgebäude der Sektkellerei Freyburg/Unstrut steht schon seit Beginn des vorigen Jahrhunderts eine 6,80 m große Sektflasche als größte derartige Attrappe in Deutschland.

Bekanntester DDR-Whisky

»Der Falckner« hieß der bekannteste in der DDR hergestellte Whisky. Produziert wurde er in der seit 1759 bestehenden Luckenwalder Brennerei Falckenthal (1997 übernommen von Berendsen), wo auch der bekannte Magenschnaps »Zinnaer Klosterbruder« herkommt.

Vielfältigstes Produktionsspektrum

Mit 68 verschiedenen Spirituosensorten (darunter Brände, Frucht- und Aromaliköre) von Aquavit bis Zarenwodka war die seit 1932 als Familienunternehmen bestehende Spirituosenfabrik Schilkin in Berlin-Kaulsdorf in der DDR unübertroffen.

Bier

Radeberger Bier nach Pilsner Brauart

Die Radeberger Exportbierbrauerei wurde 1872 gebaut. Dort wird seitdem das einzige Bier in Deutschland nach Pilsner Brauart gebraut. Radeberger Bier wurde wegen seiner anerkannten Qualität in der DDR überwiegend für den Export hergestellt. Sehenswert im Gebäude ist der Brauerei-Ausschank in historischem Ambiente, aber als Herzstück gilt der prunkvolle, stilecht restaurierte Kaisersaal.

Größte Brauereien in der DDR

Die Kindl Brauerei in Berlin-Weißensee als Stammbetrieb des Getränkekombinats Berlin hatte mit maximal 1,3 Millionen hl pro Jahr das höchste Produktionsvolumen, dicht gefolgt von den Brauereien in Dessau, Rostock und dem Neubau in Dresden-Coschütz mit je maximal 1,2 Millionen hl Ausstoß. Exportbrauereien waren Radeberg, Wernesgrün, Lübz und Berliner Bürgerbräu. DDR-Bier wurde überwiegend in die BRD exportiert, Schweden wurde vornehmlich mit Leichtbier von Berliner Bürgerbräu versorgt.

Das stärkste Bier

Neben dem Porter war das Bockbier, vor allem das aus den Ostberliner Brauereien, am stärksten, allerdings gab es in der DDR kein Doppelbock. Auf den Etiketten wurden im Gegensatz zu heute keine konkreten Angaben zum Alkoholgehalt gemacht.

Bier, das keins ist

»Schwarzer Abt« heißt eine von elf Biersorten, die in der Klosterbrauerei Neuzelle bei Eisenhüttenstadt produziert werden. Allerdings darf sich dieses Bier wegen seines Sirup-Gehalts heute in Deutschland nicht mehr Bier nennen; in Amerika oder Asien durchaus. Der »Schwarze Abt« ist in den USA sehr beliebt, und die Asiaten schwören auf die heilende Kraft des auch als Badebier bekannten Getränks. Die Brauerei Neuzelle wurde 1589 gegründet und ist damit die älteste in Brandenburg.

Älteste Groß-Brauerei

Nach über 550 Jahren eigenständiger Brautradition wurde die Wernesgrüner Brauerei (Vogtland) als letzte eigenständige ostdeutsche Groß-Brauerei im Jahr 2002 mehrheitlich von der Bitburger Brauerei übernommen. Mit dem Braurecht von 1436 war Wernesgrün die älteste ostdeutsche Groß-Brauerei. Die nach der Erbteilung entstandenen Brauereien »Grenzquell-Brauerei Günnel« (1762) und »Erste Wernesgrüner Aktienbrauerei Männel« (1774) wurden zum VEB »Wernesgrüner Exportbrauerei« zusammengeführt, aus der nach der Privatisierung 1994 die »Wernesgrüner Brauerei AG« entstand.

Kleinste Brauerei

Der Ort Singen bei Arnstadt konnte sich der kleinsten Brauerei der DDR rühmen. Fritz Obstfelder betrieb sie quasi als Einmannbetrieb. Jährlich wurden dort 1000 hl Bier hergestellt. Nach seinem Tode übernahm 1990 Sohn Uwe den über 100 Jahre alten Familienbetrieb und braut heute das »Singer Bier«. Die Brauerei ist als Technisches Denkmal ausgewiesen und für Besichtigung und Verkostung geöffnet. Noch immer treibt eine Dampfmaschine Rührwerk und Pumpen an und zählt bei den Besuchern aus dem In- und Ausland zu den am meisten bestaunten Objekten.

Einziges alkoholfreies Bier, made in GDR

1972 wurde auf der Leipziger Messe zum ersten Mal ein alkoholfreies Bier vorgestellt. Schöpfer des patentierten Bieres war Braumeister Ulrich Wappler aus der Berliner Engelhardt-Brauerei in Stralau. Der Name »Aubi« stand als Abkürzung für Autobier, das zunächst nur für die Autobahn-Raststätten Michendorf und Hermsdorfer Kreuz gebraut wurde. Nach verschiedenen Geschmacksverbesserungen ging das Bier unter dem Namen »Foxy light« sogar nach Michigan/USA und als »Berolina« auch nach England auf die Reise. In der DDR gelangte es später als »Pilot« in den Handel. Der Aufkauf der Engelhardt-Brauerei durch das Dortmunder Unternehmen Brau und Brunnen und die Stilllegung Ende 1991 bedeuteten das Ende für »Aubi«. – Nicht ganz, denn die Brauerei Dingsleben bei Hildburghausen in Thüringen kaufte das Patent und produziert »Aubi« noch heute in kleinen Mengen.

Deftigster Biername

»Puparsch« – unter diesem Namen wurde bis in die 50er Jahre des vorigen Jahrhunderts ein spezielles Bier gebraut, das im Harz und in der Börde verbreitet war. Die Herstellerbrauereien wurden auch »Süßbierquetschen« genannt. Es ist ein Süßbier mit einem Stammwürzegehalt zwischen 4 und 5,5 %, wurde gefärbt und gesüßt. Einziger Hersteller ist heute die Gasthausbrauerei Lüdde in Quedlinburg, die neben drei anderen Sorten das Bier »Pubarschknall« braut.

DDR – Land der Biertrinker

Der Pro-Kopf-Verbrauch an Bier lag in der DDR bei maximal 146 l im Jahr. Damit zählte das Land nach der CSSR und Belgien zu den Spitzenreitern in der Welt. Deshalb wurde von DDR-Bierbrauern gern der Spruch kolportiert: Es trinkt der Mensch, es säuft das Pferd; bei uns da ist es umgekehrt. Die Region mit dem höchsten Pro-Kopf-Bierkonsum im Lande war Sachsen, gefolgt von Ostberlin. Heute liegt der durchschnittliche Pro-Kopf-Verbrauch in Deutschland bei 123 l.

Marktführer beim Schwarzbier

Innerhalb der untergärigen dunklen Biere entwickelte sich das »Köstritzer Schwarzbier« zum deutschen Marktführer. Innerhalb von 10 Jahren verfünffachte sich der Gesamtausstoß auf 806 510 hl im Jahr 2001. Im Jahr 1543 fand die Köstritzer Schwarzbierbrauerei erstmals urkundliche Erwähnung. 1948 wurde sie zum volkseigenen Betrieb. Von 1979 bis 1990 erfolgte ein vollständiger Neubau der Brauerei. Seit April 1991 gehört sie zur Bitburger Brauerei.

Der längste Stammtisch

Er stand mit 3582 m Länge am 5. Juli 1992 in Bad Blankenburg. 20 000 Gäste wurden bewirtet und 25 000 l Bier getrunken. 31 Brauereien und 15 Gaststätten und Vereine der Stadt beteiligten sich an dieser Aktion der Fremdenverkehrsgemeinschaft Bad Blankenburg/Thüringer Wald-Schwarzatal e. V.

Der längste Biergarten

Nicht den größten Biergarten – das ist der Augustiner Biergarten in München –, aber den längsten Biergarten der Welt gab es zum »5. Berliner Bierfestival« 2001 im Volkspark Friedrichshain. Auf einer 1,8 km langen Biermeile konnten die Besucher internationale Bierspezialitäten probieren.

Marktführer mit Auerhahn

Seit 1872 gibt es die Hasseröder Brauerei in Wernigerode, die in der DDR nicht über regionale Bedeutung hinauskam. Der Höhenflug des Auerhahns als Markenzeichen begann nach der Wende, als die Hannoveraner Gilde-Brauerei den Betrieb kaufte und in neue Anlagen investierte. Von 150000 hl 1990 stieg die Produktion 2002 auf knapp 2,9 Millionen hl, was einem Marktanteil von 4 % entspricht. In Ostdeutschland ist Hasseröder Bier mit 10,8 % sogar Marktführer. Das Erfolgs-Geheimnis des Vollbieres mit 11,3 % Stammwürze und 4,8 % Alkohol verrät der Werbeslogan: »mild, harzhaft frisch und zugleich körperreich«. Zum Jahresende 2002 kaufte der belgische Bierkonzern Interbrew die Gilde-Brauerei nebst »Hasseröder«.

KONSUM DRESDEN eG
www.konsum.de

www.markthalle-dresden.de

www.konsum-netkauf.de

www.konsum-berlin.de

www.müggelseeterrassen.de

www.ktours.de

Konsum »Optimal-Kauf« eG Haldensleben
www.optimal-kauf.de

**Konsumgenossenschaft
Burg-Genthin-Zerbst eG**

**Konsumgenossenschaft
Seehausen/Altmark eG**

www.konsum-leipzig.de

Handels- und Dienstleistungsgesellschaft mbH
www.konsum-leipzig.de

www.lofex.de

Konsumgenossenschaft Sachsen Nord eG

www.berghotel-oberhof.de

Hotel Dorotheenhof Weimar GmbH
www.dorotheenhof.com

KONSUMVERBAND   www.konsumverband.de

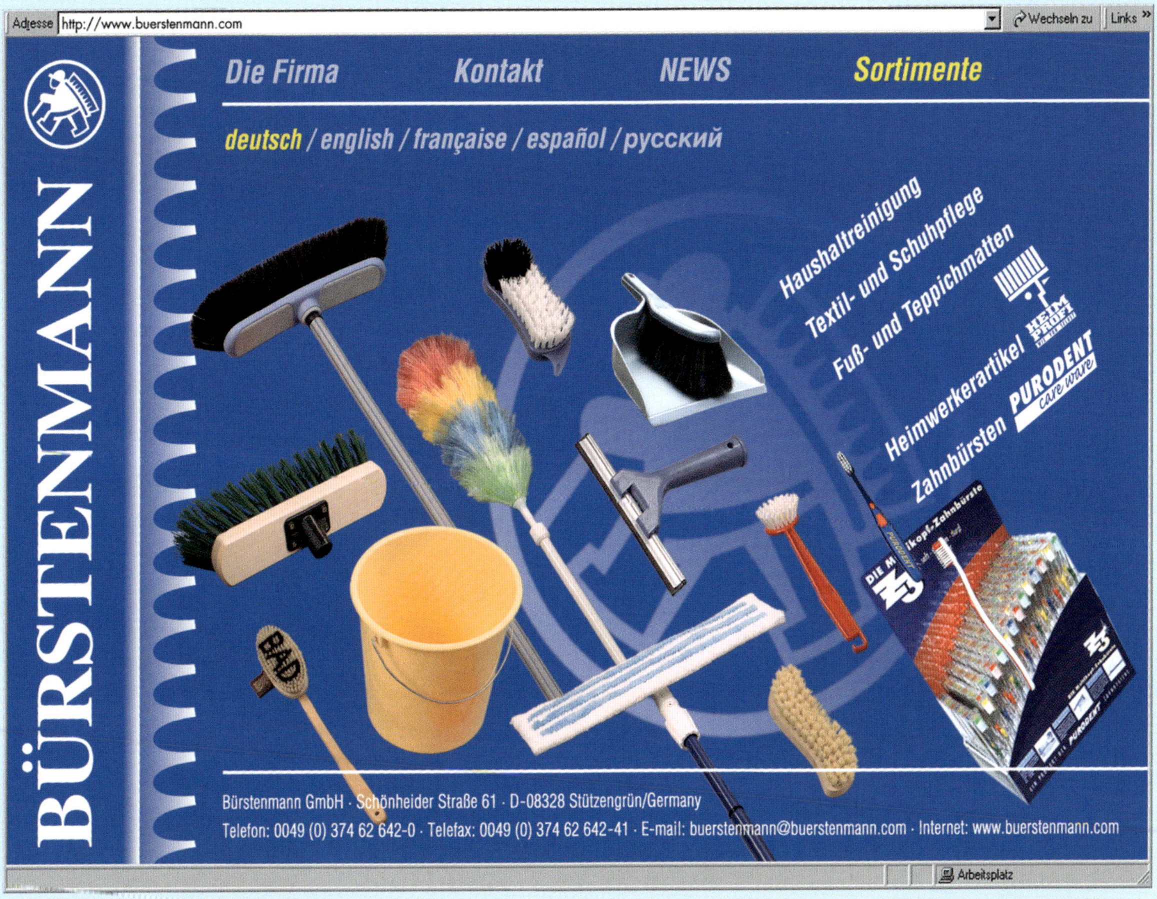

Adresse http://www.buerstenmann.com
Wechseln zu
Links
BÜRSTENMANN
Die Firma
Kontakt
NEWS
Sortimente
deutsch / english / française / español / русский
Haushaltreinigung
Textil- und Schuhpflege
Fuß- und Teppichmatten
Heimwerkerartikel
Zahnbürsten
PURODENT
BAD
Bürstenmann GmbH · Schönheider Straße 61 · D-08328 Stützengrün/Germany
Telefon: 0049 (0) 374 62 642-0 · Telefax: 0049 (0) 374 62 642-41 · E-mail: buerstenmann@buerstenmann.com · Internet: www.buerstenmann.com
Arbeitsplatz

RÖSTfein
... röstfein muss der Kaffee sein.
Mona Gourmet
Rondo Melange
Rondo Entcoffeiniert
Mocca Fix Gold
O' Verde Bio-Kaffee
DE-021-Öko-Kontrollstelle
Röstfein Kaffee GmbH • Hafenstraße 9 • 39106 Magdeburg • Telefon: (03 91) - 5 68 31 33/-34
Fax: (03 91) - 5 68 31 83 • Internet: www.roestfein.de

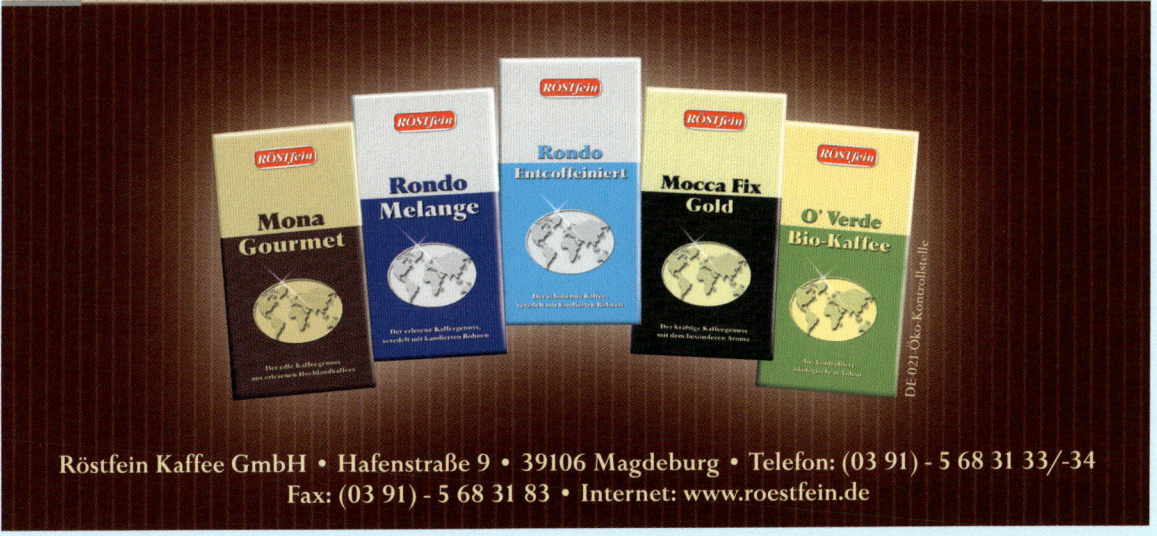

Register

Register

Ortsregister

Register